KB138521

뉴 스포츠 비즈니스 인사이트

뉴 스포츠 비즈니스 인사이트
New Sport Business Insight

박성배 지음

스포츠는 경제를 어떻게 움직이는가?

들어가는 글

스포츠가 좋아 지금까지 마냥 한길만 걸었다. 유소년 시절에는 농구에 빠져 농구대잔치를 즐겨 보았다. 당시 삼성전자의 골수팬이었던 나는 현대전자와의 라이벌 경기는 거의 빼놓지 않고 보았다. 대학에 들어가서는 해외 농구에 눈을 돌렸는데, 우연히 접하게 된 칼 멀론과 존 스톡턴에게 반해 유타 재즈의 팬이 되었다. 한동안 유타 재즈 모자를 쓰고 다니기도 했다. 가끔씩 AFKN에서 유타 재즈의 경기가 중계될 때는 한국에서 NBA 경기를 볼 수 있게 해 준 미군에게 새삼 고마운 마음을 갖기도 했다. 대학원에 들어가면서는 본격적으로 미식축구의 매력에 푹 빠져 경기가 열리는 주말이면 빠짐없이 친구 집에 모여 함께 응원했다. 요즘에는 스마트폰만 있으면 언제 어디서든 응원하는 구단의 승패나 선수들의 성적을 알 수 있지만, 신문이나 텔레비전으로만 정보를 얻을 수 있던 당시에는 경기를 챙겨 보고 선수들의 기록을 줄줄 외우는 정도가 되어야 스포츠에 관해 심도 있는 이야기를 할 수 있었다. 지금 생각하면 학창 시절 정말 미련 없이 내 안에 잠재되어 있던 모든 에너지를 스포츠에 쏟아 부었다. 열성 스포츠팬으로서 스포츠가 내 운명인 듯했고, 그것에 꽤 만족하며 즐거운 마음으로 여기까지 왔다. 지금 이 책을 읽고 있는 독자들도 스포츠를 좋아하고 즐기는 사람일 것이다. 스포츠 없이는 하루도 못 살 정도로 열정적인 사람도 있을 것이고, 스포츠를 업으로 삼고 싶어 하는 독자도 적지 않을 것이다. 아마 한국 프로야구나 메이저리그를 좋아하는 야구팬도 있을 것이고, K리그나 유럽 축구를 좋아하는 축구팬도 있을 것이다. 그 밖에도 프로농구나 프로배구, 프로골프, 종합 격투기, F1, e-스포츠 등 다양한 스포츠의 팬이 있을 것이다.

팬으로 스포츠를 좋아하는 것과 스포츠를 업으로 삼는 것은 의미가 전혀 다르다. 팬은 말 그대로 멀리서 팔짱 끼고 지켜보면 된다. 어항 속의 물고기를 바라보듯 스포츠 경기를 즐기면 된다. 하지만 스포츠를 업으로 삼는 사람은 어항을 지속적으로 관찰하고 문제가 생기지 않도록 관리해야 한다. 어항 속의 수질이 나빠지면 물을 갈고 인공 수초와 장식에 이끼가 끼지 않도록 유심히 지켜보는 것이 일이다. 스포츠를 업으로 삼게 되면서 스포츠를 바라보는 관점은 매우 달라졌다. 쾌락을 더 많이 추구할수록 병폐에 빠져 고통이 증가하는 '쾌락의 역설'처럼 스포츠 산업을 알면 알수록 이전에는 보이지 않았던 것들이 보이기 시작하면서 마음이 점점 불편해졌다.

스포츠를 업으로 삼으면서 점점 더 선명하게 내 눈에 들어오는 것은 '스포츠맨십', '정의', '공정성' 같은 밝고 긍정적인 면보다 '보이지 않는 불공정', '권력', '눈가림', '약육강식', '정치경제학적 타협과 절충' 등 어둡고 암울하고 실망스러운 면들이었다.

이 책의 초판이 출간된 지 어느덧 6년 반이란 세월이 흘렀다. 그당시 초등학생이었던 이들이 2023년도 새내기가 되어 내 수업을 들었다. 그동안 '2018 평창'을 비롯해, '2020 도쿄', '2022 베이징' 등세 번의 올림픽 대회가 열렸고, '2018 러시아'와 '2022 카타르' 월드컵이 치러졌다. 코로나19로 도쿄올림픽이 1년 뒤에 개최되었고, 최초로 중동에서 열린 카타르월드컵은 더운 날씨로 인해 11월에 개최되었다. 2018년부터 미국 뉴저지주에서 스포츠 베팅이 합법화되자글로벌 카지노 업체들과 판타지 스포츠 기업들은 스포츠도박 시장을장악하려고 매우 공격적인 마케팅 전략을 펼쳤다.

국내에서는 어떤 일이 있었는가? 2021년 신세계 정용진 부회장은 SK와이번즈를 인수하고 팀을 SSG 랜더스로 바꿔 첫 시즌을 치렀다. 2022년에는 정규시즌과 한국시리즈 우승을 하여 구단주로서 최고의 순간을 만끽하기도 했다. 코로나19로 인해 대부분의 실내 스포츠 산업은 크게 위축된 반면, 자연 친화 스포츠·레저인 골프, 자전거, 낚시에 대한 인기는 크게 올라가기도 했다.

지난 20여 년 동안 여타 산업과 마찬가지로 스포츠 산업은 크고 작은 변화가 있었다. 하지만 이러한 변화를 경험하고 관찰하면서 받은 내 느낌은 그리 유쾌하지 않았다. 마치 물류창고에 있는 오래된 컨베이어벨트 위에 상품이 올려지고 목적지에 따라 영혼 없이 배송지로 분류되는 것 같은 생각이 든다. 참신함은 사라지고 때만 되면 열리는 올림픽, FIFA월드컵, 프로스포츠 리그 등을 보며 '시간의 흐름'만 반복적으로 경험할 뿐이다.

이 책을 쓴 가장 큰 이유는 바로 스포츠를 업으로 삼고 싶어 하는 학생들에게 가능하면 희망적이고 미래지향적인 이야기를 해주고 싶었기 때문이다. 하지만 현실은 정반대로 가고 있다. 하루가 멀다 하고 들려오는 소식은 대개 억울하고 분하고 때로는 슬픈 것이다. 스포츠 산업 현장에서 끊임없이 생겨나는 불공정하고 불합리한 일들을 지켜보면서 '스포츠팬'이 아닌 '스포츠 산업 업자'로서 최소한의 역할을 해야겠다는 다짐이 들었다.

이 책은 스포츠에 관심이 깊은 사람들뿐만 아니라 스포츠 산업에 발을 내딛고 싶어 하는 사람들에게 스포츠 산업 현장에서 일어나는 불합리하고 불공정한 일들에 좀 더 논리적으로 접근할 수 있게 도와줄 해설서 역할을 할 것으로 기대한다.

이 책은 크게 4장으로 나뉘는데, 1장에서는 '스포츠는 산업이다'라는 주제로 글로벌 스포츠 시장에서 벌어지는 다양한 이슈를 살펴본다. 특히 스포츠 파생 상품 시장, 스포츠 경기장의 현재와 미래, 미국 구단들의 연고지 이전 전략, 스포츠 관련 소송, 친환경 스포츠 산업 시장의 발전 현황에 대해 상세히 설명한다. 2장에서는 올림픽과 스포츠 마케팅, IOC와 FIFA가 처한 위기와 대응 전략, IOC와 올림픽 개최국 간의 부익부 빈익빈 현상, 국가 대표 용병 선수에 대한 각종 제도와 규정 등 메가 스포츠 이벤트에 관한 내용을 다룬다. 올림픽의 부익부 빈익빈에 실린 내용 중 미국과 관련된 IOC의 수입 분배 내용은 본 개정판에서 상당 부분 수정하였다. 3장에서는 한국 대학 스포츠가 당면한 대학 운동부의 재정적 위기와 체육 특기생의 학업 문제를 다루는 동시에 미국 대학 스포츠에서 핫이슈로 떠오른 플루티 효과를 살펴본다. 또한 하버드대학 출신의 NBA 선수, 미국 대학 감독들의 천문학적인 연봉, 선수들의 무형가치(이름, 이미지, 유사성)를 활용한 대학 운동선수들의 수익활동 허용 등을 소개한다. 4장에서는 프로야구 선수의 가치 평가 방법, 선수 시장의 양극화 문제, 한국 스포츠 스타들, 스포츠에 대한 오해와 진실을 다룬다. 개정판에서는 '한국 메이저리거가 저평가된 이유' 내용을 삭제한 대신 글로벌 스포츠 산업의 트렌드를 반영하여 '스포츠 베팅 산업은 왜 커지는가?'와 '기술혁신은 스포츠 산업을 어떻게 발전시키는가?' 섹션을 추가했다.

이 개정판을 위해 자료를 업데이트하는 동안 이런저런 생각이 머릿속을 떠나지 않았다. 스포츠 산업은 과연 지속적인 성장과 발전을 하고 있는가? IT 기술의 발전과 스포츠 융복합은 스포츠 산업의 본질을 왜곡시키지는 않는가? 선의와 명예보다 돈이 보상의 절대적인 수단이 되고 가치가 매겨지는 지금의 스포츠 산업은 과연 우리가 바라는 바였던가?

인간은 좋은 삶과 더 나은 행복을 위해 스포츠를 즐길 수 있고 그런 기회는 모두에게 열려 있어야 한다. 하지만 현실은 어떤가? 물질적 가치에 지나치게 의존하는 요즘의 스포츠 산업을 바라보며 독자 여러분은 어떤 생각을 할까?

이 책을 집필하는 데 많은 도움을 준 KBO 장덕선 대외협력팀장님, 경일대학교 정지규 교수님, 전종환 교수님, AWS 김호민 매니저님과 이봉무 매니저님, 경향신문 김세훈 부장님, (주)맥스 김은중 대표님, 권태근 강사님, GSI 13.5기 현신재 연구원님에게 감사의 말을 드린다. 마지막으로 이 책의 개정판을 위해 많은 도움을 주신 인물과사상사 관계자분들께도 깊은 감사의 말을 전한다.

2023년 9월

박성배

차례

1장

스포츠는
산업이다

스포츠, 산업이 되다

문화체육관광부의 스포츠 산업 백서(2021)에 따르면, 국내 스포츠 산업의 매출 규모는 63조 원이고, 스포츠 산업 사업체는 11만 6천 95개이며, 스포츠 산업 종사자는 40만 6,000명이라고 한다. 미국의 스포츠 산업 규모는 2021년 기준으로 5,651억 달러에 달한다. 4대 프로스포츠인 미식축구, 야구, 농구, 아이스하키의 연간 수익은 400억 달러를 넘어섰다. 미국에서는 스포츠 용품 구입에만 1년에 456억 달러를 쓴다.[1]

스포츠 산업이 이렇게 발전하게 된 이유에 대해 학자들은 각기 다른 해석을 내놓는다. 하지만 스포츠 상품 자체의 특성이 스포츠 산업의 성장을 이끌었다는 데는 별 이견이 없어 보인다. 스포츠 상품을 더

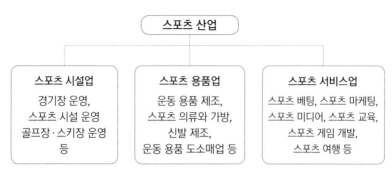

스포츠 상품은 범위도 넓고 복잡하기에 나라마다 상황에 맞게 산업을 세분한다. 우리나라는 위와 같이 스포츠 산업을 분류하고 있다.

매력적으로 보이게 만든 스포츠 상품의 특성에는 어떤 것이 있을까? 우선 무엇을 스포츠 상품이라고 할 것인지 범위를 정해야 한다. 스포츠 상품이라고 하면 야구 글러브, 농구공 같은 스포츠 용품부터 스포츠 의류나 신발, 스포츠 음료, 각종 미디어를 통해 접하는 경기까지 다양하게 떠올릴 수 있다.

이 글에서는 스포츠 시설업, 스포츠 용품업, 스포츠 서비스업이라는 3가지 범위 안에서 포괄적인 역할을 하는 스포츠 경기로 그 의미를 좁혀 설명한다.

무형·무색·무취

스포츠 경기 상품은 형태가 없다. 그래서 내일 열릴 경기의 관람권을 판매하는 것은 컴퓨터나 스마트폰을 파는 것과는 다르다. 컴퓨터나 스마트폰을 파는 사람은 상품의 사양과 성능을 잘 알며, 상품의 장점을 설명해 고객의 지갑을 열게 한다. 그에 비해 스포츠 경기의 관람권을 파는 사람은 어떤 내용의 경기가 펼쳐질지 모르는 상태에서 미래의 경기 입장권을 판매한다.

컴퓨터나 스마트폰을 구매하려는 고객은 원하는 상품의 기능과 성능, 디자인, 색상 등을 미리 살펴볼 수 있고 조건과 가격이 적절한지 알아볼 수 있다. 하지만 스포츠 경기 입장권을 구매하려는 팬은 자기가 산 티켓으로 어떤 경기를 보게 될지 알 수 없다. 즉, 응원하는 팀이 이길지 질지, 흥미진진한 경기가 될지 지루한 경기가 될지, 혹은 역전승을 할지 역전패를 당할지 등 상품을 눈으로 직접 보기 전에 미리 지갑을 열어 입장권을 구입하고 좌석에서 앉아서 구매한 상품이 나타나길 기다린다.

이것이 바로 스포츠 경기 상품의 무형성intangibility이라는 특징이다. 이런 특성 때문에 각 스포츠 구단은 구단의 경기를 특색 있고 경쟁력 있는 상품으로 만들기 위해 노력하고, 이것이 구단의 브랜드화로 나타난다.

메이저리그 전문가인 피터 바바시Peter Bavasi는 "야구를 마케팅하는 것은 비누나 빵을 파는 것과는 다르다. 당신은 고객에게 기억과 환상을 팔고 있다"고 말했다.[2] 팬들은 자신의 성향에 따라 각기 다른 환상을 만들어낸다. 스포츠 종목마다 서로 다른 경험과 환상이 있기에 스포츠 경기 상품을 파는 데 브랜딩 작업은 그 무엇보다 중요하다.

가령 김하성이 활약하고 있는 샌디에이고 파드리스라는 팀에 대해 설명하라고 한다면 대답하는 사람마다 차이가 있을 것이다. 어떤 이는 출전 선수들의 명단과 그들의 타율, 방어율, 홈런 수 등을 이야기할 것이고, 어떤 이는 파드리스의 과거와 현재 순위를, 어떤 이는 리그 우승과 같은 이 구단의 역사를 설명하기도 할 것이다. 또는 파드리스 팬들의 열성적인 응원문화에 초점을 맞추어 설명할 수도 있다. 스포츠 경기라는 상품은 무형의 서비스 상품이기에 한 가지로 정의할 수 없다. 따라서 호텔 같은 숙박업이나 항공운송업처럼 브랜딩의 역할이 중요하다. 우리는 호텔을 선택할 때 침구나 방에 있는 가구, 가전제품을 보고 결정하기보다 힐튼, 메리어트, 하얏트, 포시즌 같은 브랜드를 보고 결정한다. 호텔은 고객이 호텔에 머무르는 동안 느낄 편안함과 여유로움 같은 무형적 가치를 판매하기에 브랜딩 작업이 절대적으로 중요하다. 스포츠 산업에서 성공적으로 브랜드를 구축한 구단을 종종 볼 수 있는데 FC 바르셀로나, 레알 마드리드, 맨체스터 유나이티드, 뉴욕 양키스 등이 대표적이다.

재고가 없다

이 세상에는 불가능한 것이 많다. 그중 가장 확실하게 불가능한 것은 어젯밤에 열린 야구 경기를 오늘 다시 라이브로 보는 것이다. 어제 열린 야구 경기의 티켓이 남았다고 그것을 오늘 판매하는 것은 불가능하다.

다시 한 번 스포츠 경기와 스마트폰을 비교해보자. 스마트폰은 공장에서 만들어져 세계 곳곳에 있는 전자 제품 매장으로 운송되고, 그곳에서 고객과 판매 직원을 만나게 된다. 하지만 스포츠 경기 상품은 유통 과정이 없다. 상품이 생산되는 순간 소비자에게 전달된다. 경기장에서 선수들이 활약하는 순간 상품이 만들어지고, 팬들이 그 광경을 지켜보는 순간 소비가 이루어지는 것이다. 이러한 이유로 스포츠 경기 상품은 재고가 없다. 경기를 지켜보는 팬들이 이미 그 상품을 소비한 것으로 간주되고 그 순간 이후로는 절대 같은 경기를 라이브로 볼 수 없다.

그래서 영광의 순간을 평생 기억하고자 하는 팬들을 위해 스포츠 구단은 여러 가지 파생상품을 만들어냈다. 주요 경기의 하이라이트를 담은 유튜브 동영상, 시카고 불스 구단에서 활약한 마이클 조던의 마지막 경기를 조명한 '더 라스트 댄스'와 같은 넷플릭스의 다큐멘터리에 이르기까지 그 종류와 형태가 다양하다. 미국 스포츠 채널 ESPN 클래식은 과거 인기 경기를 재방송해서 적잖은 수익을 올리고 있다. 뉴욕 양키스는 구장이 재건축되었을 때 (전문 인증자의 엄격한 감독 아래) 경기장 흙을 팔아 상당한 수입을 거두기도 했다. 지금도 온라인 거래 사이트인 이베이에서 뉴욕 양키스 구장의 흙을 25달러에서 300달러 사이에 구입할 수 있다. 뉴욕 양키스 구장의 흙판매가 인기를 끌자 아무 흙이나 뉴욕 양키스 구장 흙이라고 속여 판매하는 사람들도 나타났다. 그중 마크 헤이워드라는 록 음악가는 결국 18개월이라는 실

형을 선고받았다.[3]

스포츠 방송사들은 스포츠 하이라이트 방송을 통해 그날 혹은 그 주에 열린 경기의 명장면만 편집해 내보내고, 네이버나 다음 같은 대형 포털 사이트들은 SMRShort Media Representative이라고 부르는 10~30초짜리 숏폼 방송을 내보내 2차 수입을 얻는다. 요즘 방송사들은 한 가지 경기를 라이브 경기, 녹화 경기, 하이라이트 방송 등 다양한 형태의 상품으로 만들어 방송 수익을 높이고 있다.

뉴미디어가 발달하기 전에는 직접 경기장에 가서 보는 라이브 경기의 가치가 지금보다 훨씬 높았다. 미디어를 통해 보는 경기는 경기장에서 직접 관람하는 것보다 감동이 훨씬 덜했기 때문이다. 그러나 IT혁신을 기반으로 한 방송 중계 기술의 발전은 굳이 직관을 하지 않고도 경기를 생생하게 즐길 수 있는 기회를 만들어내고 있다.

판매 경로가 다양하다

같은 상품이라도 어디서 팔리느냐에 따라 상품의 가치가 달라진다. 스포츠 경기도 같은 선수가 출전하더라도 어떤 대회에서 누구 혹은 어떤 팀과 경기하느냐에 따라 입장권 가격은 천차만별이다. 또한 같은 경기장이라도 관람석 위치에 따라 가격 차이가 난다. 그래서 스포츠 산업도 영화 산업처럼 판매 경로를 다양하게 만들어 수입을 챙기고 있다. 영화계에서는 새로운 영화를 제작하면 극장에서 상영하는

데, 흥행 성적에 따라 상영 기간을 달리해 1차로 수입을 챙긴다. 그러
고 난 뒤, 비디오 산업으로 흘러들어가 2차 수입이 발생하고, 어느 정
도 기간이 지나면 IPTV, OTT 등의 유료 채널 및 플랫폼에 판매해 3차
수입을 얻는다. 그리고 흥행 결과에 따라 스타워즈 피겨 같은 굿즈 상
품 시장으로 진출해 4차 수입을 얻는다.

　스포츠 경기는 영화와 약간의 차이(스포츠 경기의 오리지널 상품은 라
이브 형태로 시작된다)가 있지만 유사한 방식으로 '스포츠 경기'라는 콘
텐츠를 판매하고 있다. 대규모 국제 경기는 지역별 혹은 국가별로 방
송 중계권을 판매한다. IOC는 올림픽 중계 방송권을 판매해 수익을
올린다. 2022년에 발표된 IOC 연간 보고서에 따르면 IOC는 방송
중계권 수입이 전체 수입의 약 61퍼센트를 차지할 정도로 방송 중계
권 수입이 엄청나다. [4]

　작은 규모의 불규칙한 스포츠 경기는 페이 퍼 뷰pay-per-view 같은 유
료 채널 형식으로 판매한다. 최근 인기를 끌고 있는 MMF 같은 격투
기나 복싱 같은 일시적 이벤트는 OTT, 유료 채널을 통해 경기를 방
송한다. 상대적으로 장기간에 걸쳐서 펼쳐지는 프로스포츠 리그는
IPTV, OTT, 인터넷 포털 사이트 등과 같은 다양한 플랫폼에서 중계
된다. 스포츠 전문 케이블 방송사에서 지난 경기의 주요 부분을 편집
해 재방송하는 것도 흔히 볼 수 있는 스포츠 상품 판매 경로다.

　최근 스포츠 리그와 구단은 VRvirtual reality과 같은 기법을 응용해 파
생상품을 만들어내는 데 주력하고 있다. 최근 미국 미식축구 리그는
거리가 너무 멀어 경기장을 찾을 수 없는 팬들을, 가상현실 기법을 이

용해 경기장으로 끌어들이려는 시도를 하고 있다. 예를 들면, 페이스북의 모기업인 메타에서는 '메타 퀘스트 2'라는 웨어러블 기기를 만들어 판매하고 있는데, 이를 NFL 프로 에라NFL Pro Era라는 게임에 적용하고 있다. 실제 경기 데이터 및 영상 자료를 분석하여 실제 경기와 매우 유사한 형태의 게임을 통해 많은 MZ 팬들의 관심을 받고 있다. 실제 NFL경기에서 활약한 쿼터벡 선수의 시각에서 촬영된 영상을 통해 '메타 퀘스트 2'라는 VR 웨어버블 기기를 착용하면 마치 실제 경기를 하고 있는 느낌을 받을 수 있도록 설계되었다.[5]

2023년 1월 미국의 NBA리그 역시 메타기업과 다년간의 가상 현실 파트너십을 체결했다. 메타에서 운영하는 아바타 스토어에서 '메타 퀘스트 2'라는 VR 웨어러블을 착용하면 NBA공식 상품 뿐만 아니라 디지털 의복과 용품을 구매할 수 있다. 또한 메타는 52개의 NBA 경기를 가상 현실에서 중계할 수 있는 내용을 이번 계약에 포함시켰다.[6]

선수의 개성도 상품이다

스포츠를 좋아하는 사람들은 대개 특정 구단이나 선수를 응원하게 마련이다. 누구도 다른 팬이 특정 구단이나 선수를 응원하는 것을 비난할 수 없다. 이를 스포츠 경기 상품의 주관성이라고 한다. 구단은 팬들이 좋아할 만한 가치를 찾아 수입을 극대화한다. 이런 가치 중 하나가 바로 특정 인종이나 민족을 자극하는 것이다. 올림픽이나 FIFA

2008년 LA 다저스에서 활동할 당시의 박찬호. 박찬호를 통해 한국인들은 LA 다저스와 메이저리그에 많은 관심을 갖게 되었고, 이는 구단과 리그에도 이득이 되었다.

월드컵 같은 국제 대회는 출신 국가의 대표팀을 응원하는 것이 일반적이다. 국내 야구나 축구 리그도 지역 연고제를 통해 특정 지역 출신이 그 지역을 기반으로 하는 구단을 응원하도록 유도하는 전략을 구사하고 있다. 우리나라 선수가 해외 리그나 구단에 진출하면 그들이 속한 구단을 맹목적으로 응원하곤 하는데, 이것도 일종의 '민족 마케팅ethnic marketing'이다. 국내에서는 SPOTV채널에서 미국 메이저리그 경기를 중계 방송하는데, 김하성, 배지환, 최지만, 류현진, 이 네 명의 코리안 메이저리거들이 활약하는 경기를 중심으로 프로그램이 구성되는 경향이 있다. 중계방송 해설자들 역시 한국 선수의 멋진 활약과 그들이 속한 구단의 승리를 바라면서 방송하곤 한다. 이것이 바로 주관성이 내포된 스포츠 상품의 특성이다. 프로스포츠 리그나 구단은 팬들의 주관성을 전략적으로 이용한다. 박찬호가 메이저리그에 진출하자 메이저리그 사무국은 박찬호의 경기를 보고 싶어 하는 한국 팬들을 위해 비교적 싼값에 중계권을 판매했다. 박찬호의 활약으로 한국에서 메이저리그에 대한 관심이 높아지고 메이저리그 중계권료도 천정부지로 높아졌다. 메이저리그는 박찬호를 통해 한국 시장을 쉽게 개척한 셈이다.

이러한 전략은 중국의 농구 스타 야오밍姚明이 휴스턴 로키츠에서 활약할 때도 똑같이 활용되었다. 미국 프로농구 사무국은 농구 스타 1명으로 10억이 넘는 중국인을 미국 프로농구팬(정확히는 휴스턴 로키츠의 팬)으로 만들 수 있었다.[7] 중국 베이징과 상하이에서 시범 경기를 열 정도로 중국은 미국 프로농구의 거대한 시장으로 변했다.

일본 야구의 간판스타인 스즈키 이치로鈴木一朗 역시 메이저리그에 일본 야구의 우수성을 증명하면서 수많은 일본인의 자긍심을 이끌어냈다.[8] 일본 방송사들은 야구 시즌 동안 미국에 상주하며 이치로의 일거수일투족을 일본에 전했다. 이치로보다 먼저 메이저리그에 진출했던 노모 히데오野茂英雄는 선발투수라서 매 경기 출전할 수 없었던 데 비해, 이치로는 타자라서 시애틀 매리너스의 거의 모든 경기에 출전할 수 있었다. 메이저리그 사무국은 일본에 중계권을 판매해 엄청난 역외 수입을 거두었을 뿐만 아니라 일본을 매우 중요한 소비시장으로 확보하게 되었다.

미국 메이저리그에서 새로운 역사를 만들고 있는 선발 투수이자 지명타자 오타니 쇼헤이 선수가 그 뒤를 잇고 있다.[9] 2019년 사이클링 히트, 2023년 월드베이스볼 클래식에서 일본 우승, 2023년 완봉승을 포함하여 한 경기에서 8명의 타자를 삼진으로 처리하고 동시에 안타, 2루타, 3루타를 친 최초의 메이저리거가 된 오타니 선수는 이치로 선수의 뒤를 이어 미국 내에서 폭발적인 인기를 얻고 있을 뿐만 아니라 일본인들의 자긍심을 높이는 데 큰 역할을 하고 있다.

예측할 수 없다

스포츠 경기의 가장 큰 특징은 승부를 100퍼센트 예측할 수 없다는 점이다. 아무리 강한 팀이라도 예상치 못한 패배를 할 수 있고, 아무리 약한 팀도 강팀을 상대로 승리할 수 있다. 이러한 사례는 어렵지 않게 찾을 수 있다. FIFA 월드컵 역사상 여름이 아닌 11월에 열린 2022 카타르 월드컵의 우승국은 바로 리오넬 메시가 이끈 아르헨티나였다. 아르헨티나는 1986년 멕시코 대회에 이어 통산 세 번째로 우승 트로피를 들어올렸지만 카타르 월드컵의 우승국인 아르헨티나는 조별 예선에서 사우디아라비아에 1-2패배를 당하며 세계 축구팬들에게 충격을 안겨줬는데 이것은 스포츠경기의 비예측성을 잘 보여주는 대표적인 사례라고 할 수 있다.[10]

2018년 러시아 월드컵 조별 예선 마지막 경기에서 한국 대표팀은 독일을 2-0으로 이겨 전 세계 팬들을 놀라게 했다.[11] 유럽 스포츠 베팅 업체인 Bet365의 분석에 따르면 한국 대표팀이 독일을 이길 확률은 1.25퍼센트에 불과했다. 2016년 6월 1일 한국 축구 대표팀은 스페인과의 평가전에서 1 대 6으로 대패했다.[12] 스페인은 FIFA 랭킹이 6위였던 반면, 한국은 54위로 많은 전문가가 스페인의 승리를 예상했고, 결과는 예상에서 빗나가지 않았다. 하지만 며칠 뒤인 6월 7일 한국 대표팀에 6 대 1 패배를 안겼던 스페인은 FIFA 랭킹 137위였던 조지아에 1 대 0으로 충격적인 패배를 당했다.[13]

이렇게 예상하지 못한 결과가 나올 수 있는 비예측성이 스포츠 경기에 짜릿함을 선사한다. 이러한 특징을 이용해 새로운 시장이 형성되었는데, 바로 스포츠 베팅·도박 산업이다. 스포츠 베팅 산업의 규모는 우리가 상상하는 것보다 훨씬 크다. 전 세계적으로 합법적 스포츠 베팅 시장의 규모는 최소 810억 달러(2022년 기준)로 알려졌는데 2030년에는 1,675억 달러까지 성장할 것으로 예측되고 있다.[14]

이런 막대한 규모의 산업을 이끄는 힘은 스포츠 경기의 비예측성에서 나온다. 뉴욕 메츠의 부회장 마이클 아로닌Michael Aronin은 "상품은 매일 변하고 우리는 그러한 변화에 적응해야 한다Here the product changes every day and you've got to adapt quickly to the changes"는 말을 했다.[15] 스포츠 경기라는 상품은 통제가 거의 불가능할 정도로 비예측성이 강하다. 어떻게 변할지 예측 불가능한 상품을 다루는 까닭에 관리자의 순발력이 매우 중요하다. 강력한 비예측성은 전 세계 도박사들의 호기심을 끌기에 충분했으며 세계적인 규모의 스포츠 대회에는 도박사들이 빠짐없이 등장해 보이지 않는 영향력을 펼친다.

스포츠 경기의 비일관적인 특징 역시 스포츠 경기를 다른 상품과 차별화하는 요소다. 예를 들어 노트북을 구입했다고 하자. 같은 브랜드, 같은 사양의 노트북을 구입했다면 어제 구입했건 오늘 구입했건 상품의 품질에는 차이가 없어야 한다. 그렇지 않다면 반품을 요구할 수 있다. 하지만 스포츠 경기는 그렇지 않다. 같은 선수들이 출전한다고 해도 어제 경기와 오늘 경기가 같을 수 없다. 이러한 스포츠 경기의 비일관성을 되도록 줄이고 더 정확하게 미래를 예측하고자 통계학자들과 경제학자들은 고급통계 및 다양한 알고리즘 분석을 통해 보다 정확한 승부 예측을 위한 다양한 시도를 하고 있다. 정교하게 만들어진 예측 시스템은 스포츠 베팅 산업을 좀 더 매력적으로 만들었으며, 스포츠 정보 자체가 비싸게 거래되기도 한다. AWS의 미디어와 엔터테인먼트, IBM의 스포츠와 엔터테인먼트와 같은 글로벌 IT 기업들은 스포츠레이더, API 스포츠, 지니어스 스포츠와 같은 데이터 분석 업체와의 파트너십을 통해 스포츠 베팅 시장의 확장을 선도하고 있다.

파생상품 시장이 무한하다

19세기 중반 골드러시가 한창일 때, 리바이 스트라우스Levi Strauss 역시 큰 꿈을 안고 캘리포니아로 이주했다. 다만 그는 금을 캐기 위해서가 아니라 수만 명의 광부들이 입을 질긴 천에 갈색 버튼이 있는 바지를 만들기 위해서였다.[16] 너도나도 금광을 캐고 있을 때 그는 광부들이 입을 질긴 바지라는 파생상품에 주목했다. 스트라우스는 1873년 최초의 데님 청바지를 만들었고, 리바이스Levi's는 지금까지 청바지 제조업체로 명성을 날리고 있다. 골드러시가 시작될 즈음 캘리포니아로 이주한 릴런드 스탠퍼드Leland Stanford는 광부들이 모인 동네에 조그만 상점을 열고 사업을 시작했다. 금광을 찾으려고 수만 명이 모여들었지만 생필품을 거래할 상점이 없어 매우 불편하다는 점에 기인해 가게를 열고 사업 자금을 모았다. 스탠퍼드는 한 발 더 나아가 채굴한 금광을 수송할 철도 사업에 손을 대 엄청난 성공을 거두었다. 그는 스탠퍼드대학을 세운 설립자기도 하다.[17]

스트라우스와 스탠퍼드는 골드러시를 바라본 시점이 여느 사람과 상당히 달랐다. 특히 파생상품에 대해 충분히 이해하고 있었다. 파생상품과 시장이 발달할수록 원래 상품을 생산하는 사람들의 시장가치는 줄어드는 경향이 있다. 골드러시 시대에 채굴되는 금이 많아질수록 수요와 공급의 원칙에 따라 금의 시장가치는 떨어졌다. 또한 채굴되는 금이 늘어날수록 광부의 시장가치도 줄어 들었다. 반면, 채굴한 금을 재가공해 장신구나 공예품으로 만드는 특수한 기술을 가진 사람들은 가치가 올라가고 주머니도 두둑해졌다.

스포츠 시장에서도 유사한 현상이 벌어진다. "재주는 곰이 부리고 돈은 주인이 가져 간다"는 속담처럼 선수들이 생산하는 스포츠 경기는 미디어를 통해 재가공되어 소비자에게 판매된다. 이 가공·재가공 시장은 기하급수적으로 빠르게 성장하고 있다. 이러한 과정에서 파생상품 시장에 절대 강자가 나타났는데, 바로 스포츠 미디어 재벌이다. 그들은 다양한 방식으로 스포츠 파생상품 시장을 주도해 나가면서 엄청난 영향력을 발휘하고 있다. 스포츠 선수들의 실력은 지난 수십 년 동안 장비 발달과 스포츠 과학의 발달에 힘입어 꾸준히 발전해 왔지만, 스포츠 미디어와 같은 스포츠 파생상품 시장의 성장 속도에는 견줄 수 없을 만큼 스포츠 파생상품 시장의 성장 속도는 거침이 없다. 최근에는 가상 현실 기술을 도입한 또 다른 스포츠 파생상품이 만들어졌다. 프로농구를 선두로 미식축구, 축구, 아이스하키 등 점점 더 많은 프로 리그에서 가상현실을 이용한 중계방송에 투자하고 있다.

NextVR이라는 벤처 회사는 가상현실 기술을 이용해 이미 맨체스터 유나이티드와 FC 바르셀로나, LA 갤럭시의 경기를 중계한 바 있다. 노래방 기계가 발명되어 많은 사람이 노래방에서 진짜 가수처럼 노래를 부를 수 있게 된 것처럼, VR과 같은 가상현실 기술은 머지 않아 전 세계에 있는 수많은 스포츠팬에게 경기장에 가지 않고도 경기장에서 느낄 수 있는 짜릿함을 체험하게 만들어 줄 것이다.

수집품 시장을 공략하라

유명 연예인이나 스포츠 스타를 만나면 사람들은 사인을 요구하거나 함께 사진을 찍으려고 한다. 스포츠 경기장에 가면 열성팬들은 선수의 사진을 찍거나 그들의 사인을 받으려고 애를 쓰지만, 선수와 직접 만나는 것은 그리 쉽지 않아 보인다. 하지만 선수의 사인을 받는 것이 점점 더 어려워지는 데는 다른 이유가 있다. 연예인이나 스포츠 스타의 시장가치가 높아지면 그들의 사인 역시 가치가 오른다. 그러면 의식적으로 팬들의 사인을 외면하는 일이 발생하게 된다.

일부 팬은 유명 프로야구 선수의 사인이 담긴 야구공을 3~5만 원에, 사인이 들어간 유니폼을 7~10만 원에 판매한다. 자기가 좋아하는 선수를 찾아가 사인을 받아 오래 간직하던 관행이 중개인과 도매업자의 주도로 15억 달러 규모의 산업으로 변모했다.[18] 과거에는 스포츠 스타가 자발적으로 사인을 해 주고 팬은 그것을 순수하게 간직했다면 지금은 중개인, 도매업자, 야구팀이 주무르는 수집품 사업으로 변모한 것이다.

선수들도 이러한 새로운 파생상품 시장을 적극적으로 공략하기 시작했다. 마이클 샌델Michael Sandel에 따르면, 명예의 전당에 오른 투수 밥 펠러Bob Feller는 1986년 수집가들을 위한 전시회에서 자신의 사인을 장당 2달러에 팔았고,[19] 3년 뒤 조 디마지오Joe DiMaggio는 20달러, 윌리 메이스Willie Mays는 10~12달러, 테드 윌리엄스Ted Williams는 15달러에 사인을 팔았다고 한다. 시간이 지나면서 펠러의 사인은 소장 가치가 높아졌고, 가격은 10달러 이상으로 올랐다.

그동안 선수들은 구단에서 받는 연봉이 수입의 대부분이었지만, 연봉 외에 또 다른 수입을 올릴 수 있는 수입원이 생긴 것이다. 뉴욕 양키스에서 투수로 맹활약했던 로저 클레멘스Roger Clemens는 사인이 들어간 사진을 수백 달러에 판매해 연봉 외에 적잖은 부수입을 올렸는데, 그의 300승을 기념하는 사진은 지금도 온라인에서 3,000달러가 넘는 가격에 거래되고 있다.

1990년대에 들어서면서 기념품 중개 거래 상인들은 선수들에게 직접 돈을 주고 수천 개의 야구공, 야구방망이, 유니폼 등에 사인하게 했다. 일종의 투자 의미가 강했는데, 선수가 유명해지면 그들이 사인한 용품의 가격이 급등하기에 잠재력이 높은 선수들을 미리 선별해 대량의 사인을 받아두었다. 딜러들은 대량 생산한 수집품을 카탈로그 회사, 케이블방송, 소매상과 수집품 전문 상점을 통해 판매해 수입을 올렸다.

명예의 전당에 이름을 올린 미키 맨틀Mickey Mantle은 직접 사인회에 참석해 야구공 2만 개에 사인하고 275만 달러를 벌었다고 한다.[19] 맨틀이 사인을 통해 얻은 수입은 뉴욕 양키스에서 활동하며 받은 18년간의 연봉을 모두 합친 것보다 많았다.

2023년 4월 소더비 경매에서는 새로운 기록이 나왔다. 1998년 NBA 결승전에서 착용한 뒤 볼 보이에게 선물한 '에어 조던 VIII'농구화가 약 29억원(220만달러)에 낙찰되었는데[20] 이는 스포츠수집품 사업의 가치를 새삼 일깨워준 사건으로 기억된다.

이러한 산업이 발전할수록 수집가들은 좀 더 독특하고 의미 있는 물품을 찾는다. 때로는 상상할 수 없는 희귀한 물건이 거래되기도 하는데, 2002년 애리조나 다이아몬드백스의 외야수 루이스 곤살레스Luis Gonzalez는 자신이 씹었던 껌을 자선 경매를 통해 1만 달러에 팔았다.[19] 곤살레스가 직접 씹은 껌인지 검증하기 위해 DNA 검사를 거쳐 진공상태로 포장해 거래했다.

곤살레스가 자신이 씹은 껌을 경매에 올려 비싸게 팔았다는 소식을 듣고 자극을 받은 시애틀 매리너스의 투수 제프 넬슨Jeff Nelson은 팔꿈치 수술을 받고 나서 자신의 팔꿈치에서 나온 뼛조각을 이베이에 올려 경매에 붙였다. 최종 입찰가는 2만 3,600달러였지만 거래가 성사될 즈음 이베이가 인간의 신체 일부는 판매할 수 없다는 규정을 내세워 경매를 중지시켰다. 넬슨에게 뼛조각 판매를 권유했던 ESPN 라디오 진행자 데이브 말러는 KJR 웹사이트에서 넬슨의 팔꿈치 뼈를 1,000달러에 팔아 자선단체에 기부했다.[19] 또 하나 주목할 만한 기념품은 17번이나 올스타 선수로 뽑히며 맹활약한 후 명예의 전당에 올랐지만 불법 도박과 약물 사용으로 야구계에서 제명된 피트 로즈Pete Rose와 관련된 것이다. 로즈는 1989년 불법 도박으로 메이저리그의 명예를 실추시켰으므로 야구계에서 추방하고 명예의 전당에서 이름을 삭제한다는 메이저리그 사무국의 5쪽짜리 통지문과 동의서를 받았다. 로즈는 결국 1989년 8월 23일 이 동의서에 사인했고 평생 야구 유니폼을 입을 수 없게 되었다. 로즈는 "야구로 도박을 해서 죄송합니다"라는 사과문을 인쇄한 야구공을 팔았는데, 그 가격은 배송비

를 포함해 299달러에 달했다.[21]

　전前 세계복싱협회 크루즈 웨이트 챔피언이었던 보비 치즈Bobby Czyz는 IQ 상위 2퍼센트에 해당하는 사람만 가입할 수 있는 멘사 회원이었는데, 멘사 회원임을 과시하고자 1996년 에반더 홀리필드Evander Holyfield와의 경기에 멘사의 로고가 쓰인 티셔츠를 입고 나왔다.[22] 멘사 티셔츠를 입고 링에 오른 그의 독특함을 많은 언론이 대서특필했고, 팬들은 그가 멘사 회원이라는 사실에 놀라고 열광했다. 치즈가 멘사 티셔츠를 입고 복싱 대회에 출전한 게 1996년이 아니라 2023년이었다면 어땠을까? 1996년과 비교해 상상할 수 없을 정도로 성장한 스포츠 파생상품 시장은 '멘사 회원'의 승부를 여느 경기처럼 놔두지 않았을 것이다.

　2016년 8월 8일 마이애미 말린스의 이치로는 3,000안타를 달성했다. 메이저리그에서 3,000안타를 친 선수가 30명밖에 되지 않는다는 사실을 감안할 때, 일본 리그에서 맹활약한 후 메이저리그에 진출해 성공한 이치로는 어느 누구와도 비교할 수 없는 가치를 갖게 되었다. 야구팬들이 이치로의 3,000안타를 기다렸던 것만큼 전 세계의 스포츠 수집품 전문가들도 그의 3,000안타를 간절하게 기다렸을 것이다.

　2023년 4월 27일 오타니 선수는 100년 만에 새로운 메이저리그 기록을 세웠다. 한 경기에 투수와 타자로 동시 출전에 8명의 선수를 삼진으로 돌리고 1루타, 2루타, 3루타를 기록했다.[23] 100년 만의 기록갱신에 사용된 야구공과 오타니 선수의 야구방망이의 금전적 가치는 얼마나 될까? 아마 상상을 초월할 것이다. 많은 야구팬이 오타니 선수가 새로운 메이저리그 기록을 갈아치우기를 기대하는 것처럼 전 세계 유수의 스포츠 수집품 전문가들 역시 새로운 세기적 기념품이 나오길 손꼽아 기다리고 있다.

스포츠 산업의 새로운 직업, 수집품 인증전문가의 탄생

오늘날 스포츠 수집품의 거래는 매우 일상화되었다. 부러진 야구 방망이와 경기에서 사용한 공처럼 일상적인 스포츠 용품이 온라인에서 거래되는 것을 쉽게 볼 수 있다. 시장이 커지면서 근거 없는 물품 또는 가짜 물품도 증가하기 시작했다. 요즘은 실제로 경기에서 사용한 물건이라는 사실을 수집가와 투자가에게 보증하기 위해 모든 메이저리그 경기에 한 명 이상의 공식 인증전문가authenticator가 참석한다. 이들은 첨단 기술로 제작한 홀로그램 스티커를 사용해 수집품 시장에 나갈 야구공, 야구방망이, 베이스, 유니폼, 라인업 카드를 비롯한 다양한 물건이 진품이라는 사실을 기록하고 보증한다.

2011년 뉴욕 양키스 선수였던 데릭 지터Derek Jeter가 메이저리그 역사상 3,000번째 안타를 친 28번째 선수가 되었다. 그날 지터는 브랜든 스타이너Brandon Steiner라는 유명한 수집품 전문가와 계약을 맺고 공 500개와 사진 400개에 사인했다. 지터의 사인이 들어간 공은 온라인에서 699달러, 사진은 599~799달러 사이에 판매 되고 있다.[24]

수집가들은 지터가 밟았던 흙까지 팔았는데, 지터가 3,000번째

명예의 전당에 전시된 배리 본즈의 홈런볼. 기념품의 가치는 물건에 얽힌 독특하고 기념할 만한 이야기에서 나온다. 메이저리그에서는 이 이야기의 진위를 보증하기 위해 다양한 노력을 하고 있다.

안타를 친 경기가 끝나자 구장 관리인이 지터가 서 있던 타자석과 유격수 자리에서 흙 20리터를 모았다.[25] 역사적인 의미를 지닌 이 흙은 뉴욕 양키스 경기장 인증자인 루브라노Lubrano가 홀로그램을 부착한 후에 팬과 수집가에게 조금씩 나누어 판매했다. 스포츠 수집품의 가치는 그 상품이 지닌 독특한 스토리에서 나온다. 그런데 이런 스토리는 정확히 증명하기 쉽지 않을 뿐 아니라 객관적인 근거를 찾기도 어렵고, 원하면 언제든지 쉽게 만들어낼 수도 있다. 때문에 분쟁을 사전에 차단하기 위해 철저한 사전 작업이 필요하다. 그래서 의미 있는 기록이 세워질 수 있는 스포츠 경기에는 인증자가 참관해 역사적 현장의 증인이 되어 혹시 모를 위조품이 시장에 나오는 것을 차단하는 것이다.

우리나라는 아직까지 스포츠 관련 수집품 시장에 대한 관심이 그리 높지 않아 보인다. 그래서 인증전문가라는 직업에 대한 필요성도 덜 느끼는 듯하다. 하지만 1982년 한국 프로야구를 시작으로 1988년 서울 올림픽, 2002년 한일 월드컵을 거쳐 2011년 세계 육상선수권 대회, 2018년 평창 동계올림픽까지 개최하면서 스포츠 강국으로서 위상이 올라간 만큼 이제 레거시legacy라고 할 수 있는 스포츠 수집품 시장에 관심을 기울여야 한다.

실제로 한국야구위원회는 2023년 4월 24일 부산 기장군에 한국 야구 박물관을 건립하는 사업을 추진한다고 밝혔다.[26] 지난 2013년에 한국 야구 100주년과 한국프로야구 30주년을 기념하기 위해 박물관 사업을 진행한 적이 있지만 지난 10년 동안 이렇다 할 결과물 없이 흐지부지 되었다가 다시 본격적으로 추진하기 시작한 것이다. 이 사업이 완성되면 야구팬들은 약 5만 여 점이 넘는 야구 수집품을 접할 수 있을 것이다.

보이지 않는 기회를 팔아라

경기장 명칭에 후원 기업의 이름을 붙이는 것을 경기장 명칭권

naming rights이라고 한다. 스포츠 산업이 발달한 미국이나 유럽의 대형 스포츠 경기장에는 거의 후원 기업의 이름이 붙어 있다. 경기장 명칭권을 처음 사용한 곳은 1926년 메이저리그 시카고 컵스의 리글리 필드다. 이후 경기장 명칭권은 서서히 그리고 꾸준히 증가했다. 2002년까지 메이저리그 경기장 121곳 중 70퍼센트에 달하는 80곳에 기업의 이름이 붙었으며,[27] 최근에는 총 경기장 122곳 중 94곳의 경기장 명칭권이 기업에 팔려 약 77퍼센트의 명칭권 사용률을 기록하고 있다.[28]

경기장에 이름을 붙이면 경기가 열리는 날마다 각종 미디어를 통해 기업의 이름이 전국에 퍼질 뿐 아니라 경기장 주변 주민들에게는 1년 365일 내내 기업 이름을 노출할 수 있다. 기업으로서는 기업 인지도와 이미지를 높일 좋은 수단이라고 할 수 있다.

미국 프로농구 구단 중 스테픈 커리Stephen Curry가 속한 골든 스테이트 워리어스는 13억 달러를 들여 2019년에 완성하였다. 이 구장에는 세계적인 자산 운용 기업 JP 모건 체이스의 이름이 붙었는데, 이에 대한 대가로 JP모건 체이스는 구단에게 매년 1500만 달러 씩 20년간 지불하기로 계약하였다.[29] 로스앤젤레스에 새로 건설되어 LA램스와 LA차저스 구단의 홈구장으로 사용되고 있는 이 경기장의 명칭권은 소파이SoFi기업이 구입했고, 20년간 총 6억 2,500만 달러를 'LA 스타디움 엔터테인먼트 지역L.A. Stadium and Entertainment District'이라고 불리는 기업에 지불해야 한다.[30] 참고로 LA램스의 구단주와 소파이 경기장의 소유 기업의 대표는 동일 인물인데 스포츠 산업의 큰 손인 스탠리 크론키Stanley Korenke회장이다.

뉴욕 양키스의 구장인 양키 스타디움은 기업에 명칭권을 팔지 않은 몇 곳 안 되는 메이저리그 경기장 중 하나다. 하지만 펩시와 포드를 비롯한 수많은 기업의 광고판이 경기장을 뒤덮고 있다.

스포츠 구단은 경기장 명칭권뿐만 아니라 가치 있어 보이면 뭐든 판매한다. 예를 들어 큰 후원금을 내는 기업의 이름은 경기 중 아나운서가 불러주어야 한다. 계약서에는 어느 순간, 몇 번이나 부를지도 명시되어 있다. 애리조나 다이아몬드백스의 명칭권은 뱅크원이라는 기업이 가지고 있는데, 홈런이 터질 때마다 장내 아나운서는 "뱅크원 홈런"이라고 말해야 한다.[31]

샌델의 『돈으로 살 수 없는 것들』에 따르면 심지어 선수가 홈으로 슬라이딩하는 것도 기업에 팔렸다. 뉴욕생명보험은 메이저리그 야구

팀 10곳과 계약을 맺어 선수가 안전하게 베이스로 슬라이딩해 들어올 때마다 기업 광고가 나오게 했다. 주자가 홈에 성공적으로 들어오면 아나운서는 "세이프입니다. 뉴욕생명"이라고 말해야 한다.

이러한 방식은 기존의 정적인 후원 방식과 달리 매우 생동감 있는 마케팅 수단이다. 기업은 스포츠 후원을 통해 회사의 이름을 알리고 대중의 관심을 산다. 하지만 열성 야구팬들은 점점 더 깊숙이 파고 들어오는 상업화 현상에 우려를 표하기도 한다.

메이저리그 워싱턴 내셔널스에 드래프트 전체 1순위로 뽑힌 브라이스 하퍼Bryce Harper는 싱글 A팀인 헤이거스타운 선스Hagerstown Suns에서 데뷔했다. 그가 타석에 들어설 때마다 아나운서는 "지금 미스 유틸리티가 후원하는 브라이스 하퍼가 타석에 들어섭니다. 그리고 땅을 파기 전에 811번으로 전화하는 것을 잊지 마세요Now batting, Bryce Harper, brought to you by Miss Utility, reminding you to call 811 before you dig"라는 문구를 읽어야 했다. 많은 사람이 이 문구를 의아하게 생각했지만 지하 배관과 케이블 수리 전문 업체였던 미스 유틸리티는 하퍼를 후원하는 것이 집 수리가 한창인 봄부터 가을까지 잠재 고객을 끌어들일 절호의 기회라고 판단한 것이다.[32]

메이저리그는 광고 수입을 늘리기 위한 아이디어 개발에 힘을 쏟고 있다. 2004년 6월 30일 미국에서 개봉한 〈스파이더맨 2〉의 광고는 6월 11~13일에 열린 15경기의 모든 베이스(1루, 2루, 3루, 홈 플레이트)에 들어갔다. 메이저리그 사무국은 이 계약으로 360만 달러를 벌었고, 뉴욕 양키스와 보스턴 레드삭스는 각각 10만 달러를, 그 외

13개 구단은 각각 5만 달러의 추가 수입을 올렸다.[33] 스포츠 산업이 발전한다는 것은 선수들의 기량이 더 좋아진다는 의미도 있지만 이제는 그보다 스포츠 상품의 범위가 넓어진다는 것을 의미하게 되었다. 스포츠 상품의 범위가 고전적인 '경기'로 한정되기보다 스포츠 활동을 통해 파생된 모든 유·무형적 가치로 확대된 것이다. 포뮬러 원과 NASCAR(전미스톡자동차경주협회) 같은 자동차 경주의 핵심 상품가치는 바로 '엄청난 마력을 뽐내는 경주경 자동차들의 천둥 같은 엔진 소리'에서 나오고 기념품점에서 가장 인기 있는 굿즈상품은 소음방지용 귀마개라는 사실을 간과하지 말아야 한다. 엄청난 속도로 발전하는 스포츠 시장에서 살아남기 위해서는 스포츠 상품을 바라보는 시각이 변해야 한다. 스포츠 경기가 만들어 내는 가치에만 초점을 맞출 것이 아니라 다양한 형태의 파생상품 시장에 관심을 기울일 필요가 있다.

경기장의
현재와 미래

스포츠 대회 유치의 명암

1986년 아시안게임을 시작으로 서울 올림픽과 FIFA 한일 월드컵, 포뮬러 1 코리아 그랑프리, 2011 대구 세계육상선수권대회, 2018 평창 동계올림픽, 2024년 강원동계청소년 올림픽, 2027년 하계세계대학경기대회까지 국제 대회 유치 측면에서 보면 한국은 이미 선진국과 어깨를 나란히 할 정도다. 그뿐만 아니라 스포츠 산업 규모는 영국(370억 파운드, 한화 58조 6천억원)과 프랑스(399억 유로, 한화 51조원)보다 규모가 큰 약 63조 원에 달한다.[1] 이러한 스포츠 산업의 성장은 정부와 지방자치단체가 다양한 경기장 시설에 지원과 투자를 해온 덕분에 가능했다.

스포츠 산업의 외형적 발전은 여러 지표를 통해 확인할 수 있다.

그중에서도 주목할 만한 것은 우리나라에 국민 100만 명당 8.2개의 경기장이 있다는 사실이다. 프랑스가 100만 명당 5.7개, 독일이 6.5개, 캐나다와 영국이 각각 6.7개, 미국이 7.8개의 경기장을 갖고 있는 사실과 비교해보면 우리나라는 인구에 비해 상당히 경기장이 많다는 것을 알 수 있다.[2]

지금까지 건설된 대표적인 스포츠 경기장은 서울 올림픽 주경기장을 비롯해 10개의 월드컵 경기장, 전남 영암의 F1 경기장, 평창 동계올림픽 시설물(봅슬레이·스켈레톤 경기장, 스키점프장) 등이다. 대부분 대형 시설물이다. 하지만 이런 경기장들은 대부분 국제 대회가 끝난 후에는 별다른 수익을 내지 못한 채 시설 관리 및 운영에만 매년 적게는 수억 원에서 많게는 수십억 원을 쓰고 있다.

인천광역시는 2014년 아시안게임을 개최하며 주경기장을 비롯해 다양한 경기장과 기반 시설을 만드는 데 1조 9,967억 원을 지출했지만, 수익은 아직 밝혀지지 않았다. 2011년 대구광역시는 세계육상선수권대회를 개최하는 데 약 2,200억 원을 썼지만, 역시 손익 여부는 확인하기 어렵다. 영암군은 2013년 포뮬러 1 코리아 그랑프리 개최를 위해 전용 자동차 경기장을 건설했는데, 이 대회를 위해 약 8,752억 원을 들이고 약 6,004억 원의 손해를 본 것으로 최종 집계되었다. 충청북도 충주시 역시 총 993억 원을 들여 2013년 충주 세계조정선수권대회를 개최했지만, 약 852억 원의 손해를 보았다.[3]

2018평창올림픽의 경우 애초 예산이 8조 8천억 원이었지만 준비 과정에서 예산이 13조 원까지 불어났다. 15일 남짓 동안 전 세계인들의 축제가 된 올림픽이었지만 한국 정부가 13조 원 이상을 썼다는 데에 대한 대의와 명분은 점점 설득력을 잃어 가고 있다.[4] 그 주된 이유는 올림픽 개최에 필요한 첨단 경기장 건설 비용이 천문학적으로 높아진 반면 올림픽 수익금은 과거에 비해 엄청 줄어들었기 때문이다. 예를 들면, 평창 동계올림픽의 경우, IOC의 규정에 따라 동계올림픽을 개최하기 위한 최소 3만 5천 석의 경기장이 필요했다. 평창군의 인구를 고려할 때 평창올림픽이 아니었다면 이렇게 큰 경기장을 건설할 필요가 있었을까? 아니나 다를까 평창올림픽 개폐식에 이용된 평창올림픽 스타디움은 올림픽이 끝난 후 (애초 계획대로) 철거되고 말았다.

엄청난 적자에도 중앙정부나 지방자치단체가 계속 단발성 형태의 국제 스포츠 대회 유치에 공을 들이는 이유는 바로 이런 대회가 정부와 지방자치단체(장)의 치적으로 내세우기 매우 유용하기 때문이다.

계속 문제가 불거지자 언론과 학계에서 국제 스포츠 대회 유치에 본격적으로 문제를 제기하기 시작했고, 국회와 정부도 지방자치 단체의 무모하고 즉흥적인 스포츠 이벤트 유치에 제동을 걸었다. 정부는 또한 스포츠산업진흥법을 개정해 지방자치단체가 필요한 경우 완공된 공공 체육 시설을 25년 이내에 민간에 관리를 위탁할 수 있게 했다. 이 법이 개정되기 전까지는 프로스포츠 구단들이 사용하는 경기장은 각 지역의 시설관리공단에서 관리해왔던 터라 구단은 경기장을 이용해 수익 사업을 벌이기 힘들었다. 하지만 법 개정으로 프로 구단이 경기장을 최고 25년 동안 장기 임대할 수 있게 되면서 경기장을 이용한 다양한 스포츠 마케팅과 수익 사업이 가능해졌다.

실제로 SK 와이번스(현 SSG 랜더스)는 2014년 1월부터 문학경기장(현 인천 SSG 랜더스 필드) 민간 위탁 운영자로 선정되어 이 경기장을 홈구장으로 쓸 뿐만 아니라 스포츠·문화·쇼핑이 공존하는 복합 스포츠 타운으로 조성하기도 했다. 결혼식 같은 이벤트, 다양한 문화·예술 행사를 기획하는 등 유휴 공간을 활용한 수익 사업을 위해 매우 적극적인 행보를 보였다.[5]

돔구장을 건설하다

국내 4대 프로 리그(야구·축구·농구·배구) 중에서 경기장 시설에 가장 큰 관심을 보이는 것은 프로야구다. 1982년 삼성·롯데·MBC·OB·해태·삼미 등 6개 구단으로 출범한 프로야구는 현재 10개 구단 체제로 운영할 정도로 다른 리그보다 규모 면에서 월등히 앞선다. 관중 수에서도 다른 리그와는 비교가 안 될 만큼 확고한 우위를 보이는데, 개막 원년인 1982년 143만 8,768명을 기록한 이후 꾸준히 관중이 증가해 2016년에는 863만 명을 시작으로 2017년 871만 명, 2018년 840만 명으로 3년 연속 800만 관중을 이어왔다.[6]

코로나19 여파로 총 관중이 다소 줄어들긴 했지만, 2022년 시즌에는 총 관중이 600만 명을 넘어 최고 인기 스포츠임을 증명했다.[7] 한국프로야구 인기의 바탕에는 2000년대 중·후반 메이저리그를 경험한 선수들의 복귀와 당시 국가 대표팀의 뛰어난 성적이 있었다.(2008

한국 최초의 돔구장인 고척 스카이돔 내부 모습. 많은 우여곡절을 거쳐 2015년에 개장했다.

년 베이징 올림픽 금메달, 2009년 WBC 준우승, 2010년 아시안게임 금메달, WBSC 프리미어12 우승) 국제 무대에 진출한 선수들의 멋진 활약은 텔레비전을 통해 생생히 중계되었다. 이런 과정을 거치면서 국내 야구 팬들은 자연스럽게 해외 야구 시설을 접하게 되었고, 경기장 시설에 대한 관심과 기대도 점점 높아졌다.

많은 야구 전문가도 우리나라의 야구 실력이 국제 무대에서 인정 받을 정도로 높아졌음에도 돔구장이 없어서 종종 경기가 우천 취소될 수밖에 없는 현실을 안타까워했다. 미국 메이저리그는 총 30개 구단 중 8개 구단이, 일본 프로야구는 12개 구단 중 절반인 6개 구단이 돔구장을 갖고 있다. 이제는 우리도 돔구장이 있어야 하지 않겠느냐는 목소리가 높아졌다. 2015년 가을 드디어 한국 야구 역사상 최초의 전용 돔구장이 완공되었다.

하지만 돔구장 건설에는 우여곡절이 많았다. 2007년 돔구장 건설이 확정되었을 때, 고척 스카이돔의 원래 용도는 동대문야구장을 대체할 아마추어 전용 구장이었다. 지난 7년간 8번의 설계 변경을 겪으면서, 특히 하프돔 형태였던 애초의 계획에서 벗어나 전면돔 형태로 건설되면서 총 사업비는 408억 원에서 2,713억 원으로 늘어났다.[8]

대구 삼성라이온즈파크 역시 경기장 건설 붐에 동참했다. 국비 210억 원, 대구시 956억 원, 경기장 25년간 사용료로 삼성전자 500억 원 등 총 사업비 1,666억 원이 들어간 대형 사업이었다.[9] 기아 타이거즈의 홈구장인 기아챔피언스필드도 2014년에 오픈했고, NC 다이노스의 경기장도 2019년 3월 18일에 공식 개장했다. 지금 프로야구는 경기장 건설 중흥기를 맞고 있다. 잠실 경기장은 MICE 복합공간 조성 사업과 연계하여 약 3만 5천 여 석의 규모의 돔구장 형태로 개발될 것으로 기대되는데 주변에 5성급 호텔, 전시장, 업무 시설 및 다양한 편의 시설과 잘 조합된 형태로 완공될 것으로 보인다.[10] 또한 SSG 랜더스의 정용진 구단주는 청라 국제도시에 2028년 개장을 목표로 청라 돔구장 건설을 진행하고 있다.

경기장, 어떻게 지을 것인가?

경기장을 바라보는 시각은 많이 달라졌다. 경기장은 '스포츠 경기를 관람하는 공간'이라는 개념을 뛰어넘어 다양한 산업의 융·복합을 통해 새로운 형태의 서비스를 경험할 수 있는 종합 스포츠·문화·레저 타운이 되고 있다. 스포츠 경기장을 건설하는 데 적게는 수백억 원에서 많게는 수조 원(일부 미식축구 경기장의 경우)에 이르기까지 천문학적인 비용이 드는 사실을 고려하면 경기장을 말 그대로 스포츠 경기를 위해서만 사용하는 것은 그리 합리적으로 보이지 않는다. 과거에는 경기가 있는 몇 개월을 제외하고는 경기장을 별다른 대책 없이 유휴 공간으로 두었다면 지금은 경기장 그 자체가 볼거리가 될 만큼 형태와 용도가 많이 달라졌다. 이러한 추세를 반영하듯 경기장만을 디자인하는 기업도 수백 곳이 넘게 생겼다. 영국 런던의 웸블리 스타디움을 비롯해 미국 샌프란시스코 자이언츠의 AT&T 파크를 디자인한 파퓰러스Populous, 리우데자네이루 올림픽 주경기장과 미국 NFL 댈러스 카우보이스의 경기장을 디자인한 AECOM, 미국 플로리다에 있는 데이토나 자동차 경기장을 디자인한 로세티Rossetti 등이 경기장 디자인 산업을 이끌고 있다.[11] 파퓰러스는 2014년 인천 아시안 게임 주경기장과 창원 NC파크, 잠실 신규 야구장 디자인을 맡고 있으며, AECOM은 삼성의료원을, 로세티는 인천 SK행 복드림구장을 디자인하는 등 국내에서도 이들이 건설한 시설을 볼 수 있다. 미국에서는 학교체육레크리에이션협회NIRSA, 스포츠 레저국제연합회IAKS, 애슬레틱비즈니스AB가 매년 우수한 경기장을 선정해 '경기장 디자인상'을 수여하고 있다.

대형화에서 고급화로 진화하다

경기장 시설에 대한 사람들의 기대와 눈높이가 높아짐에 따라 디자이너들은 경기장을 어떤 형태로 디자인할지, 어떤 종류의 편의 시설을 설치할지, 스카이박스와 클럽 좌석 같은 값비싼 좌석과 일반 좌석의 비율을 어떻게 조절할지 등 여러 가지 고민을 하게 되었다. 특히 경기장을 이용해 국제 대회를 유치하려고 할 경우, 국제스포츠위원회 International Federations에서 정한 규모와 규정에 맞추어야 하는데, 단발성 국제 대회 유치에 너무 집착할 경우 사후 활용 방안에 대한 심각한 고민 없이 불필요하게 과도한 비용을 지불하게 된다.

대표적인 예로 영국의 웸블리 스타디움을 들 수 있다. 웸블리 스타디움은 현재 영국 축구 국가 대표팀, FA컵, 미식축구 경기의 주 경기장으로 사용하고 있는데 약 9만 명을 수용할 수 있는 규모를 자랑한다. 하지만 영국의 성지로 불리는 웸블리 스타디움 역시 경기가 열리지 않는 유휴 기간에는 경기장 관리 비용을 마련하고자 각종 행사나 이벤트를 개최하고 있다. 웸블리 스타디움은 경기장 활용 전략 중 하나로 매년 미국 NFL 경기를 개최 하고 있으며, 평소에는 관광객을 대상으로 유료 경기장 투어 프로그램을 운영하고 있다. 이뿐만 아니라

영국 웸블리 스타디움 내부. 웸블리 스타디움은 경기가 열리지 않는 동안에는 각종 행사나 이벤트를 개최한다.

경기장 내 스위트룸과 사무실을 축구비즈니스대학UCFB에 임대해 사용료를 받고 있다.[12]

일부 국내 야구장도 일반 좌석을 개조하는 방식으로 경기장의 총 좌석 수를 줄이는 대신 좌석 형태를 다양화하고 있다. 스카이박스와 같이 기업을 겨냥한 스위트룸뿐만 아니라 연인이나 가족을 겨냥한 테이블석의 증가 역시 이러한 시대 변화를 반영한다. 특히 2015년 건설된 (현) 인천 SSG 랜더스 필드의 프리미엄 좌석인 라이브존은 포수 뒤편에 있어서 선수들의 생생한 경기 장면과 타격 순간을 아주 가까운 자리에서 관람할 수 있다. 벙커 개념을 야구장에 도입한 최초의 예라고 할 수 있다. 외야 쪽에는 일반 좌석을 없애고 텐트를 치거나 돗자리를 깔 수 있도록 잔디밭을 꾸미는 등 일종의 힐링 공간을 제공하고 있다.

텅 빈 경기장을 걱정하는 것은 미국 프로 구단도 마찬가지다. 현재 산호세 어스퀘이크스San Jose Earthquakes가 사용하고 있는 페이팔 파크PayPal Park 경기장은 좌석마다 코드 형식의 부호를 새겨 명암이 나타나도록 했는데, 이는 경기장이 텅 비어 보이지 않게 하는 효과를 준다. 이 경기장은 '스카이박스는 시야가 확 트인 최고층에 있어야 한다'는 기존의 불문율을 깨고 운동장과 같은 높이에 스카이박스를 설치해 언론의 주목을 받기도 했다.

최첨단 경기장을 만나다

새로 건설되는 경기장은 IT기업들과 스타트업 기업들이 서로 각축을 벌이는 전시장 역할을 하고 있다. 신축 경기장에 설치된 최신 기술은 수많은 언론과 미디어를 통해 손쉽고 빠르게 전파될 뿐만 아니라 경기장에 접목된 신기술은 경기가 열릴 때마다 많은 팬에게 노출될 수 있는 기회가 많기 때문이다. 미국 NBA 새크라멘토 킹스 구단의 홈구장인 '골든1 센터'의 일부 좌석에는 소리를 진동으로 변환시키는 변환기가 설치되어 있다. 경기장에서 다소 먼 거리에 앉아 있는 팬들은 이 변환기를 통해 NBA선수들이 드리블하거나 덩크슛하는 소리를 진동으로 느낄 수 있다. 이 기술을 만든 기업은 '엣지 사운드 리서치'라는 스타트업 기업인데 이미 2022년 미국 메이저리그 미네소타 트윈스의 홈구장인 타켓 필드에 마이크로 진동 장치를 설치해 기

술의 효과성을 테스트한 바 있다.[13]

일본 NPB 구단 12개 중 6개 구단이 돔구장을 갖고 있다. 하지만 대부분 시설이 낙후되어 시설 증축 및 개조가 필요하거나 신규건설이 필요하다. 홋가이도 니혼햄 파이터스의 홈구장인 에스콘 필드 홋카이도Es Con Field Hokkaido 구장은 2023년 3월 30일 새롭게 개장했다.[14] 그동안 돔구장의 특성상 천연잔디가 아닌 인조잔디를 설치할 수 밖에 없어 부상 우려에 대한 선수들의 불만이 높았는데, 개폐식이 가능한 천정 구조를 지닌 새 구장은 천정을 열고 닫을 수 있어 천연잔디를 설치하였다. 천정 개폐에 걸리는 시간은 20분 밖에 안 걸린다. 미국 회사인 HKS가 디자인을 했는데, 일본 문화를 접목하여 경기장내에 호텔 시설과 온천 시설을 갖추었다. 지하 1만 2천 미터에서 나오는 온천수를 이용한 온천 시설이 외야 지역에 설치되어 온천을 즐기면서 야구 경기를 관람할 수 있다.

SSG 랜더스의 홈구장인 인천 SSG 랜더스 필드 구장에는 전 세계 야구장에서 가장 큰 전광판이 설치되어 있다. 가로 63.398미터, 세로 17.962미터, 총 1,138.75제곱미터 크기로 시애틀 매리너스의 홈구장 세이프코 필드보다 77.41제곱미터 크다.[15] 미국 프로농구 구단 클리블랜드 캐벌리어스의 경기장은 경기 시작 전 3D 영상을 이용한 선수 소개로 유명하다. 글로벌 가상현실 콘텐츠 제작 기업인 넥스트 VR[16]은 이미 맨체스터 유나이티드와 FC 바르셀로나의 경기를 가상현실 형식으로 중계했을 뿐 아니라 프로농구 경기도 VR을 이용해 생중계 하려고 시도하고 있다.

미국의 스포츠 케이블방송사인 ESPN과 함께 9년간 약 240억 달러에 중계권 계약을 한 TNT 역시 VR을 이용한 생중계를 위해 혼신을 다하고 있다.[17] 미국 프로농구 구단인 새크라멘토 킹스는 생생한 VR 중계를 위해 농구장 바닥에 6대의 카메라를 설치했다. LED를 이용한 광고판은 이미 오래전에 전통적인 A 보드를 대체했으며, 신규 경기장은 생생한 경기 관람을 위해 음향 시설과 조명 시설 등에 각별한 신경을 쓰고 있다. 고급 좌석은 전동 안마 의자로 교체하기도 하고, 스마트폰으로 앉은 자리에서 음식이나 음료를 주문할 수 있는 시스템을 갖추기도 한다. 클럽 좌석에 앉은 관객에게는 담당 직원이 음식을 가져다주는 서비스를 하기도 한다.

앞으로 스포츠 경기장이 어떤 모습으로 변모할지는 모른다. 하지만 IT 기술뿐 아니라 건축 기술의 발달에 힘입어 나날이 세련되는 최신 경기장들을 보면 머지않은 미래의 경기장 모습을 그려볼 수 있다. 첫째, 바쁜 일상에 쉽게 만나지 못했던 지인들을 경기장에서 만나 친목을 도모할 수 있게 될 것이다. 소셜미디어 기업 중 하나인 링크드인 LinkedIn은 위치 공유 기술을 이용해 같은 경기장에 있는 지인들을 연결해준다. 둘째, 경기장의 정보 제공 공간이 획기적으로 변할 것이다. 예전에는 경기장 중앙의 전광판이 거의 유일한 정보 제공 공간이었다. 하지만 반도체 기술의 발달로 상상을 초월하는 거대한 전광판 설치가 가능해졌다. 이미 일부 실내 경기장에서는 건물 벽 자체를 LED 전광판으로 활용하고 있다.[18]

셋째, 특수 안경 없이 3D 영상을 볼 수 있는 기술이 등장해 안경 없이 자유롭게 3D 영상을 보게 될 것이다. 물론 스카이박스 같은 고급 좌석을 이용하는 관객들이 먼저 이런 기술을 누리게 될 것이다. 미식축구와 농구, 아이스하키 같은 생동감 넘치는 스포츠를 중심으로 3D 영상에 대한 수요가 높아지고 있어 이러한 변화는 불가피할 것으로 보인다. 마지막으로 무선통신의 발달은 그동안 비밀의 영역이었던 선수와 코치 간의 전술적 대화도 들을 수 있게 해줄 것이다. 애플리케이션을 통해 전술 대화 중 일부를 팬들에게 공개하는 솔루션이 곧 공개될 것이다. 이러한 시스템은 팬이 선수의 최후방까지 다가왔음을 의미한다. 스포츠 관람 방식은 새로운 시대를 맞고 있다.

구단은
왜 떠날까?

세인트루이스 램스에서 로스앤젤레스 램스로

약 26년 전인 1997년 미국 NFL의 휴스턴 오일러스가 멤피스로 연고지를 이전했다. 이후 다시 주변 도시인 내슈빌로 이전하고 1999년에 팀 이름을 타이탄스Titans로 바꿨다. 얼마 지나지 않아 NFL 본부는 협상 끝에 미식축구 팀을 간절히 원했던 휴스턴에 새로운 구단을 창설하는 것을 허가했다. 그 후 한참 동안 잠잠했던 구단들이 연고지를 이전하기 시작했다.

2016년에 램스Rams는 21년간 연고지였던 세인트루이스를 떠나 로스앤젤레스에 새 터를 잡았고, 2017년에는 무려 56년 동안 샌디 에이고를 연고지로 사용했던 차저스Chargers가 로스앤젤레스로 옮겼다.

2017년에 열린 NFL 구단주 회의에서는 전체 구단주 32명 중 31명이 오클랜드 레이더스Raiders의 연고지를 라스베이거스로 이전하는 데 찬성해 2019년에 라스베이거스 레이더스로 구단 명칭을 변경하였다.[1]

졸지에 구단을 잃어버린 도시의 주민들은 상실감과 큰 충격에 빠졌고, 반대로 새로운 연고지 주민들과 팬들은 구단의 이전을 열렬히 환영했다. 구단들의 잇따른 연고지 이전을 다른 구단들 역시 반기는 분위기다. 왜냐하면 구단들이 연고지를 옮기면서 NFL 본부에 내는 벌금을 나머지 31개 구단이 골고루 나누어 갖기 때문이다. 램스와 차저스는 로스앤젤레스로 연고지를 옮기면서 각각 6억 4,500만 달러를 지불했고, 오클랜드는 이보다 적은 3억 7,800만 달러의 벌금을 낸 것으로 알려졌다.[2] 연고지를 옮기지 않은 나머지 구단들은 각각 약 5,380만 달러가 넘는 현금 보너스를 얻으니 그야말로 누이 좋고 매부 좋은 일석이조인 것이다.

하지만 구단의 연고지 이전은 말처럼 쉽지 않다. 구단의 연고지 이전 배경을 제대로 이해하기 위해서는 다른 구단주들, 커미셔너, 시의원 등 정치인들 사이에 얽히고설킨 복잡하고 미묘한 정치적 관계뿐만 아니라, 지역 주민들의 세금 등 경기장 건설 비용과 관련된 경제적·세무적 배경을 알아야 한다.

'연고지 쇼핑'시대

1960년대 후반부터 프로스포츠가 본격적으로 인기를 얻으면서 점점 더 많은 도시가 프로스포츠 구단을 유치하기 위해 경쟁하기 시작했다. 경기장 건설에 드는 비용을 모두 세금으로 부담하거나 경기장을 거의 무료로 이용할 기회를 주겠다는 달콤한 유혹을 받으며 프로스포츠 구단들은 구단 운영의 최적기를 맞았다. 1970년대에는 이러한 시·주 정부의 구애가 더욱 거세져서 워싱턴 세너터스가 텍사스로 이전했고(현재의 텍사스 레인저스), 시애틀 파일럿도 위스콘신주로 옮겨 현재의 브루어스Brewers가 되었다.[3] 특히 NBA에서 구단 이전이 많이 이루어졌는데, 현재의 휴스턴 로케츠Houston Rockets는 샌디에이고에서, LA 클리퍼스LA Clippers는 뉴욕 버펄로에서, 유타 재즈Utah Jazz는 뉴올리언스에서 각각 이전했다.[4]

하지만 1980년대에 들어오면서 이러한 추세는 점차 변하기 시작했는데, 가장 중요한 이유는 바로 레이건 정부의 적자 감축 행동(1984)과 조세개혁(1986)을 통한 긴축정책이었다. 이로 인해 프로 스포츠 구단의 유치를 간절히 바라던 구단들은 어쩔 수 없이 새로운 아이디어를 구상해야 했는데, 바로 구단이 지방정부·시와 파트너십을 구축해 구단주도 경기장 건설에 적극적으로 투자한다는 것이었다. 물론 구단주들의 머릿속에는 이미 경기장 건설에 들어갈 비용을 짧은 기간 동안에 회수할 수 있는 방안이 들어 있었다. 그들은 신규 경기장 명칭권 판매, 스위트석과 클럽 좌석 확대, 개인 좌석권 판매Personal Seat License 등을 통해 투자금뿐만 아니라 리그 본부에 내는 수억 달러에 달하는 벌금을 단기간에 회수할 수 있다는 자신감이 있었다. 이러한 현상은 특히 대도시(뉴욕, 샌프란시스코, 애틀랜타, 세인트루이스 등)에 연고를 둔 구단들에게서 나타났다. 뉴욕 자이언츠NY Giants와 뉴욕 제츠NY Jets가 공동으로 사용하고 있는 메트라이프 경기장Metlife Stadium은 100퍼센트 구단주의 비용 부담으로 지어졌고, 애틀랜타 브레이브스Atlanta Braves가 과거에 홈구장으로 사용했던 터너필드 역시 구단주의 주머니에서 총 건설 비용의 94퍼센트가 나왔으며, 뉴욕 양키스의 양키스 경기장과 뉴욕 메츠의 시티 경기장 역시 구단주가 총 건설 비용의 80퍼센트 이상을 부담했다.[5]

하지만 이러한 추세에도 불구하고, 일부 구단에서는 '구단 이전'이라는 강력한 협상 무기를 내세워 지방정부에 세금을 이용해 새로운 경기장을 짓도록 요구했다. 탬파나 워싱턴 D.C. 시카고 등 일부 지방정부는 구단이 다른 도시로 연고지를 이전하는 것을 막고자 막대한 규모의 공공자금을 들여 울며 겨자 먹기 식으로 경기장을 지을 수밖에 없었다. 그중에서도 메이저 구단과 연고지 이전에 관한 최종 합의를 하지 않았음에도 100퍼센트 세금으로 돔구장 건설을 완공한 후 언제 실현될지도 모르는 메이저 구단의 유치를 대책 없이 기다리던 탬파, '연고지 이전'이라는 구단의 강력한 압박에 못 이겨 수천억 원의 세금을 들여 결국 프로야구 경기장을 지어준 시카고, 그리고 2008년 몬트리올 엑스포스Montreal Expos 구단을 유치하기 위해 수억 달러의 건축 비용을 모두 국민의 세금으로 사용한 워싱턴 D.C. 등 일부 지방정부는 프로스포츠 구단주들이 주머니를 채울 수 있는 가장 중요한 도구인 경기장을 국민의 혈세로 건설했다.

천문학적인 경기장 건설 비용

지방정부가 세금을 들여 프로스포츠 구단을 위한 스포츠 경기장 시설을 짓는 데 망설이는 이유는 크게 4가지로 요약할 수 있다. 첫째, 1980년대 레이건 정부의 긴축정책을 시발점으로 프로 구단을 위한 경기장 시설을 공공자금으로 짓는 것은 회의적이라는 논의가 시작되었다. 1970년대 중반 이후 본격적으로 시작된 경기장 건축의 활성화로 이미 수많은 경기장이 지어졌고, 시민들은 세금을 좀 더 유익한 곳에 사용하기를 바랐다. 특히 교육 시설이나 낙후된 교통 시설 등 경기장 건설보다 시급한 문제를 해결하는 데 세금이 사용되길 바라면서 경기장 건설에 세금이 사용되는 것을 더는 쉽게 용납하지 않았다.

세금을 이용해 스포츠 경기장을 건설하는 데 반대가 가장 심한 주는 플로리다인데, 마이애미 말린스MLB, 탬파베이 레이스MLB, 올랜도 매직NBA, 마이애미 히트NBA, 잭슨빌 재규어스NFL, 마이애미 돌핀스NFL, 탬파베이 버커니어스NFL, 플로리다 팬더스NHL, 탬파베이 라이트닝NHL, 올랜도 시티SCMLS 등 많은 프로 구단의 연고지일 뿐만 아니라, 마이너리그 구단과 대학 스포츠팀이 여럿 소속되어 있었다. 플로리다 주민들은 그들의 세금이 그동안 어떻게 사용되었는지 검토하기 시작하면서 프로스포츠 구단을 위한 경기장 건설에 세금이 사용되는 것에 불편한 심기를 감추지 않았다.

둘째, 과거에는 지역에 연고를 둔 프로스포츠 구단을 '공공재public goods'로 보았으나 이제는 '사유재private goods'로 보는 인식의 변화가 일

총 경기장 건설 비용 중 80퍼센트 이상을 구단주가 부담한 경기장[6]

경기장	신축 연도	건설 비용	사용 구단	리그	구단주 부담 비율
터너필드	1997	2억 4,800만 달러	애틀랜타 브레이브스	MLB	94퍼센트
AT&T 파크	2000	3억 3,000만 달러	샌프란시스코 자이언츠	MLB	86퍼센트
질렛 경기장	2002	3억 5,500만 달러	뉴잉글랜드 패트리어츠	NFL	80퍼센트
부시 경기장	2006	3억 6,500만 달러	세인트루이스 카디널스	MLB	87퍼센트
시티필드	2009	8억 6,000만 달러	뉴욕 메츠	MLB	81퍼센트
양키 구장	2009	13억 달러	뉴욕 양키스	MLB	83퍼센트
메트라이프 경기장	2010	16억 달러	뉴욕 자이언츠/ 뉴욕 제츠	NFL	100퍼센트

최근에 지어진 혹은 지어질 경기장 건설 비용 출처

경기장	신축연도	건설 비용	사용 구단	리그	구단주/ 리그 부담 비율
삼성 라이온즈 파크	2016	1,620억원	삼성 라이온즈	KBO	30퍼센트
메르세데스 벤츠 경기장	2017	1억 6,000만 달러	애틀란타 팔콘스/ 애틀란타 유나이티드 FC	NFL/ MLS	43퍼센트
체이스센터	2019	1억 4,800만 달러	골든스테이트워리어스	NBA	100퍼센트
창원 NC 파크	2019	1,270억원	NC 다이노스	KBO	7.8퍼센트
캘거리 플레임스 경기장	2026 완공 예정	1억 2,000만 달러	캘기리 플레임스	NHL	33퍼센트
버팔로 빌스 경기장	2026 완공 예정	1억 4,000만 달러	버팔로 빌스	NFL	39퍼센트
테네시 타이탄스 경기장	2027 완공 예정	2억 1,000만 달러	테네시 타이탄스	NFL	43퍼센트

어나고 있다. 가령, 세계 유수의 호텔을 짓는 데 세금을 사용한다고 하면 어떠한 생각이 들겠는가? 물론 호텔이 고용을 창출하고 주민의 수입을 증대하는 등 경제적 부가가치 효과가 있지만, 세금으로 호텔을 건설하는 데는 어느 누구도 찬성하지 않을 것이다.

셋째, 프로스포츠 구단을 소유한 구단주들은 엄청난 부호라서 이들의 주머니를 더 불려주고자 세금을 이용하는 것은 부당하다는 사실이다. 2023년 포브스에 따르면, NFL 시애틀 시호크스와 NBA 포틀랜드 트레일블레이저스 구단을 소유한 마이크로소프트의 공동 설립자 폴 앨런Paul Allen이 구단주 중 가장 부유한 것으로 나타났는데, 그의 재산은 약 800억 달러에 달하는 것으로 알려져 있다.[7] 또한 월마크 창업자 가문의 후손으로 현재 미국 NFL 덴버 브롱코스의 구단주인 롭 월튼Rob Walton의 재산은 578억 달러,[8] 우리에게 잘 알려진 일본의 후쿠오카 소프트뱅크 호크스의 구단주인 손정의 회장은 224억 달러에 이르는 재산을 보유한 것으로 알려졌다.[9]

넷째, 경기장 건설 비용이 천문학적으로 증가함에 따라 이제는 지방정부가 감당할 수 있는 범위를 벗어났다. 일본은 2020년 올림픽 유치를 계기로 세계에서 가장 비싼 올림픽 주 경기장을 건설 한 바 있다. 처음 예산은 30억 달러로 정해졌으나 많은 사람의 반대로 20억 달러 이하로 예산이 깎였다.[10] 그럼에도 불구하고 일본 내셔널 경기장(일명 미래형 자전거 헬멧)은 세계에서 가장 값비싼 올림픽 주 경기장으로 기록될 것이다. 그 외에도 뉴욕 자이언츠와 뉴욕 제츠가 홈구장으로 사용하고 있는 메트라이프 경기장은 약 16억 달러라는 천문학적인 비용이 들었다. 양키스 구단이 사용하고 있는 양키스 구장은 약 13억 달러가 들었고, 이외에도 리바이스 경기장, 웸블리 스타디움, AT&T 파크, 그리고 메디슨 스퀘어 가든 등 총비용이 10억 달러가 넘는 경기장들이 속속 건설되었다.[11] 최근에 완공된 미네소타 바이킹스의 홈 경기장인 US 뱅크 구장 역시 총 공사 비용이 약 9억 7,500만 달러에 이른 것으로 알려졌다.[12] 10억 달러가 넘는 경기장은 비단 미식축구 경기장에만 해당되는 것이 아니라 야구, 농구, 아이스하키 등 특정 스포츠에 국한되지 않는다. 경기장 건설 비용이 천문학적으로 올라감에 따라 그 전까지 세금을 이용한 스포츠 경기장 건설에 협조적이었던 정치인들과 시민들이 반기를 들고 나섰다. 즉 억만장자들로 이루어진 프로스포츠 구단이 사용할 경기장 건설을 위해 더는 시민의 세금을 이용해서는 안 된다는 주장이다.

그렇지만 일부 프로 구단은 새로운 경기장 건설이 지역 경제에 미치는 경제적 파급효과를 빌미로 정부의 적극적인 지원을 받아 경기장을 건설했다. 예를 들면, 2008년에 완공된 내셔널 파크Nationals Park는 미국 메이저리그의 워싱턴 내셔널스가 홈구장으로 사용하고 있는데, 경기장 건설 비용 7억 130만 달러를 모두 국민의 세금으로 부담했다.[13]

하지만 경기장 건설 비용이 천문학적으로 증가함에 따라 스포츠 시설 비용을 감당해야 했던 지방정부나 주정부의 재정 부담이 높아지면서 결국 억만장자들로 구성된 스포츠 구단주들을 위해 공적인 자금으로 스포츠 경기장 시설을 짓는 데 대한 반대 의견이 생겨나기 시작했다. 2017년에 완공된 메르세데스 벤츠 경기장의 경우 총 공사 비용

16억 달러 중 7억 달러 (전체 비용의 43퍼센트)의 비용을 세금으로 충당하였다.[14] 애틀랜타 브레이브스의 경기장인 트루이스트 파크는 총 6억 7,200만 달러의 공사 비용 중 3억 달러를 코브 카운티Cobb county 세금으로 충당하고, 나머지 비용 3억 7,200만 달러는 브레이브스 구단에서 충당하였다.[15] 애틀랜타 브레이브스에 속한 마이너리그 구단인 그위넷 브레이브스의 새 구장인 쿨레이 필드Coolray Field는 총 공사 비용 6,400만 달러를 모두 그위넷 카운티의 세금으로 충당했다.[16]

그렇다면 지방정부와 프로스포츠 구단이 새로운 경기장 건설 비용 부담으로 인해 관계가 나빠지면 어떠한 상황이 벌어질까? 첫째로 '구단 이전'이라는 협상 카드를 쥔 구단주는 프로스포츠 구단을 간절히 원하는 도시들에 접근해 경기장 건설에 투자해달라는 요구를 할 수 있다. 연고지를 옮기면 리그 본부에 수억 달러의 벌금을 내야 하는 등 비용 손실이 발생하지만 새로운 연고지에 마련된 신규 경기장을 사용할 경우 단기간에 많게는 수억 달러에 달하는 손실을 만회할 수 있다.

머니볼로 유명한 미국 MLB 오클랜드 애슬레틱스Oakland Athletics는 다른 구단에 비해 매우 낙후된 경기장인 '오클랜드 콜리세움'을 사용하고 있다. 축구와 야구 경기를 모두 할 수 있는 다목적 구장으로 한때 많은 이들의 찬사를 받았지만 최근 건설되고 있는 최첨단 경기장에 비할 바가 되지 못했다. 애슬레틱스는 오클랜드 시의회에 신규 경기장 건설에 대한 필요성을 지속적으로 제기했지만 시의회는 예산부족과 주민들의 반대로 베이 지역에 신규 구장을 짓는 것은 불가능하다는 입장을 내비쳤다. 결국 이러한 상황이 지속되자 애슬레틱스는 구단의 연고지 이전을 심각하게 고려하고 있다. 한때 오클랜드에 연고지를 뒀지만 라스베거스로 옮긴 NFL 레이더스의 전철을 밟을 가능성이 점차 커지고 있는 것이다. 실제로 애슬레틱스는 개폐식 돔 구장을 건설한다는 계획을 밝히고 라스베거스에 대규모의 부동산을 구입하였다. 2027년 개장을 목표로 한 경기장 건설 계획이 확정되면 1968년 캔자스에서 오클랜드로 연고지를 옮긴 지 약 55년 만에 다시 라스베거스로 연고지를 옮기게 된다.[17]

미국 NFL 테네시 타이탄스Tennessee Titans는 구단이 위치한 내쉬빌시 의회에 2027년 완공을 목표로 한 신규 경기장 건설 계획을 요청하고 주정부의 재정적 지원을 기대하였다. 2023년 4월 26일, 시의원 투표에서 54퍼센트의 지지를 얻어 경기장 및 부대시설에 들어가는 총 비용 21억 달러 중 절반이 넘는 1억 2,000만 달러를 세금으로 지원하기로 합의하였다. 이 중 5억 달러는 주에서 발행하는 국채를 통해, 나머지 7억 6,000만 달러는 판매세와 호텔세의 증세를 통해 마련하기로 하였다.[18]

최근에 벌어진 NFL의 연고지 이전을 제외하면 2000년대에 프로 구단들의 연고지 이전이 몇 번 있었는데, 그중에서 주목할 만한 사례는 바로 몬트리올 엑스포스가 워싱턴 내셔널스Washington Nationals로 이전한 것과 2008년 시애틀 슈퍼소닉스Seattle Supersonics가 오클라호마Oklahoma로 이전한 것이다. 왜냐하면 이 두 사례에서는 모두 새로운 구단을 유치하고자 세금으로 스포츠 경기장을 건설했기 때문이다. 특히 뉴욕이나 샌프란시스코에 있는 구단들이 대부분 (총 공사 비용의 80퍼센트 이상) 구단주의 주머니에서 경기장 비용을 충당한 것과는 대조적이다.

오클라호마 시티 선더Oklahoma City Thunder

2006년 7월 18일, 오클라호마 출신의 기업인 클레이 베넷Clay Bennett은 스타벅스 회장이자 구단주인 하워드 슐츠Howard Schultz에게 총 3억 5,000만 달러에 시애틀 슈퍼소닉스Seattle Supersonics와 시애틀 스톰Seattle Storm을 사들여 새로운 구단주가 되었다. 당시 이 두 구단이 홈구장으로 사용하고 있었던 키 아레나 경기장은 2010년 9월 30일까지 사용하기로 계약이 되어 있었다. 키 아레나는 1962년에 지어졌는데, 1994년 6월 16일에 개보수를 시작해 1995년 10월 26일에 재개장했다. 그리고 개보수를 마친후 키 은행Key Bank에서 경기장 명칭권을 구입해 원래 경기장 이름이었던 시애틀 센터 콜리세움에서 키 아레나Key Arena로 불리게 되었다.(현재는 클라이미트 플렛지 아레나Climate Pledge Arena로 불린다.) 개보수 비용은 총 7,450만 달러가 들었는데, 이 중에서 슈퍼소닉스 구단이 약 30퍼센트인 2,100만 달러를 부담했다.[19]

2004년 후반, 경기장 증축에 대한 논의가 다시 일어났다. 현재 수용 능력을 두 배로 늘려서 입장 수입을 증가시키고, 경기장 내 식당과 쇼핑센터를 재정비하겠다는 취지였다. 하지만 예상 비용이 2억

2,000만 달러로 만만치 않았고, 시애틀시 정부와 슈퍼소닉스 구단 어느 쪽도 이 비용을 떠안으려 하지 않았다. 따라서 협상은 타결되지 않았고, 경기장 증축에 대한 논의는 없던 일이 되었다. 구단주가 바뀌고 약 7개월 후, 새로운 구단주는 서서히 본색을 드러내기 시작했다. 2007년 2월 13일, 시애틀에서 얼마 떨어지지 않은 렌턴Renton에 새로운 경기장을 세울 계획을 발표한 것이다. 총 5억 3,000만 달러로 책정된 공사 비용 중 워싱턴주에서 약 3억 달러를, 렌턴시에서 약 1억 달러를, 그리고 슈퍼소닉스 구단주인 자신이 약 18퍼센트인 1억 달러를 투자해 새로운 경기장을 건설한다는 것이었다. 슈퍼소닉스 구단주는 한 발 더 나아가 워싱턴주와 렌턴시가 이 비용을 마련할 방안까지 고안해 워싱턴주 의원들에게 제안서를 보냈다.

이 제안서에서 슈퍼소닉스 구단주인 베넷은 시애틀 매리너스MLB 경기장인 세이프코 필드(현 T-Mobile Park) 건축 비용으로 2012년까지 사용하기로 한 0.017퍼센트의 판매세를 2029년까지 연장해 슈퍼소닉스의 새 경기장 비용으로 충당할 것을 제안했다. 또한 2021년까지 시애틀 시호크스의 경기장인 센추리 필드(현 Lumen Field)의 비용으로 사용하고 있는 0.016퍼센트의 판매세를 2029년까지 연장해 슈퍼소닉스의 새 경기장 비용으로 충당하면 총 2억 2,700만 달러의 공적 자금을 마련할 수 있을 것이라고 했다. 그리고 2012년까지 세이프코 필드(현 T-Mobile Park) 건축 자금으로 사용되고 있는 식당 음식과 음료수 판매에 부과된 일명 '레스토랑 세금(0.5퍼센트)'을 2015년까지 3년 연장시키면 7,500만 달러의 세금 수입이 발생하니 이를 경기장 건설 비용으로 사용하면 된다고 제안했다. 그 밖에도 2퍼센트의 렌터카 세금 수입으로 약 4,000만 달러, 2퍼센트의 '숙박 세금Hotel-Motel tax'으로 약 8,100만 달러의 수입이 생겨 총 4억 2,300만 달러를 마련할 수 있다는 것이다.[20]

2007년 4월 16일 의회에서 이 제안은 과반을 넘기지 못하고 부결되었지만 새 구단주 베넷의 숨겨진 전략을 살펴볼 수 있다. 오클라호마 출신인 그는 신규 경기장 건설 제안서가 시의회에서 부결될 것임을 짐작했을 것이다. 1990년까지 주정부와 시정부는 프로스포츠 구단을 유치하기 위해 엄청난 세금을 스포츠 경기장 건설에 사용해왔다. 즉 구단주들은 돈 한 푼 쓰지 않고 지역 주민들의 세금으로 많은 경기장을 지어왔다. 하지만 경기장 건설 비용이 천문학적으로 증가하면서 세금으로만 스포츠 경기 시설을 지을 수 없는 상황이 된 것이다. 또한 2000년대부터 본격적으로 시작된 정부와 프로 구단의 파트너십을 통해 경기장 비용을 공동 부담하는 방식이 점차 보편화되었다.

대도시에 연고지를 둔 일부 프로스포츠 구단은 이미 총 건설 비용의 80퍼센트 이상을 구단주가 부담하고 있고, 지방정부는 그들의 수입과 직접적으로 연관된 주차장과 같은 공공 부대시설 건설에만 공공자금을 사용하고 있다. 이러한 추세를 잘 알고 있던 베넷은 겉으로는 그럴듯해 보이지만,[21] 실제로 의회에서 통과되기는 어려울 것임을 감안하고도 이러한 제안서를 제출했다. 그 바탕에 숨은 목표인 '연고지 이전'을 위한 초석을 깔아놓기 위함이었다. 베넷은 새로운 구단주라는 이유로 특별한 이유 없이 슈퍼 소닉스를 오클라호마로 이전할 경우 나타날 수 있는 팬들의 엄청난 반발을 누를 수 있는 어떠한 논리적 근거(혹은 변명 거리)를 마련해야 했는데, 그것은 바로 "워싱턴주와 렌턴시가 신규 경기장 건설에 전혀 지원을 하지 않는다"는 것이었다. 그 이면에는 당시 NBA 커미셔너였던 데이비드 스턴David Stern의 입김도 적잖은 영향을 끼쳤다. 즉 2005년 5월 스턴은 시애틀 슈퍼소닉스 경기장을 방문하고 나서 "소닉스는 NBA에서 가장 열악한 경기장에서 경기를 하고 있다는 데 이의를 제기할 사람은 아무도 없을 것이다"라며 키 아레나의 재건축 필요성을 강조했다.[22]

이뿐만 아니라 베넷이 구단 매입 당시부터 연고지로 고려했던 오클라호마시티의 체사피크 에너지 아레나는 경기장이 완공된 2002년 이후 2005년 여름에 발생한 허리케인 카트리나로 인해 일시적으로 뉴올리언스 호넷이 2005년부터 2007년까지 사용했을 뿐 이렇다 할 메이저 스포츠 구단을 유치하지 못한 상황이었다. 따라서 그는 슈퍼소닉스를 오클라호마로 이전할 경우 체사피크 아레나Chesapeake Employers Insurance Arena를 홈구장으로 사용할 수 있을 것이라 굳게 믿은 것이다. 모든 문제가 순조롭게 진행되면서 NBA 구단주들로 이루어진 이사회에서 만장일치로 구단 연고 이전 동의를 받았다. 둘째는 총 건설 비용의 일정 부분 이상을 구단주가 지불하는 방식이다. 다시 말해서, 신규 경기장을 건축하면 스위트석이나 클럽 좌석, 경기장 명칭권, 개인 좌석 점유권, 경기장 내 식당 영업권 등 새로운 수입이 창출될 것을 인식해 경기장 건설에 드는 어마어마한 비용을 구단주들이 기꺼이 지불하는 것이다.

뉴욕 양키스 경기장 재건축

2001년 뉴욕 전 시장이었던 루돌프 줄리아니Rudolph Giuliani는 시장 임기를 얼마 안 남기고 뉴욕 양키스와 뉴욕 메츠 구단에 각각 7억 5,000만 달러씩 총 15억 달러를 투자해 새로운 경기장을 지어준다는 가계약에 동의했다고 언론에 발표했다. 이 가계약에 명시된 계획을 구체적으로 살펴보면, 총 공사 비용 15억 달러 중 8억 달러는 뉴욕시와 뉴욕주의 세금으로 충당하고, 교통 관련 기반 시설을 확충하는 데 들어가는 3억 9,000만 달러는 세금으로 충당하겠다는 것이었다. 또한 줄리아니 시장은 새로운 경기장의 주차장 수입이 모두 양키스와 메츠 두 구단에게 귀속되도록 했고, 더 나아가 이 두 구단의 입장료 수입 중 96퍼센트는 구단이 가져가고, 다른 모든 수입도 100퍼센트 구단이 가져갈 수 있으며, 경기장에서 사용하는 전기료에 할인율을 적용하고, 판매세와 재산세를 면제해주겠다는 계획이 있었다. 더욱 이해할 수 없는 것은 이 두 구단의 연고지 이전 제한에 대한 부담을 덜어준 것인데, 이 새로운 규정에 따르면, 이 두 구단이 새로운 도시를 찾아 연고지를 옮길 경우 60일 이전에 시장에게 통보만 하면 된다.

줄리아니 시장이 떠난 뒤 마이클 블룸버그Michael Bloomberg가 뉴욕 시장으로 당선되었다. 블룸버그 시장은 뉴욕시가 두 구장의 재건축에 투자할 만한 재정적 여력이 없다며 이 계획을 무제한으로 연기한다는 사실을 발표했다. 따라서 줄리아니 시장이 체결한 가계약은 효력을 잃고 경기장 건설에 대한 투자는 없었던 일로 마무리되었다.

결국 양키스 구단은 총 공사 비용 13억 달러 중 약 83퍼센트 정도인 11억 달러를 구단주인 조지 스타인브레너George Steinbrenner 가족이 부담하게 했는데, 약 9억 4,300만 달러를 비과세 채권으로 충당했고 (일종의 재단세 형태로),[23] 양키스 구단이 다년간에 걸쳐 상환하는 것으로 결정 났다. 양키스 구단은 경기장 재건축을 통해 엄청난 수입을 올리고 있는데, 12명에서 32명까지 수용할 수 있는 스위트룸의 수를 기존의 19개에서 410개로 대폭 늘리고 가격도 최소 60만 달러에서 최대 80만 달러까지 올렸다.[24] 클럽 좌석도 4,300개로 늘린 대신 일반 좌석의 숫자는 줄었다.

특히 양키스 구단을 소유한 YES그룹의 2010년 수입을 보면 경기장 재건축으로 누가 가장 금전적 혜택을 보았는지 한눈에 알 수 있다. 양키스 구단의 총수입은 3억 2,500만 달러였고, 34퍼센트 지분을 갖고 있는 YES네트워크(지역 방송사)에서 4억 달러, 그리고 양키스 구단의 식음료 업체인 레전드 호스피텔러티 매니지먼트가 2,500만 달러의 수입을 거두는 등 엄청난 규모의 매출을 올렸다. 그에 비해 양키스 경기장 건설 비용 상환을 위해 YES그룹이 2010년 지불한 금액은 단 6,400만 달러에 그쳤다.

NFL, NHL은 32개 팀, MLB, NBA는 각 30개 팀으로 구성되어 있다. 미국이 50개 주로 이루어졌음에도 구단 수를 늘리지 않는 이유는 연고지에 대한 강력한 협상력을 유지하기 위해서다. 프로스포츠 구단을 유치하려는 도시의 수에 비해 구단 수가 넉넉하지 않기에 구단은 강력한 협상력을 발휘할 수 있다. 구단은 이러한 협상력을 이용해 홈구장으로 사용하고 있는 경기장이 낙후되었다는 생각이 들면 바로 시장이나 주지사에게 '세금으로 경기장을 재건축 혹은 리노베이션'할 것을 강력하게 요구한다. 이러한 주장이 먹혀들지 않으면 구단주는 바로 '연고지 이전'이라는 강력한 협상 카드를 꺼낸다. 결국 구단은 세금으로 지어진 새로운 경기장에서 더 많은 수입을 올리든지 아니면 새로운 구장을 지어 놓고 애타게 구단을 기다리는 다른 도시로 연고지를 옮긴다. 구단주에게는 어떤 선택을 내리든지 간에 손해를 보는 일은 발생 하지 않는다. 하지만 구단이 새로운 연고지를 찾아 떠날 경우 남은 자리는 누가 책임져야 하는가? 기존의 연고지에 있는 오래되고 낙후된 경기장을 사용할 구단은 나타나지 않을 것은 불 보듯 뻔하다. 반면 이 경기장을 유지, 보수하는 데 들어가는 비용은 연간 수백만 달러가 넘을 것이다. 혈세로 지어진 경기장에서 온갖 영화를 누리고 다른 도시로 떠날 때가 되었다고 생각되면 뒤도 안 돌아보고 미련 없이 자리를 뜨는 구단, 과연 어떻게 바라보아야 하는가?

경기보다 치열한
스포츠 소송

PGA에 골프 카트를 몰고 참가한다면?

소송의 천국이라고 불리는 미국에서는 매일매일 우리의 관심을 끌 만한 다양하고 흥미로운 소송이 일어나고 있다. 그중에서 스포츠 산업에서 일어나는 소송은 많은 사람의 관심을 끌기 때문인지 종종 주요 언론에서 특집 기사로 소개한다. 스포츠 관련 소송은 우리가 미처 생각하지 못한 의외의 스토리를 담고 있는 경우가 많을 뿐만 아니라 그 피해 보상 금액이 때때로 입을 다물 수 없을 정도로(수백억 원에서 수천억 원에 이를 정도로) 어마어마하기 때문이다. 프로스포츠 선수들 역시 자신의 이익을 최대한 보장하기 위해 스포츠 협회나 조직을 상대로 소송을 제기하는 일이 종종 있다. PGA(미국프로골프협회)에서 활동했던 케이시 마틴Casey Martin도 그런 사례에 속한다.

마틴은 퇴행성 만성 순환기 질환으로 심한 관절염을 앓고 있었다. 하지만 어릴 적부터 골프 선수가 꿈이었던 마틴은 골프에 뛰어난 재능을 보이며 오리건대학에 장학금을 받고 입학할 정도로 승승장구했다. 마틴은 관절염 때문에 골프백을 메고 18홀을 걷기 힘들었다. NCAA(미국대학체육협회)는 마틴이 만성질환으로 인한 신체적 제약이 있기에 시합에 골프 카트를 이용할 수 있도록 허락했다. 하지만 PGA는 이를 제한했다. 대학 시절에는 아마추어 선수였던 만큼(NCAA 대회는 상금이 없다) 골프 카트 사용이 별로 문제가 되지 않았지만, PGA는

American golfer Casey Martin and his cart roll in triumph into US Open

● Disabled golfer back in triumph 14 years after major row
● Martin beat hierarchy for right to use cart in top tournaments

📷 Casey Martin has won a qualifying tournament to gain a place at the 2012 US Open at Olympic Club, San Francisco. Photograph: Stuart Franklin/Action Images

Casey Martin will not win at the Olympic Club this week and it will come as a surprise if he makes the cut. The former PGA Tour professional does not play competitively these days, though he made an exception when it came to the 2012 US Open.

골프 카트를 몰고 US 오픈에 참석한 마틴. 그는 프로 경기에서도 골프 카트를 사용하기 위해 PGA를 상대로 소송을 걸었다.

세계 최고의 프로 대회라는 명성에 걸맞게 어마어마한 우승 상금이 걸려 있던 터라, 다른 선수들의 반발과 비난이 거세게 일어났다.

이러한 상황에서 마틴은 프로골프 선수인 자신의 꿈을 이루기 위해서뿐만 아니라 신체적 장애로 골프 카트를 이용할 수밖에 없다는 명분을 인정받기 위해 PGA를 상대로 소송을 진행했다. 골프 카트 이용과 관련한 다양한 전문가의 의견을 수렴하고 갖은 진통을 겪은 끝에, 결국 법원은 두 가지 이유로 마틴의 골프 카트 이용을 허락했다.[1] 골프장에서 걷는 활동은 골프라는 스포츠 경기의 본질적인 측면이 아니기에 골프 카트를 사용하는 것은 골프 경기의 본질을 변질시키거나 훼손하지 않으며, 그렇기에 마틴이 골프 카트를 이용해 골프 경기에 참여하는 것으로 어떠한 불합리한 혜택을 보거나 이익을 얻지 않는다는 이유에서였다. 이러한 법적 판결로 마틴은 PGA 대회에 전동 골프 카트를 몰고 참가한 유일한 선수가 되었다.[2] 하지만 마틴은 그 이후 이렇다 할 성적을 보이지 못해 출전권을 얻지 못했고, 더는 PGA에서 골프 카트를 몰고 경기에 참가하는 그의 모습을 볼 수 없었다.

야구장에서 주류 판매는 죄가 되나?

미국 프로스포츠 경기장에서 많은 구단은 맥주와 같은 주류 판매를 통해 엄청난 수익을 올리고, 팬들 역시 경기장의 음주 문화에 매우 익숙하다. 하지만 이번에 소개할 소송은 많은 구단과 경기장에서 영

야구장에서 음주는 우리나라뿐 아니라 미국에서도 오랜 문화다. 구단들은 주류 판매를 통해 엄청난 수익을 올린다.

업 중인 식음료 제공 전문 업체에 보내는 일종의 경고 메시지로 읽힐 수 있다.

사건은 1999년으로 거슬러 올라간다. 메이저리그 샌프란시스코 자이언츠 구장(현 AT&T 파크)에서 야구를 관람하던 한 팬이 경기 관람 중에 마신 맥주(음주 측정 결과 16잔 정도 마신 것으로 추정)로 인해 취기가 가시지 않은 채 트럭을 몰고 귀가하다가 앞에서 오던 승용차와 충돌하는 사고를 냈다. 승용차에 타고 있던 11세 소녀는 사지가 마비되었다. 사고를 낸 운전자는 5년 형을 선고받았고, 피해자 가족은 경기장 소유주와 경기장에서 주류와 식음료를 판매했던 아라마크Aramark를 상대로 피해보상 소송을 제기했다. 눈으로 보기에도 술에 많이 취한 팬에게 지속적으로 주류를 판매한 것은 직원 교육을 제대로 시키지 못한 것이기 때문에 음주운전 방조죄에 해당한다는 것이다. 9년 간의 소송 끝에 2008년 아라마크Aramark는 피해자인 소녀에게 피해 보상금 2,350만 달러를,[3] 소녀의 어머니에게 150만 달러를 지불하도록 결정이 났다. 이 판결로 피해자 가족에게 엄청난 금액을 피해 보상금으로 지불한 아라마크는 또 다른 실수를 범하지 않기 위해 "술에 취해 보이는 고객(팬)에게 주류를 판매하는 것을 금지한다"는 내규를 만들었다.

하지만 사건은 여기서 끝나지 않았다. 알링턴Arlington의 글로브 라이프 파크를 찾았던 30세의 대니얼 란자로는 말투가 어눌하고 누가 봐도 술에 취한지 뻔히 알 수 있는 상황이었지만, 아무런 제지를 받지 않고 경기장에서 맥주를 구입했다. 술에 취한 채 트럭을 몰고 가던 란자로는 반대 방향에서 오던 일가족이 탄 승합차와 정면 충돌해, 가족 중 한 명이 사망하고 여러 명이 큰 부상을 당했다. 피해자 가족은 술을 판매한 아라마크를 상대로 손해배상 소송을 제기했다. 이 재판 판결이 내려지기까지 약 9년이라는 오랜 세월이 걸렸고, 결국 아라마크는 피해자 가족에게 약 1억 500만 달러를 배상하라는 선고를 받았다.

이 사건 이후 경기장에서 주류를 판매하는 업체들은 팬들이 일정량 이상의 술을 소비하지 않도록 하기 위해 갖은 아이디어를 짜냈다. 일부 경기장에서는 맥주를 구입할 때마다 손목에 도장을 찍어 1인당

2잔까지만 살 수 있도록 하고 있으며, 주류를 대신 구입할 수 없도록 반드시 본인 확인을 하도록 내부 규정을 마련하고 있다. 또한 주류 판매점에 안전 요원을 배치해 일정량 이상의 주류 판매를 제한하는 방침에 이의를 제기하거나 거칠게 항의하는 경우 즉각 대처할 수 있도록 하고 있다.

청각 장애인도 응원가를 부를 수 있어야 한다

미국에서는 흔히 4대 프로스포츠 리그라고 하는 NFL, MLB, NBA, NHL뿐만 아니라 대학 미식축구 리그 등도 인기가 높아 각양각층의 팬이 경기장을 방문한다. 하지만 청각 장애가 있는 팬은 경기장을 찾아도 환호 소리를 들을 수 없고 응원가나 응원 구호도 따라할 수 없다. 그래서 다른 팬에 비해 느낄 수 있는 기쁨과 즐거움이 적었다. 이러한 이유로 2011년 NAD(미국청각장애인 협회)가 메릴랜드대학을 상대로 "청각 장애가 있는 스포츠팬도 경기장에서 응원하는 즐거움을 느낄 권리가 있다. 이를 보장하라"는 취지로 소송을 제기했다.[4] 이 소송의 대상은 점점 확대되어 오하이오주립대학, 켄터키대학과 NFL 워싱턴 레드스킨스까지 대상이 되었고, 사회적으로 청각 장애인에 대한 배려를 강하게 촉구하는 분위기가 형성되었다.

메릴랜드대학 운동부는 경기 당일 부를 응원가와 응원 구호를 경기장 전광판에 실시간으로 제공해 청각 장애가 있는 팬도 경기 분위기를 느낄 수 있도록 배려하겠다고 했다. 하지만 이러한 조치는 또 다른 소송 거리를 낳았다. 일부 응원가나 응원 구호에는 경기장을 찾은 청소년이나 어린 팬이 듣기에 부적절한 표현이 들어 있기 때문이다. 메릴랜드대학은 결국 응원가와 응원 구호를 학교 운동부 홈페이지에 올려서 청각 장애가 있는 팬들이 스마트폰 등 전자기기로 경기가 열리기 며칠 전부터 경기 당일까지 응원가와 응원 구호를 다운받을 수 있도록 했다.

MLB 볼티모어 오리올스의 홈구장인 캠든 야즈 구장에서는 청각 장애가 있는 팬에게 보청기와 같은 보조 기구를 제공할 뿐만 아니라 필요할 경우 경기 중 방송되는 장내 아나운서의 멘트를 실시간 자막으로 볼 수 있게 하거나 일부 자막은 미리 다운받을 수 있도록 한다. 조지메이슨대학에서는 청각 장애인을 위해 수화 통역사를 배치했다. 청각 장애인을 배려하려는 구단들의 노력이 눈에 띌 만큼 증가하는 상황에서 NAD에 소송을 당한 오하이오주립대학과 켄터키대학은 아직까지 이렇다 할 대안을 내놓지 않고 있어 지금까지 법정투쟁은 계속되고 있다.[5]

야구장에서 파울볼에 맞아 다치면 누구 탓인가?

NBC 뉴스 조사에 따르면 2012년부터 2019년 사이에 파울볼과 부러진 야구 방망이 조각에 맞아 부상을 입은 팬들이 800명을 넘었다. 야구의 인기가 높아질수록 야구장에서 발생하는 사건 사고는 꾸준히 늘어나고 있다. 그중에서도 가장 빈번한 것은 파울볼이나 부러진 야구방망이에 맞아 부상을 당하는 것이다. 그 다음으로 많은 사고는 낙상으로 인해 부상을 당하는 것이다. 최근 들어서는 경기장에서 음주로 인한 과격한 행동이나 폭행 사건이 늘어나고 있다. 이와 관련된 사건들로 손해배상을 받으려는 피해자들이 점점 늘어나고 있다. 특히 미국에서는 징벌적 손해배상punitive damages을 인정하고 있기에 피해 보상을 최소화하기 위해 구단이나 경기장 시설 관리자들은 다양한 방안을 고안하고 있다.

하지만 팬을 보호하기 위해 홈 플레이트를 시작으로 1루와 3루 쪽으로 연결되는 좌석 앞에 안전망을 설치하는 데는 적잖은 비용이 들 뿐만 아니라 일부 팬은 경기 관람에 방해가 된다는 이유로 안전망 설치에 극구 반대하고 있다. 더욱 안타까운 것은 피해자 가족이 법의 도움을 받고자 마지막 손길을 내밀어도 '베이스볼 룰'이라는 커다란 방패에 밀려 번번이 소송에서 패하면서 아직까지 이렇다 할 도움을 받지 못하고 있다는 사실이다. 그렇다면 메이저리그 경기장을 찾은 관중은 어떤 사고를 겪을까?

미국 플로리다에서 벌어진 피츠버그 파이리츠와 애틀랜타 브레이브스의 시범 경기에서 피츠버그 파이리츠의 대니 오티스Danny Ortiz가 휘두른 야구방망이가 손에서 미끄러져 3루 쪽 관중석으로 날아갔다. 관중석에 앉아 있던 팬 대부분은 순식간에 벌어진 상황에 미처 대피하지 못했다. 기껏해야 앉은 자리에서 몸을 돌려 피하거나 손을 내밀

야구방망이가 관중석에 앉아 있던 아들의 얼굴 쪽으로 날아오자 숀은 순간적으로 팔을 뻗어 방망이를 막았다 언론은 '오늘 최고의 플레이'라며 극찬했지만, 진짜 문제는 구단과 시설 관리자들의 미비한 대처로 경기를 관람하는 관중이 위험에 처했다는 것이다.

어 날아오는 방망이를 막으려고 했을 뿐이다. 이날 처음으로 야구 경기장에 온 8세 소년 랜던 커닝햄은 오티스의 사진을 찍어 어머니에게 보내느라 미처 날아오는 야구방망이를 보지 못했다. 야구방망이가 랜던의 얼굴을 향해 날아오는 찰나에 옆에 앉아 있던 랜던의 아버지 숀 커닝햄이 무의식적으로 팔을 내밀어 랜던의 얼굴로 날아오는 방망이를 막았다. 언론들은 앞다투어 숀이 보여준 행동을 '오늘 최고의 플레이'로 선정했다. 이 기사를 접한 많은 사람은 랜던의 아버지 숀의 부성애에 찬사 를 보내는 동시에 랜던이 다치지 않은 것이 천만다행이라고 했다. 하지만 처음으로 야구장을 찾은 8세 소년에게 이런 위험한 상황이 벌어질 때까지 아무런 대책과 방안을 마련하지 않은 구단과 경기장 시설 관리자의 감독·책임에 의문을 제기하는 사람은 그리 많지 않았다. 만약 손이 날아오는 야구방망이를 막지 못해 랜던이 큰 부상을 당했다면 과연 어떤 일이 벌어졌을까? 치료비 뿐 아니라 각종 위자료가 포함된 충분한 피해 보상을 받을 수 있었을까? 아니면 병원 치료비 정도의 최소한의 피해 보상만 받고 끝났을 것인가?

이와 비슷한 사건이 또 벌어졌다. 오클랜드 애슬레틱스와 보스턴 레드삭스의 경기가 펜웨이 파크에서 열렸다. 오클랜드 애슬레틱스의 2회 공격에서 브렛 로리Brett Lawrie가 친 땅볼 파울로 부러진 야구방망이가 관중석에 있는 한 여성의 머리를 향해 날아갔다. 경기를 지켜보던 이 여성은 부러진 방망이가 자신을 향해 날아오는 줄 인지를 하긴 했지만 너무나도 빠른 속도로 날아오는 방망이에 어떠한 대처를 할 겨를이 없었다. 결국 그녀는 얼굴에 중상을 입고 응급실로 후송되었고 생명이 위독할 정도로 심각한 부상을 입고 말았다. 이 여성은 보스턴 레드삭스와 메이저리그를 상대로 손해배상 소송을 진행했다.

이를 계기로 보다 엄격한 안전망 설치 기준이 만들어져 MLB는 2025년 시즌 시작 전까지 모든 마이너리그 경기장의 안전망을 파울 지역까지 늘리도록 결정하였다. 그동안 야구장내 안전망 설치와 관련되어 '구단에서 알아서 해라'에 가까운, 강제성 없는 일종의 권고 조치였기에 팬들의 요구를 만족시키지 못했다. 과거의 권고안은 경기장 안전사고와 관련된 소송이 늘어나자 메이저리그와 구단들이 소송으로부터 자신들을 지키기 위해 만든 일종의 보험 혹은 법적 안전장치에 지나지 않았다. 이번에 새로 개정된 안전망 설치 규정으로 인해 야구팬들의 부상이 얼마나 줄어들지 지켜볼 일이다.

야구장 추락 사고의 책임

메이저리그 경기장에서는 매년 크고 작은 사건 사고가 끊임없이 발생한다. 1969년 이후 메이저리그 경기장에서 떨어져 숨을 거둔 사람은 모두 25명이었다는 점을 염두에 두고 다음 사건을 살펴보자.

2015년 8월 29일 터너 필드에서 애틀랜타 브레이브스와 뉴욕 양키스의 경기가 열렸다. 당시 60세의 그레고리 머리는 애틀랜타 브레이브스의 연간 회원권을 소유한 열성 팬으로 사고가 발생하기 전까지 23년 동안 애틀랜타 브레이브스를 열렬히 응원해왔다. 사건이 일어난 그날, 7회에 뉴욕 양키스의 간판스타인 알렉스 로드리게스Alex Rodriguez가 대타자로 소개되자 관중이 야유를 퍼부었다(로드리게스는 금지 약물 복용으로 한동안 경기에 출전하지 못 했다). 머리도 그중 한 명이었는데, 자리에서 일어나 야유를 보내는 순간 중심을 잃고 난간 밑 1.2미터 아래 콘크리트 바닥으로 떨어져 머리를 다치고 말았다. 경기장에서 발 빠르게 응급조치를 하고 바로 인근 병원으로 후송했지만 곧 사망하고 말았다.[6] 머리의 유가족은 이번 사건이 처음이 아니라는 사실에 격앙하며 소송을 제기했다. 2008년 이후 3명의 팬이 낙상 사고로 목숨을 잃었지만 구단이나 터너 필드 시설 관리인은 추락 사고를 방지하기 위한 어떤 대책도 내놓지 않았기 때문이다. 특히 머리의 좌석 주변에 설치된 안전 레일의 높이가 산업 기준치인 42인치(약 106센티미터)[7]가 아니라 30인치(약 76센티미터)밖에 되지 않아 시설 관리의 허점이 노출되었다는 점을 강조하며 치열한 법정 싸움을 벌이고 있다.

2011년에도 유사한 사고가 발생했다. 콜로라도 푸에블로 출신의 27세 로버트 시먼스는 여자 친구와 5월 26일 콜로라도 로키스와 애리조나 다이아몬드백스의 경기를 관람하던 도중 7회가 펼쳐지고 있을 때 계단에서 미끄러져 12미터 아래 콘크리트 바닥에 머리를 부딪쳐 뇌사 상태에 빠졌는데 결국 사망하고 말았다.[8] 이 소식을 들은 콜로라도 로키스 소속 선수 제이슨 지암비Jason Giambi는 언론과의 인터뷰에서 경기장 난간을 높여야 한다고 강력히 주장했지만, 구단이나 경기장 시설 운영진은 명확한 대안을 내놓지 않았다.

또 다른 사건을 살펴보자. 이 사건은 1994년 4월 11일 텍사스 레인저스의 홈구장인 알링턴의 글로브 라이프 파크에서 발생했다. 1994년 홈 개막전을 보기 위해 경기장을 찾은 28세의 할리 민터는 사진을 찍으려고 난간에 몸을 기대는 순간 중심을 잃고 난간 밑에 있는 빈자리로 떨어졌다. 민터는 팔뿐 아니라 갈비뼈와 목뼈 등이 부러지는 중상을 입었다. 이 사건을 계기로 텍사스 레인저스는 난간의 높이를 76센티미터에서 116센티미터로 높여 경기장을 찾은 팬의 안전을 도모했다. 이런 처사는 많은 팬의 환영을 받았다.[9]

하지만 글로브 라이프 파크 추락 사고는 그것이 끝이 아니었다.

2011년 7월 7일 텍사스 레인저스와 오클랜드 애슬레틱스의 경기가 열렸다. 텍사스 레인저스의 열렬한 팬이자 18년간 소방관으로 근무해온 39세의 섀넌 스톤은 6세 아들과 함께 경기장을 찾았다. 텍사스 레인저스의 외야수 조시 해밀턴Josh Hamilton은 팬서비스 차원에서 그가 잡은 뜬 볼을 섀넌에게 살짝 던져주었다. 섀넌은 이 볼을 잡으려고 난간에 기대 팔을 뻗었다가 이내 중심을 잃고 60센티미터밖에 안 되는 난간 옆으로 떨어져 숨지는 불상사가 발생했다.[10]

이 사고가 일어나기 정확히 1년 하고 하루 전에 이 경기장에서 야구를 관람하던 타일러 모리스가 12미터 아래로 추락하는 사고가 발생해 경기가 16분 동안 지연되었다.[11] 모리스는 두개골에 금이 가고 발목을 심하게 다쳤지만 다행히 생명에는 지장이 없었다.

구단주와 경기장 소유주의 방패막

야구라는 종목의 특성상 방망이에 맞은 공은 시속 160킬로 이상으로 빠르게 움직인다. 하지만 경기장을 찾은 팬은 휴대전화와 시끄러운 음악 등에 신경을 빼앗겨 야구공의 동선을 알아차리기 쉽지 않다. 설사 공이 날아오는 것을 인지했다고 하더라도 공의 속도가 엄청나게 빠르기에 미처 대처하지 못하고 피해를 입는 일이 다반사다. 이러한 이유로 팬의 안전에 대한 구단의 책임은 갈수록 높아지고 있다. 그러나 일부 구단을 제외하고는 아직도 대부분 구단이 팬의 안전 대

2000년대 이후 야구팬의 대표적인 추락 사고

사고 연도	사고가 발생한 경기장	희생자	사건 경위
2003년	AT&T 파크 (샌프란시스코 자이언츠)	토드 애덤스 (당시 35세)	약 7미터 높이의 경기장 밖 복도 난간에서 낙상해 사망.[12]
2004년	밀러 파크 (밀워키 브루어스)	제임스 콜라타 (당시 48세)	에스컬레이터 난간을 타고 내려 가다 낙상해 사망.[13]
2010년	밀러 파크 (밀워키 브루어스)	스튜어트 스프링스튜브 (당시 51세)	베팅 연습장에서 공을 주우려 약 5미터 높이의 난간에서 떨어 져 사망.[14]
2011년	쿠어스 필드 (콜로라도 로키스)	로버트 시먼스 (당시 27세)	경기장 복도의 난간을 타고 내려 가다 낙상.
2011년	글로브 라이프 파크 (텍사스 레인저스)	섀넌 스톤 (당시 39세)	조시 해밀턴이 던져준 공을 잡으 려다 낙상해 사망.
2013년	터너 필드 (애틀랜타 브레이브스)	로널드 호머 (당시 30세)	경기장 상단의 난간에서 떨어져 사망.[15]
2015년	터너 필드 (애틀랜타 브레이브스)	그레고리 머리 (당시 60세)	홈 플레이트 뒤쪽 상단에 있는 난간에서 낙상 후 사망.

책에 매우 소극적이다. 특히 난간 높이 조절과 안전망 설치 등에 적극적인 투자를 하지 않는다. 그렇다면 구단들이 이렇게 안이한 태도를 보이는 이유는 무엇일까?

첫째는 낙후된 경기장 규정에서 찾을 수 있다. 애리조나 변호사 스티븐 아델먼에 따르면 야구 경기장 관중석 앞에 설치된 난간의 높이는 최소 26인치(약 66센티미터) 이상이어야 하고 복도에 있는 안전 손잡이의 높이는 최소 42인치(약 106센티미터) 이상이어야 한다. 그런데 이 규정이 제정된 것은 1927년이다. 2023년에도 약 95년 전에 정해진 안전 규정이 적용되고 있는 것이다. 1927년도의 평균 신장과 현재의 평균 신장은 많은 차이가 날 뿐 아니라 과거에는 1~2층에 5,000석에서 1만 석 규모였던 것에 비해 현대화 된 경기장은 3층 이상에 4만 석 이상으로 관람석의 경사도 급하다. 난간 높이 조정이 얼마나 중요한지 어느 정도 짐작해볼 수 있을 것이다.[16]

둘째는 베이스볼 룰baseball rule이라고 일컫는 규정 때문이다. 야구 경기 중에는 파울볼이나 부러진 야구방망이 등이 언제든 날아올 수 있는데, 야구팬들은 이런 예측할 수 없는 상황을 충분히 이해하고 있으며, 야구 경기의 특성상 이러한 위험을 없앨 수 있는 근본적인 대책은 존재하지 않는다는 것이다. 따라서 이와 관련한 피해를 입은 사람에게 구단이나 경기장 시설 관리자가 피해를 보상할 의무가 없다는 것이다.

셋째는 제한된 의무 규정limited duty rule 원칙이 손해배상 의무에서 메이저리그와 구단을 철벽같이 보호하고 있기 때문이다. 매년 경기장을 찾은 팬들은 경기 도중 공이나 부러진 방망이 조각에 맞거나, 혹은 하키 퍽에 맞아서 부상을 당하고 있다. 『블룸버그비즈니스Bloomberg Business』에 따르면 메이저리그 경기에서 매년 7만 3,000개의 파울볼 중 5만 3,000개가 관중석으로 날아가고 이 공에 맞은 야구팬 수는 평균 1,750명이나 된다. 이 수치는 공에 맞는 타자의 수보다 많은 것이다. 3경기마다 2명의 팬이 공에 맞아 부상을 당하고 있다.[17] 그런데도 아주 오래되고 낙후된 법망이 팬의 안전을 외면하고 있으며 구단의 안일한 자세를 부추기고 있다. 2010년 8월 30일 애틀랜타 브레이브스의 팬이던 6세 소녀는 경기 도중 날아오는 공을 피하지 못하고 머리에 맞아 두개골이 부서지는 사고를 당했다. 소녀의 부모는 소송을 제기했지만 법정은 야구장의 제한된 의무 규정에 따라 소녀의 부모가 낸 소송을 기각했다.[18] 2011년 터너 필드에서 오른쪽 눈에 공을 맞아 시력을 95퍼센트 잃은 레바 이젤 역시 어떤 법적 보상도 받지 못했다.[19] '경기장 소유주의 제한된 의무 규정' 탓에 1913년 이후 지금까지 야구장에서 날아온 공이나 방망이 조각에 맞아 피해를 입은 팬들이 구단과 경기장 소유주를 상대로 제기한 소송에서 원고 승소 판결을 받은 사례는 찾아보기 힘들다. 경기장 소유주는 공이 날아갈 수 있는 모든 지역에 안전망을 설치할 수 없기 때문에 야구장을 찾은 팬은 공에 맞을 위험성을 알고 각자 조심해야 한다는 논리다. 야구장 입장권 뒷면에 "야구장을 찾은 모든 팬은 이러한 잠재적 위험성을 인지한다"라는 구절이 있고, 경기장 전광판에 "언제 날아올지 모르는 타구나 부러진 방망이 조각에 조심하라"는 경고 문구를 내보내는 것만으로 구단이나 경기장 소유주가 팬의 안전을 위한 역할과 책임을 다한 것으로 인정받기 때문이다. 넷째는 피해자가 법정 소송을 하지 못하도록 관리하기 때문이다. (야구장에서의) 제한된 의무 규정이라는 단단한 갑옷으로 무장한 메이저리그 구단과 경기장 소유주들은 경기장에서 타구나 부러진 방망이 조각에 부상을 입은 팬이 혹시라도 제기할 법정 소송에 대비하기 위해 또 하나의 보호막을 설치해 놓았다. 그것은 다름 아닌 철저하게 위장된 홍보 전략이다.

물론 지금까지 많은 구단이 피해자와 유가족에게 보여준 깊은 애도와 위로를 의심해서는 안 되지만, 혹시 일어날지 모르는 손해 배상 소송을 막으려고 구단이 안간힘을 쓰고 있다는 것은 부인할 수 없다. 앞에서 언급한 섀넌 스톤의 사례에서 텍사스 레인저스의 철저하고 완벽한 홍보 전략을 엿볼 수 있다. 섀넌 스톤이 사망하고 얼마 지나지 않아 텍사스 레인저스 관계자들은 언론 플레이를 펼치기 시작했다. 제일 먼저 구단이 한 행동은 기자회견을 열어 유가족에게 깊은 애도를 표하는 것이었다. 물론 이러한 애도가 잘못되었다는 것은 아니다. 하지만 언론 홍보 시점을 살펴보면 뭔가 석연치 않은 부분이 있다. 텍사스 레인저스는 기자회견과 함께 이런 일이 다시는 발생하지 않도록 최선을 다하겠다는 말도 빼놓지 않았다.

동시에 구단 관계자들은 언론에 노출되지 않도록 조심스럽게 유가족과 접촉하기 시작했고, 결국 유가족 대표인 희생자 부인과 아버지에게 깊은 위로와 위로금을 전달했다. 그뿐만이 아니었다. 텍사스 레인저스 클럽 회장인 놀런 라이언Nolan Ryan의 특별한 배려로 희생자의 부인과 아들 쿠퍼를 플레이오프 개막전에 초청하고 쿠퍼를 개막전 시구자로 초대했다.[20] 이듬해에는 섀넌과 쿠퍼가 손을 잡고 있는 동상을 제작해 경기장에 진열해놓는 등 유가족을 위해 최선을 다하는 모습을 보였다.[21]

이러한 구단의 일련의 행보는 유가족의 마음을 열게 했다. 한 언론과의 인터뷰에서 섀넌의 부친은 "(수많은 변호사가 손해배상 소송을 부추겼음에도) 우리는 텍사스 레인저스를 상대로 손해배상 소송을 할 계획이 없다"는 의사를 밝혔다. 텍사스 주를 포함한 미국 대다수 주에

텍사스 레인저스의 홈구장인 글로브 라이프 파크 앞에 세워진 섀넌과 쿠퍼의 동상. 텍사스 레인저스는 1년 전에도 유사한 사건이 있었기에 법정 소송이 제기되면 매우 불리한 상황이었다.

서 손해배상 소송은 사고가 발생한 후 2년 안에 제기 해야 한다. 만약 2년이라는 기간에 소장을 접수하지 않으면 소송은 자동으로 기각된다. 따라서 2011년 섀넌이 추락사한 뒤 2년 동안 텍사스 레인저스는 유가족이 소송을 하지 않도록 최선의 노력을 다한 것이다. 2011년 플레이오프 개막전에 섀넌의 아들을 시구자로 초대하고, 이듬해 섀넌과 그의 아들을 기리는 동상을 제작하는 등의 노력은 '2년 공소시효'와 무관하다고 할 수 없다. 우리가 알아야 할 텍사스 레인저스의 영악한 홍보 전략 이면에 숨은 또 하나의 사실이 있다. 사고가 난 경기장의 안전 손잡이의 높이는 건축법상 아무런 문제가 없었고, 경기 운영상에도 큰 문제가 될 것이 없어 보였다. 그렇다면 왜 그들은 다른 구단과는 달리 유가족을 열심히 위로한 것일까? 그것은 그들이 유사 사건 법률similar incidents rule 조항을 두려워했기 때문이다.

앞에서도 언급했듯이, 이 사고가 일어나기 정확히 1년 하고 하루 전에 이 경기장에서 야구를 관람하던 타일러 모리스가 추락해 두개골에 금이 가는 부상을 입었다. 이러한 추락 사고가 발생하면 구단과 시설 관리자는 문제점을 파악해 팬의 안전을 위한 조치를 취했어야 했다. 하지만 텍사스 레인저스는 모리스의 부상이 심각하지 않다는 이유로 별다른 조치를 취하지 않은 것으로 보인다. 이는 텍사스 레인저스가 유사 사건 법률 조항을 위반한 강력한 근거가 된다. 때문에 텍사스 레인저스는 섀넌의 유가족이 법정 소송을 제기하지 않도록 모든 수단을 강구한 것이다.

야구장에서 낙상 사고로 숨진 희생자의 가족이 진정으로 바라는 것은 과연 무엇일까? 구단들이 유가족에게 보여준 깊은 애도와 관심도 물론 중요하겠지만, 그들과 같은 피해자가 더는 나오지 않도록 안전 규정을 재정비하고 이를 바탕으로 경기장 안전시설을 강화하는 것이 그들이 진정으로 원하는 것이 아닐까?

그린 스포츠
시대를 향해

2010년은 그린 스포츠 원년

겨울이 다가오고 날씨가 추워지면 가장들의 주름이 깊어진다. 난방비 부담 때문이다. 주부들을 겨냥한 텔레비전 프로그램에서는 연신 난방비를 줄일 수 있는 생활 노하우를 소개한다. 이 중 커튼이나 다양한 문풍지, 창문에 붙이는 뽁뽁이(에어캡), 두꺼운 비닐 등 다양한 방법이 있지만 안타깝게도 이런 것들은 모두 난방비를 줄이는 보완적인 방법일 뿐 본질적인 대비책은 아니다.

더 근본적인 대책으로는 몇 년 전부터 증가하고 있는 태양광 시설이 있다. 주변을 살펴보면 햇빛이 잘 비치는 곳에 있는 주택이나 공장 시설에 태양광 패널이 설치된 것을 어렵지 않게 볼 수 있다. 아파트 단지에서도 4~6면 정도의 작은 태양광 패널을 설치해 전기 일부를 자급자족하는 가정이 증가하고 있다. 태양광 발전을 비롯해 '친환경'은 이미 우리 생활 깊숙이 들어와 있다. 하지만 아직 '친환경'이라는 말이 어색한 영역이 있는데 바로 스포츠 산업이다.

'환경 보호'라는 말은 쓰레기 분리수거를 하면서 매일 들어서인지 매우 익숙하다. 우리나라는 쓰레기 재활용률이 세계 1위, 분리수거율은 독일·오스트리아와 함께 60퍼센트를 넘는 3개국 가운데 하나로, 쓰레기 처리 효율은 세계 최정상급을 자랑한다. 하지만 '친환경'을 스포츠 산업과 연관해서 살펴보면 크게 내세울 만한 것이 없다. 2010년은 그린 스포츠 원년이었다.[1] 다양한 친환경 행사와 캠페인이 펼쳐졌는데, 특히 SK 와이번스(현 SSG 랜더스)가 적극적이었다. 버려진 페트병을 재활용한 섬유로 유니폼을 만들기도 하고, '그린 유니폼'을 입는 '그린 데이'라는 날을 정하기도 했으며,[2] 경기장 외야 쪽 일부를 '그린 존'으로 개조해 천연 잔디를 깔고 경기를 관람할 수 있도록 하기도 했다.

그 이후 한동안 친환경 스포츠는 이렇다 할 진척을 보이지 않다가 2014년 '공공기관 에너지 이용 합리화 추진에 관한 규정'이 만들어지면서 변화가 일기 시작했다. 이 규정은 정부나 지방자치 단체 주도로 건설된 공공시설에 재생에너지 설비를 의무적으로 설치하도록 했다.

이후 한화 이글스가 그린 스포츠에 많은 관심을 보였다. 모기업에서 태양광 사업을 진행하고 있는 것을 반영하듯 홈구장으로 사용하는 한밭야구장(한화생명이글스파크)의 주차장과 좌측 외야, 구단 사무실 옥상 등 3곳에 태양광 패널을 설치했다. 이 패널들로 시간당 135킬로와트를 생산하며, 생산한 전기는 모두 구장에서 사용한다.[3] 잠실야구장은 2013년 서울시 주도로 외야 측 지붕에 50킬로와트급 태양광 패널을 설치하고 여기서 생산된 전기를 야간 조명에 사용하고 있다. 광주 기아챔피언스필드는 52킬로와트 규모의 태양광 발전 설비를 비롯해 1,242킬로와트 규모의 지열 시스템, 120제곱미터 규모의 태양열 발전, LED 조명 등을 도입해 2013년 친환경 건축물 인증을 받았다.[4] 2015년 완공된 한국 최초의 실내 야구장인 고척 스카이돔 역시 친환경을 고려한 듯 세계 최초로 지붕에 자연 채광이 들어오는 투명 차음막을 설치해 낮에는 조명을 켜지 않아도 될 정도로 밝다.[5] 드디어 국내 스포츠 산업에서도 그린 스포츠를 향한 움직임이 감지되기 시작했다. 실제로 일부 프로야구단에서는 부러진 야구방망이를 버리지 않고 재활용하여 주변에 있는 소규모 공방을 통해 기념품으로 재생산하여 판매하는 시도를 했다. 많은 기대에도 불구하고 그린 스포츠는 지금까지 이렇다 할 모멘텀과 방향성을 잃고 단순 캠페인 행사 수준에 그치고 있다. 2022년 12월에 열린 KBL 전주 KCC와 현대모비스 간의 경기에서 전북지방환경청에서 주최한 일회용품 줄이기 캠페인 정도가 눈에 띌 뿐이다.[6]

비용을 아껴라!

'그린 스포츠Green Sport'는 보통 3R로 설명할 수 있는데, 재활용 Recycle · 재사용Reuse · 감소Reduce를 일컫는다. 이런 세계적 추세를 이끌고 있는 나라는 미국이다. 환경문제가 중요해지자 2010년 미국에서는 리그·구단·경기장 시설 관계자 등 관련 조직들이 자발적으로 '그린 스포츠 얼라이언스Green Sports Alliance'라는 협의체를 만들었다.[7]

2011년에 6개의 팀과 5개의 경기장으로 시작한 그린 스포츠 얼라이언스는 2023년 현재 총 600개가 넘는 구단 및 경기장이 회원으로 가입되어 있다. 2020년 도쿄올림픽을 계기로 그린 스포츠 얼라이언스의 회원이 된 후 그린 스포츠 얼라이언스는 최초로 일본어로 된 공식 웹사이트를 운영하고 있다. 그린 스포츠 얼라이언스는 '그린 스포츠'라는 구호 아래, 경험과 노하우를 공유하고 스포츠 조직 이 환경문제 해결에 적극적으로 동참하겠다는 비전을 제시했다.

그린 스포츠라는 개념을 처음 도입한 구장은 미식축구 구단인 필라델피아 이글스가 홈구장으로 사용하는 링컨 파이낸셜 필드로, 20여 년 전인 2004년 200만 달러를 들여 전기보일러를 가스보일러로 바꾸어 효율을 높여 난방비를 절약했다. 경기장에서 소비하는 막대한 에너지로 인해 발생하는 온실효과를 최대한 줄이기 위해 약 2만 6,000제곱미터에 달하는 경기장 주변 땅을 구입해 2007년부터 매년 평균 568그루의 나무를 심었다.[8] 2008년부터는 경기장 주변에 태양광 패널을 설치해 매년 약 1만 달러의 전기료를 절약한다. 인상적인 것은 옥수수 부가물로 만든 재활용 컵과 용기 사용을 의무화해 구장을 찾는 팬들이 쉽게 분리수거 할 수 있도록 한 것이다. 매우 참신한 아이디어라고 할 수 있다. 총 1만 1,108개의 태양광 패널과 14개의 풍력 발전용 터빈으로 매년 4메 가와트의 전기를 생산하는 링컨 파이낸셜 필드는 2013년 린빌딩위원회USGBC에서 친환경 인증LEED Silver 을 받아 미식축구 리그에서 가장 앞선 친환경 경기장으로 주목받고 있다.[9]

미네소타 트윈스가 홈구장으로 사용하고 있는 타겟 필드는 (1)빗 물을 가둬 재사용하는 시스템을 설치하고, (2)경기장 조명을 LED로 교체, (3)남은 식자재 및 음식을 지역 자선 단체 기부프로그램, (4)재 활용품 및 쓰레기의 에너지 전환 기술을 구축하여 진정한 친환경 경 기장으로 한층 업그레이드되었다. 마침내 타겟필드는 2022년 야구 경기장 역사상 처음으로 친환경 인증 등급 중 가장 높은 플래티넘을 받았다.[10]

시애틀 매리너스 역시 그린 스포츠의 선두 주자다. 스포츠 산업에 서 드물게 친환경 전문가를 경기장 운영 부사장으로 영입하기도 했 다. 시애틀 매리너스는 저녁 경기에 보통 5~6시간 정도 경기장을 운 영한다. 이때 사용하는 전기의 양은 6,400킬로와트 정도로 한 가정 에서 1년 동안 사용하는 전기 사용량에 버금간다. 시애틀 매리너스는 '경기 후 30분'이라는 구호를 내세워 경기 종료 30분 이내에 경기장 의 모든 전등을 끄는 캠페인을 벌이기도 했다. 이렇게 해서 매년 25만 달러 이상의 전기료를 절감한다.[11] 경기장의 모든 조명을 LED로 바꿔 매년 5만 달러 이상을 절약하고 있다.

전기 외에 또 다른 고민은 매 경기마다 나오는 엄청난 양의 쓰레기 다. 경기가 열리는 날이면 경기장에서 평균 약 10톤에 달하는 쓰레기 가 나오는데, 이는 한 가정에서 4년 동안 배출할 양이다. 시애틀 매리너스의 홈구장인 T-모바일 구장은 옥수수 부가물로 만든 재활용품을 경기장에서 제공하는 모든 음식물 용기로 사용하며, 경기장에 400개가 넘는 재활용 쓰레기통을 설치했다. 경기 중에는 캡틴 플라스틱Captain Plastic이라는 마스코트가 경기장을 돌아다니며 재활용 쓰레기를 수거하는데, 시애틀 매리너스를 상징하는 마스코트로 인기를 끌고 있다. 다양한 캠페인을 벌인 결과 2005년 약 12퍼센트 였던 재활용 비율은 2020년 98퍼센트까지 높아졌다. 시애틀 매리너스는 이렇게 해서 약 12만 3,000달러의 쓰레기 처리 비용을 절감했다.[12]

환경 단체의 첫 번째 '공공의 적', F1

역사와 전통을 자랑하지만 환경 단체에는 '공공의 적'인 스포츠가 있다. 바로 자동차 경주다. F1 대회를 보면, 수십 대의 슈퍼카가 한 바퀴에 5킬로미터인 경기장을 60바퀴 이상 돌면서 항공기 엔진 소리와 맞먹는 엄청난 굉음을 낸다. 자동차 회사들은 첨단 엔진의 우월성을 뽐내고자 당대 최고 성능의 엔진을 경주팀에 제공하고, 경주팀은 이를 슈퍼카용으로 개조한다. 대회를 관람하는 팬들은 커다란 엔진 소리에 열광하지만, 바로 그 때문에 F1 대회를 향한 환경 단체의 반발은 날이 갈수록 거세지고 있다. 리터당 1.3킬로미터밖에 안 되는 연비로 시속 300킬로미터 이상 속도로 끊임없이 달려야 하는 매우 소비적인 스포츠기 때문이다.

세계 곳곳에서 연간 19번이나 개최되는 대회에 참가하기 위해 매번 2만 달러가 넘는 비용을 쓰면서 슈퍼카를 대회 장소까지 비행기로 실어 나르는 것 또한 심각한 자원 낭비다. 과도한 엔진 부하로 대회에 4~5번 참가한 후에는 엔진을 완전히 바꾸어야 하는 점, 타이어가 쉽게 마모되어 자주 교체해야 하는 점도 환경보호론자들의 질타를 받는 부분이다.

다행히도 글로벌 IT업체들의 관심과 협업을 통해 환경오염에 대한 문제는 조금씩 해소되려는 신호를 감지할 수 있다. 과거에는 타이어 마모 상태를 정확히 측정하지 못해 각 레이싱 팀은 10-15바퀴 등 일정 바퀴수 만큼 레이싱 트랙을 돌면 타이어를 교체했다. 0.1초를 다투는 레이싱 경기 특성을 고려하면 매우 비효율적인 방식일 뿐만 아니라 아직 마모되지 않은 타이어를 교체하는 것은 환경에도 좋지 않기 때문이다. 아마존 웹 서비스는 포뮬러 원 경주용 차량을 대상으로 머신러닝 기법을 활용하여 이 문제를 해결했다. 컴퓨팅 유체 역학computational fluid dynamics을 통해 타이어 마모상태를 실시간으로 측정해 최적의 교체 시점을 알 수 있도록 했다.[13]

세계자동차경주협회FIA는 환경오염에 대한 비난에서 벗어나기 위해 2014년 전기 자동차 경주 대회인 포뮬러 E를 만들었다. 첫 대회를 전기 자동차의 가장 큰 잠재 시장으로 주목받는 중국 베이징 시내에서 개최했다.

2022년 8월 13~14일에 서울 잠실에서 FIA 포뮬러 E프리 대회가 열렸다. 서울 도심 한복판에서 올림픽로와 잠실운동장 진입로, 경기장 등 약 2.7km의 도로가 레이싱 트랙으로 변신하여 친환경 레이스를 펼쳤다. 포뮬러 E 대회는 2023년 현재까지 인도네시아, 남아공화국, 아르헨티나, 멕시코, 모나코, 독일, 벨기에, 미국, 캐나다 등에서 개최되어 시간이 지날수록 대회의 위상은 점차 높아지고 있다.[14]

환경 단체의 두 번째 '공공의 적', 골프

전 세계가 대수층帶水層 수량의 고갈로 점점 더 심각한 물 부족 현상을 겪고 있다. 수자원 부족으로 많은 사람이 고통 받는 상황에서 환경 단체의 집중포화를 받는 또 다른 스포츠가 있다. 바로 골프다. 특히 물이 부족한 중동의 골프장을 향한 비난은 상상을 뛰어넘는다.

중동 국가의 인구는 전 세계의 약 5퍼센트인데, 식수로 사용할 수 있는 수자원은 1퍼센트밖에 되지 않는다. 이렇게 수자원이 부족한 상황에서 골프장 잔디를 가꾸기 위해 하루에 130만 톤의 물을 사용한다. 주민 약 1만 5,000명이 사용할 수 있는 엄청난 양을 골프장 잔디 관리를 위해 소비한다는 사실은 환경 단체의 반발을 사기에 충분하다. 환경 단체들의 거센 비난으로 중동 국가의 골프장들은 그린 스포츠 실현을 진지하게 고민해야 하는 처지에 놓였다. 아랍에미리트연방의 수도인 아부다비에 있는 한 골프장은 전동카트 전량을 태양열 배터리가 장착된 것으로 바꾸었고, 잔디도 질은 조금 떨어지지만 민물과 바닷물의 혼합용수를 사용해 재배할 수 있는 파스팔람Paspalam 품종

으로 바꿔 물 사용량을 대폭 줄였다.[15]

국내에서도 친환경 골프장에 관심이 늘어나면서 산림 훼손을 최소화하고 환경 친화적으로 관리하는 대중 골프장이 속속 생겨나고 있다. 국민체육진흥공단은 친환경 대중 골프장 사업을 벌여 2011년부터 2016년 6월까지 친환경 대중 골프장 5곳을 새로 열었다. 경상남도 의령군이 직영하는 의령친환경골프장은 화학 농약을 쓰지 않는 친환경 골프장이다.[16]

레저신문은 골프코스, 친환경 이행 능력, 자연 친화력, 친환경 골프장 설계 및 디자인 등을 기준으로 하여 매년 '친환경 골프장 베스트 20'을 선정한다.[17] 하지만 아직 갈 길은 멀다. 화학 농약을 사용하지 않는 골프장은 전국에 단 2곳뿐이다. 화학 농약 대신 생물 농약을 사용하거나 기능성 비료와 정화수를 이용해 수자원을 조금이라도 아낄 개선안이 필요하다는 데는 별다른 이견이 없다. 하지만 가장 큰 문제는 골프장 잔디의 질이 나빠지면 고객이 이탈할지 모른다는 불안감이다. 이 불안감이 친환경 골프장의 확산을 가로막고 있다.

소음공해와 빛공해, 법으로 해결하는 게 답인가?

2016년 10월 6일 기아 타이거즈의 마지막 홈경기가 열린 광주 기아챔피언스필드에 난데없이 법조인들이 등장했다. 야구 관람을 하려고 온 것은 아니고, 법조계 관련 행사가 있어서 온 것도 아니었다.

광주지방법원 민사부 판사 3명과 원고와 피고 측 변호사들은 새로 건설된 기아챔피언스필드에서 발생하는 소음과 빛공해로 인근 주민이 받는 피해가 어느 정도인지 조사하기 위해 온 것이었다.

기아챔피언스필드가 개장하면서 광주 북구 야구장 인근 아파트 4개 동 340세대 중 72퍼센트에 달하는 246가구 주민 732명은 "경기장에서 발생하는 소음과 밤늦게까지 이어지는 인공조명 빛공해로 생활에 지장을 받고 불편을 느낀다"면서 소송을 제기했다.[18] 한강변 아파트 단지 등에서 일조권과 조망권 침해 문제로 법적 다툼이 종종 일어나지만, 소음공해와 빛공해를 이유로 피해 보상을 요구하는 것은 보

호주 브리즈번의 선콥 경기장. 경기장의 빛공해를 줄이기 위해 일부러 지붕을 낮게 설치했다.

기 드문 일이었다.

이는 그린 스포츠의 의미가 태양광 패널이나 풍력발전 같은 신재생에너지 활용이나 쓰레기 재활용에 국한되지 않는다는 것을 보여준다. 건강하고 쾌적한 삶을 위해 스포츠 경기와 경기장 시설 등 스포츠 전반을 좀 더 친환경적인 시각에서 바라보아야 한다. 스포츠 경기장이나 시설에서 발생하는 소음과 경기장에 설치한 인공조명에서 발생하는 과도한 빛으로 인한 피해 역시 그린 스포츠가 해결해야 할 중요한 과제다.

선진국에서는 이미 소음공해와 빛공해 문제를 인식하고, 경기장 주변 주민들에게 최대한 피해를 덜 주도록 경기장을 디자인한다. 예를 들면 호주 브리즈번에 있는 선콥 경기장은 세계적인 스포츠 경기장 디자인 회사 파퓰러스가 디자인했는데, 경기장 모서리 공간에 유리벽을 설치하고 천장은 소음 방지용 재료로 만들어 경기장에서 발생하는 소음이 되도록 외부로 새어나가지 않도록 했다. 또한 경기장 주변 주택이 대부분 목조 건물이라는 점에 착안해 주변 경관과 어우러지도록 통나무를 활용해 외관을 디자인했다. 선콥 경기장의 중요한 특징 중 하나는 좌석의 75퍼센트를 덮은 지붕이 매우 낮다는 것인데, 경기장의 인공조명이 경기장 밖으로 새어나가는 것을 막기 위해서다.[19] 기아챔피언스필드가 이런 그린 스포츠 노하우를 전수받았다면, 구장에 법조인단이 등장하는 일은 없었을 것이다. 그나마 다행스러운 것은 이번 잠실 신규 야구장–스포츠 콤플렉스 개발을 앞둔 시점에서 관계자들이 기후(미세먼지, 강우, 혹서 등)에 영향을 받지 않고 주변(주거지역 및 학교)지역에 대한 소음 및 빛 공해를 최소화하기 위해 돔구장을 검토하고 있다는 것이다. 어떤 형태의 경기장이 건설될지 지켜볼 일이지만 친환경 경기장으로 도약하기 위해 많은 고민을 하고 있다는 사실은 매우 고무적이다.

올림픽과
FIFA 월드컵

올림픽과
스포츠 마케팅

글로벌 기업의 경쟁 무대가 된 메가 스포츠 이벤트

약 40년 전까지만 해도 메가 스포츠 이벤트에 대한 기업들의 관심은 지금처럼 높지 않았다. 올림픽과 월드컵 등 일부 대회를 제외하면 오늘날처럼 광고·후원에 대한 기업들의 과잉 경쟁은 상상하기도 어려운 일이었다(예외적으로 코카콜라는 1928년부터 올림픽 후원 업체로 IOC와 깊은 인연을 맺어오고 있다).[1] 기업 오너나 간부들의 취향과 관심에 따라 골프나 테니스 같은 특정 종목을 후원하는 것이 일반적이었다.

오늘날 가장 성공적이고 오래된 스포츠 대회라고 할 수 있는 올림픽조차 한동안 외면당했다. 올림픽 후원 프로그램이 오랫동안 존재했음에도 올림픽이 마케팅의 장場으로 인식된 것은 얼마 되지 않는다. 올림픽은 강력한 정치적 이념 선전의 수단으로 인식되었기 때문이다.

특히 1972년 뮌헨 올림픽에서는 팔레스타인 극좌파 테러 단체인 '검은 9월단'이 이스라엘 선수단 숙소를 습격해 2명을 살해하고 11명을 인질로 삼아 이스라엘에 억류 중인 팔레스타인 부대원 200명의 석방을 요구하는 사건이 벌어졌다. 결국 대회는 24시간 동안 중단되고 구출 작전 도중 인질 전원이 사망했다.[2]

뮌헨 올림픽 참사의 영향으로 1976년 몬트리올 올림픽에는(121개국에서 7,134명이 참가한 뮌헨 올림픽보다 적은) 92개국 6,084명의 선수만 참가했다.[3] 경기장 보안·안전 비용과 경기장 건설비용이 천문학적으로 상승한 반면 흥행에서는 참패를 면치 못했다. 결국 몬트리올 시는 약 1,500만 달러의 적자를 내고 말았다. CBC 뉴스는 "몬트리올 시는 올림픽 폐막 후 약 30년이 지난 2006년 11월 중순에야 모든 빚을 청산할 수 있었다"고 보도한 바 있다.[4] 올림픽대회 유치로 몬트리올 주민들이 받은 재정적 고통이 거의 한 세대가 지날 때까지 이어진 것이다. 뮌헨 올림픽 참사와 몬트리올 올림픽 적자 운영 등으로 올림픽 개최에 대한 비판이 증가했고, 세계 각국은 올림픽 유치에 부정적인 태도를 보였다.

1980년 모스크바 올림픽은 1979년 소련의 아프가니스탄 침공에 반대한 서방국가들이 출전을 거부하거나 일부 선수들은 개인 자격으로 출전하는 등 보이콧해 반쪽짜리 올림픽으로 끝났다. 1984년 로스앤젤레스 올림픽 역시 소련을 포함한 동구권 국가들과 쿠바, 북한 등 14개 공산권 국가가 불참을 선언(이란과 리비아는 다른 이유로 불참)해 모스크바 올림픽에 이어 또 하나의 반쪽짜리 올림픽이라는 오명을 남겼다.[5] 미국과 소련의 냉전이 정점을 찍던 1970년부터 1980년대 중반까지 올림픽대회는 이념 전쟁의 무대였고, 기업들은 설 자리가 없었다.

올림픽, 상업주의 대회로 변모하다

로스앤젤레스 올림픽이 비록 반쪽자리 대회기는 했지만, 과거 올림픽에 비해 눈에 띄는 커다란 변화가 있었다. 지금까지 올림픽이 대부분 정부의 재정 지원과 보조로 열렸던 데 비해 로스앤젤레스 올림픽은 정부의 지원을 배제하고, 대신 43개 기업을 공식 후원사official sponsors로 지정해 적잖은 지원을 받는 등 올림픽대회의 성격을 상업적으로 변화시켰다(몬트리올 올림픽은 628개 기업,[6] 모스크바 올림픽은 35개 기업이 후원했지만, 이들의 후원 금액은 그리 크지 않았다).

몬트리올 올림픽에서는 올림픽 개최로 생긴 약 1,500만 달러의 부채가 고스란히 올림픽 유치를 주도한 몬트리올시와 퀘벡주 정부로 넘어간 반면, 로스앤젤레스 올림픽에서는 기업인들이 올림픽 운영 위원회를 만들어 올림픽 조직위원회와 소통하면서 적자 올림픽이 되지 않을 방안을 강구했다. 올림픽대회 방송권을 ABC에 2억 2,500만 달러에 판매하는 등 오늘날 보편화된 방송권과 스폰서 권리 같은 무형의 가치 개념을 확립하기도 했다.[7] 이를 두고 지나친 상업주의라는 비판의 목소리도 있었지만, 로스앤젤레스 올림픽은 방송권과 스폰서십을 잘 활용해 5억 4,600만 달러가 들었음에도 2억 3,250만 달러 흑자를 기록함으로써,[8] 메가 스포츠 이벤트의 새로운 활로를 개척했다는 찬사를 받았다. 로스앤젤레스 올림픽의 흑자 운영은 후안 사마란치Juan Antonio Samaranch 당시 IOC 위원장의 올림픽에 대한 비전에 큰 영향을 주었던 것으로 보인다.

로스앤젤레스 올림픽 이듬해 IOC는 원스톱 쇼핑one-stop shopping 개념을 올림픽 스폰서십 프로그램에 적용했다. 올림픽이 열릴 때 마다 겪어야 하는 복잡하고 불필요한 스폰서십 계약 과정을 축소하고 4년마다 계약하는 올림픽 프로그램the olympics programme을 만들었다. 올림픽 프로그램은 약자로 TOP라고 불리는데(2000년 시드니 올림픽 이후 The Olympics Partners로 명칭이 바뀌었다), 1985년부터 1988년까지 9개 기업을 파트너로 유입해 9,600만 달러의 수익을 올렸다. 1989년부터 1992년까지는 12개 기업에서 1억 7,200만 달러, 2009년부터 2012년까지는 약 9,500만 달러의 스폰서십 수익을 거두는 등 올림픽대회의 상업주의는 TOP를 필두로 발전했다.[9] 코카콜라, 맥도날드, 삼성전자, 비자 등 글로벌 기업들은 편리해진 스폰서십 계약 방식을 환영하며 TOP 프로그램 (공식 명칭은 TOP worldwide sponsorship program)에 참여했으며, IOC 역시 좀 더 안정된 수입을 보장받을 수 있었다. 올림픽 스폰서십 프로그램을 대대적으로 정비한 이후 TOP 프로그램에 대한 기업들의 관심이 증가했지만, 참여 기업의 숫자를 줄이는 과정에서 일반 기업들이 참여할 기회는 점점 더 줄어들었고 참여 비용도 천문학적으로 증가하게 되었다.

결국 경쟁 업체들의 공식 후원 기업에 대한 공격이 시작되었다. 이런 공격의 선두에는 세계 최고의 스포츠 용품 기업인 나이키가 있었고, 이들의 공격은 1984년 로스앤젤레스 올림픽 때부터 서서히 시작되어 1992년 바르셀로나 올림픽 때 본격적으로 수면 위로 떠올랐다.

나이키, 수면 위로 떠오르다

1988년 서울 올림픽, 냉전의 양축인 소련과 미국 남자 농구팀이 준결승전에서 만났다. 1980년 모스크바 올림픽은 미국이, 1984년 로스앤젤레스 올림픽은 소련이 불참하는 바람에 1976년 몬트리올 올림픽 이후 미국과 소련은 한동안 이렇다 할 라이벌 경기를 펼치지 못했다. 몬트리올 올림픽에서 미국 남자 농구 대표팀은 7전 전승으로 금메달을 땄고, 소련은 5승 2패로 동메달에 그쳤다. 소련은 복수의 칼날을 갈고 있었고, 자신만만하던 미국은 소련에 82대 76으로 패하면서 금메달을 빼앗기고 동메달에 그쳤다. 세기의 라이벌이었던 소련과의 대결에서 충격적인 패배를 당한 미국은 가만히 있지 않았다. 세계 최고의 프로농구 리그인 NBA를 운영하고 있음에도 아마추어 선수만 출전할 수 있다는 '선수 자격' 때문에 패배했다고 판단한 미국은 선수 자격 기준에 불만을 제기하고 이를 공론화하기 시작했다. 특히 NBA 역사상 가장 훌륭한 선수로 꼽히는 마이클 조던의 프로 리그 데뷔로 인한 1988 올림픽 출전 자격 박탈은 미국 올림픽 남자 농구팀에게는 치명적일 수밖에 없었다.

1984년 동계올림픽부터 일부 프로 아이스하키 선수들에게 대회 출전권을 부여했던 IOC는 NBA 선수들에게 올림픽 출전권을 주라는 커다란 압박을 받았다. 당시 NBA 리그 커미셔너로 있던 데이비드 스턴David Stern은 미국 올림픽 위원회 USOC의 전폭적인 지지를 업고 올림픽 출전 자격 결정권을 가지고 있는 국제농구연맹 FIBA을 설득해 프로농구 선수의 올림픽 출전권을 얻어냈다. 이로써 1992년 바르셀로나 올림픽부터 프로농구 선수들이 올림픽에 출전할 수 있게 되었다. 마이클 조던Michael Jordan, 래리 버드Larry Bird, 매직 존슨Earvin 'Magic' Johnson, 찰스 바클리Charles Barkley, 존 스 톡턴John Stockton 등이 합류해 전설의 '드림팀 I'이 만들어졌고, 드림팀 I은 8전 전승으로 작전타임 한 번 부르지 않고 우승하며 미국 농구의 우수성을 만천하에 알렸다.[10]

남자 농구 경기는 이렇게 끝났지만, 또 다른 경기가 남아 있었다. 바로 나이키와 리복 간의 마케팅 경기였다. IOC, USOC, 바르셀로나 올림픽 조직위원회, 나이키, NBA, NBA 선수협회 모두를 당혹하게 했던 앰부시 마케팅ambush marketing 때문이다. 앰부시 마케팅은 '매복 마케팅'이라고도 불린다. 대회의 공식 스폰서가 아닌 업체가 정당한 비용이나 대가를 지불하지 않고 대회나 선수의 이미지 또는 가치를 이용해 혜택을 보는 것이다. 1992년 바르셀로나 올림픽 당시 리복이 USOC의 공식 스폰서였기에 미국 농구팀 의상은 리복에서 제공했고, 미국 올림픽 대표 선수들은 모두 리복 로고가 새겨진 의상을 입어야 했다.

What Price Glory? Glad You Asked

Sports of The Times
By WILLIAM C. RHODEN MAY 20, 2012

John Stockton, Chris Mullin, Charles Barkley and Magic Johnson in 1992. The Dream Team won by 32 in the gold medal game. John Gaps III/Associated Press

바르셀로나 올림픽에서 놀라운 성적으로 세계를 제패한 미국 남자 농구팀이 어깨에 성조기를 두른 것은 애국심 때문이 아니라 리복과 나이키 간 마케팅 싸움 때문이었다.

그리고 이러한 계약은 시상식 의상에까지 영향을 미쳤다. 시상식에 참가하는 모든 드림팀 선수는 리복 로고가 새겨진 의상을 입도록 제의받았는데, 조던을 중심으로 일부 선수들이 이에 강하게 반발했다. 이들은 대부분 리복의 경쟁사인 나이키와 개인 후원 계약을 맺은 상태였기에, 계약이 끝날 때까지 경쟁사의 제품을 사용할 수 없었다. 메달 시상식에 참가하려던 드림팀 선수들은 시상대에 오르지 못하고 탈의실로 돌아와야 했다.

메달 시상식이 지연되자 올림픽 집행 위원들이 사태 해결에 나섰다. 결국 원칙대로 시상식에 참가한 모든 선수가 리복 의상을 입는 대신 (나이키 후원을 받는) 조던을 비롯한 일부 선수들은 성조기가 그려진 커다란 수건을 어깨에 둘러 가슴에 새겨진 리복 로고를 가려 나이키와의 후원 계약위반으로부터 벗어날 수 있었다.[11] 만약 이들이 나이키와의 후원 계약 상태에서 리복 로고가 새겨진 의상을 입었다면 어떤 일이 일어났을까? 나이키로부터 후원 계약 위반 명목으로 소송을 당해 상당한 금액을 나이키에 지불해야 하지 않았을까? 많은 팬에게 감명 깊은 장면으로 기억되는, 드림팀 선수들이 성조기를 어깨에 걸친 모습은 앰부시 마케팅으로 인한 일종의 해프닝이었던 것이다.

스포츠 마케팅 전쟁

앰부시 마케팅은 주로 글로벌 기업 사이에서 나타나는데 특히 코카콜라와 펩시, 후지필름과 코닥, 비자와 아메리칸 익스프레스, 나이키와 아디다스 등 라이벌 기업들 사이에서 종종 목격된다. 1984년 로스앤젤레스 올림픽에 일본 기업인 후지필름이 공식 후원 기업으로 엄청난 비용을 지불한 반면, 미국 기업인 코닥은 로스앤젤레스 올림픽 조직위원회를 후원하면서 두 라이벌 기업 간의 마케팅 전쟁이 펼쳐졌다. 코닥은 후지필름이 공식 후원사 비용으로 지출한 금액의 일부만 지출하고 로스앤젤레스 올림픽 조직위원회의 후원사가 되었고, 그 대신 USOC와 올림픽대회 방송 텔레비전 광고권을 사는 데 돈을 아끼지 않았다. 이뿐만 아니라 경기를 관람하고 나오는 관중에게 무료로 필름을 한 통씩 나누어 주는 등 후지필름이 올림픽 공식 후원사가 되기 위해 지불했던 금액과 맞먹는 돈을 다양한 분야에 투자했다. 그 덕에 올림픽 대회가 끝난 뒤 대부분 사람은 후지필름이 아니라 코닥을 공식 후원사로 기억했다.[12]

아메리칸 익스프레스와 비자는 1988년 이후 스포츠 대회 스폰서십 권리와 관련해 적잖은 논쟁을 일으켰는데, 1992년 바르셀로나 올림픽에서 주목할 만한 사건이 일어났다. IOC의 TOP 후원사였던 비자는 올림픽 입장권을 사는 데 비자만 사용할 수 있다는 올림픽 입장권 지불 수단 독점권을 인정받아 "올림픽은 아메리칸 익스프레스를 받지 않는다"는 광고를 전 세계에 내보내면서 선제공격했다. 하지만 세계 각국의 여행 업체와 관광 관련 기관에서 아메리칸 익스프레스 사용을 허가하면서 득의양양해진 아메리칸 익스프레스는 "바르셀로나에 가기 위해서 굳이 비자가 필요 없다"는 맞불 광고를 내보냈다.[13] 국제 여행에 필요한 비자 visa와 비자 카드VISA의 철자가 같다는 점을 이용해 비자의 약점을 꼬집은 것이다. 아메리칸 익스프레스의 비장의 수는 IOC가 본부로 사용하는 호텔과 후원 계약을 체결하면서 호텔의 모든 출입 카드에 아메리칸 익스프레스 카드 모양을 새겨 넣은 것이다. IOC 위원들은 올림픽이 열리는 기간에 IOC의 공식 후원사가 아닌 경쟁 업체의 로고를 매일 볼 수밖에 없는 상황에 놓이면서 앰부시 마케팅에 적잖은 불쾌감을 표현했다.

　나이키와 아디다스는 스포츠 용품·의류 분야의 최대 경쟁자로서 지금까지 올림픽이나 FIFA 월드컵 등 수많은 국제 스포츠 대회에서 마케팅 실력을 겨루고 있다. 매년 약 70억 달러 이상의 매출을 기록하는 나이키[14]와 아디다스[15]는 스포츠 스폰서십에서 서로 다른 전략을 선보이며 스포츠 마케팅 시장을 이끌고 있다. 예를 들면, FIFA 월드컵 공식 후원사인 아디다스는 공식 스폰서가 되기 위해 1억 달러 이상을 지불하는 것으로 알려져 있는데,[16] FIFA와 월드컵 개최국은 아디다스에 마케팅 독점권exclusivity을 포함한 최대한의 혜택을 제공하고 있다. 이에 반해 나이키는 FIFA의 공식 후원사가 되는 대신 브라질, 영국 등 세계적으로 우수한 국가 대표팀을 후원하거나, 각 국가의 축구 협회나 유명한 선수를 후원하는 전략을 취하고 있다. 나이키의 글로벌 축구 부문 부사장 더모트 클리얼리Dermott Clearly는 "우리는 월드컵 공식 후원사가 아니지만 축구 클럽, 연맹, 엘리트 선수들과 파트너십을 통해 마케팅에 절대적인 연결 고리를 맺는다"라며 나이키의 마케팅 전략에 강한 자부심을 드러냈다.[17]

　2008년 베이징 올림픽에서는 지금까지 나타나지 않았던 색다른 형태의 앰부시 마케팅이 벌어졌다. 그 주인공은 베이징 올림픽 개막식에서 성화 점화자로 나선 리닝李寧이었다. 체조 선수였던 리닝은 1984년 로스앤젤레스 올림픽에서 메달리스트로 은퇴한 후 자신의 이름을 딴 스포츠 용품 업체를 운영했다. 브랜드 로고는 나이키와 흡사했으며, 슬로건 역시 아디다스의 '불가능은 없다impossible is nothing'와 유

나이키 로고와 흡사한 로고와 아디다스의 슬로건과 흡사한 'anything is possible'이라는 슬로건으로 장식된 리닝 매장 모습. 경쟁 업체를 노골적으로 베낀 리닝의 행태는 많은 이의 빈축을 샀다.

사한 '모든 것은 가능하다anything is possible'여서 많은 사람이 비난했다.

이러한 상황에서 리닝이 베이징 올림픽 성화 점화자로 나와 몸에 철사로 된 와이어를 연결하고 일명 '새 둥지鳥巢, birds nest'라 불린 주경기장 주위를 날아다니며 성화 점화식의 클라이맥스를 장식했다. 40억 명이 시청한 이 장면으로 리닝은 일약 '베이징 올림픽의 떠오르는 스타'로 부각되며 그의 이름뿐만 아니라 회사 이름까지 전 세계에 알렸다. 리닝은 올림픽 스폰서가 아니었음에도 스포츠 용품 부문 공식 스폰서인 아디다스가 누려야 할 혜택을 대신 누렸다. 리닝이 중국 기업이라는 이유로 중국 정부의 보호 아래 아디다스가 받아야 할 혜택을 강탈했다는 사실은 많은 이의 분노를 살 만 했다. 개막식이 끝난 후 공식 후원사로 200만 달러 이상을 지불한 아디다스의 항의가 있었지만, 아디다스는 중국 정부의 어떠한 공식적인 사과도 받지 못했다.[18]

앰부시 마케팅을 막아라

앰부시 마케팅을 막기 위한 조직위원회의 전략은 크게 4가지로 요약할 수 있다. 첫째, 대회 전부터 캠페인과 교육을 통해 관련 단체나 소속 직원들에게 앰부시 마케팅의 폐해와 마케팅 전략을 알려 이를 사전에 예방하는 방법이다. 둘째, 사복 경찰과 조사 요원을 동원해 불시 검열로 불법행위를 고발하는 방법이다. 셋째, 대회에 참가하는 모든 선수와 스태프에게 대회 후원 기업 관련 규정에 동의한다는 서약서를 미리 받는 것이다. 마지막으로 (특히 국제 스포츠 이벤트의 경우) 대회와 관련한 특별법을 만들어 대회 관련 휘장, 마스코트, 메달과 상장, 슬로건, 주제가 등을 비공식 후원 기업이 사용할 수 없도록 법적 조치를 취하는 방법이다. 미국에서는 슈퍼볼 대회 전후로 공식 스폰서 기업을 제외하고는 슈퍼볼 대회를 직간접적으로 연상시키는 '빅 게임big game', '슈퍼 볼scuper bowl', '빅 데이big day' 등의 용어를 사용하지 못하게 금지했다. 2012년 런던 올림픽 조직위원회는 특별법을 만들어 올림픽 공식 후원사가 아닌 기업은 올림픽이 열리는 동안 '런던london', '올림픽olympic', '2012', '서머summer' 등의 단어를 혼합하여 사용하지 못하도록 했다.[19] 2008년 베이징 올림픽 조직위원회 역시 특별법을 만들어 비공식 후원사가 올림픽 로고나 이미지 등 대회 지식재산을 이용해 이윤을 추구할 수 없도록 했고, 비공식 공급 업체가 제조한 상품을 만들어 판매하는 기업이나 개인은 모든 물건을 압수하고, 총수입의 3배를 벌금으로 내도록 했다.[20] 2014년 소치 올림픽은 비후원사가 대회와 관련된 광고를 하는 것을 불법으로 규정하고, 대회 명칭과 여기에서 파생된 단어의 표현을 대회 상징물로 정의하는 등 앰부시 마케팅 기업의 활동을 막기 위해 안간힘을 썼다. 미국 대학 리그인 NCAA는 농구 결승전이 열리는 날이면 경기장 주변 약 1.6킬로미터를 일명 '클린 존clean zone'으로 설정해 비공식 후원 기업이 대회가 열리는 경기장에 접근하는 것을 원천적으로 차단했다.[21]

창의적 마케팅 vs 마케팅 권리 도둑질

앰부시 마케팅은 스포츠 조직의 엄격한 제재에도 점점 더 활기를 띠고 있다. IOC는 앰부시 마케팅이라는 단어가 '영리한', '창의적인'이라는 긍정적인 뜻을 내포하는 것에 반발해, '앰부시 마케팅' 대신 비하 의미가 있는 '기생 마케팅parasite marketing'이라는 단어 사용을 권하고 있다. 나이키와 같은 앰부시 마케팅 기업들은 이에 공개적으로 반발하고 나섰다. 나이키 브랜드 사장인 트레버 에드워즈Trevor Edwards

는 "우리는 (앰부시 마케팅이 아닌) 단순히 마케팅을 하고 있을 뿐이다"라고 했다.[22]

　기업들이 공식 후원사가 되는 대신 앰부시 마케팅을 하는 이유는 크게 4가지로 나누어 볼 수 있다. 첫째, 인기 있는 메가 스포츠 이벤트는 점점 증가하지만, 기업의 마케팅 예산은 한정되어 있다. 각 기업은 중요한 고객에게 효과적으로 접근할 수 있는 일부 대회를 선택해 공식 후원사로 참여할 수밖에 없다. 나머지 대회에는 상대적으로 저렴한 예산을 책정해 앰부시 마케팅 전략을 구사한다. 둘째, 공식 후원사가 되기 위한 비용이 너무 비싸진 탓에 후원사가 되고 싶어도 기회를 얻을 수 없는 중소기업들뿐만 아니라 일부 글로벌 기업들 역시 울며 겨자 먹기로 앰부시 마케터가 되는 경우도 있다. 셋째, 펩시와 나이키 같은 글로벌 기업은 지금까지 축적한 다양한 경험과 노하우를 통해 공식 후원사 비용의 일부만 사용해 앰부시 마케팅 전략을 펼치는 것이 효율적이다. 넷째, 스포츠 대회 중계가 아날로그 방식에서 케이블을 거쳐 디지털 방식으로 진화하는 과정에서 다양한 기기를 이용한 OTT 중계와 접속 수단의 증가로 인해 앰부시 마케팅 전략을 펼칠 수 있는 영역과 기회가 전보다 커졌다.[23]

　비공식 후원 업체들은 대부분의 스포츠팬이 공식 후원사와 비후원사를 구분하는 것에 별 관심이 없으며, 관심이 있더라도 별 의미가 없다는 것을 잘 알고 있다. 더 나아가 팬은 그들에게 경품 등 가치를 제공하는 쪽이 누구인지를 더 중요하게 생각한다. 이런 상황에서는 앰부시 마케팅이 활성화될 수밖에 없는 것이다. 앰부시 마케팅이 쇠

퇴하는 경우는 한 가지밖에 없다. 스포츠 이벤트의 가치가 떨어져 후원 기업으로서 누릴 수 있는 마케팅 권리에 대한 실효성이 줄어드는 경우다.

평창 동계올림픽을 보호하라

평창 올림픽 조직위원회가 공식 후원 기업들을 앰부시 마케팅에서 보호하기 위해 다양한 노력을 강구했음에도 불구하고 결국 앰부시 마케팅은 2018년 평창 동계올림픽에서도 발생하고 말았다.

평창 동계올림픽 개최가 확정된 2011년 여름부터 일부 기업은 의도적이든 그렇지 않든 평창 동계올림픽을 기업 마케팅에 마구잡이로 이용하기 시작했다. 라마다 강원 호텔 앤 리조트는 "평창 올림픽 최대 수혜·연 12퍼센트 임대 수익"이라고 광고에 '평창 올림픽'이라는 문구를 무단으로 사용했다.[24] 올림픽대회와 아무런 관련이 없는 쌍용자동차는 '2014 평창 스노 오토캠핑' 행사에서 "대한민국 선수단 금빛 질주 응원"이라는 캐치프레이즈를 사용했는데, 마치 쌍용자동차가 올림픽 대표팀을 후원한다는 뉘앙스를 주었다. 니베아는 "NIVEA Lip Butter Winter Game Medals"라는 상품 광고 문구에 메달 형태의 그래픽을 사용했는데, 이 역시 앰부시 마케팅의 사례로 지적되었다.

평창 동계올림픽 조직위원회는 2018년 동계올림픽을 유치하는

쌍용자동차의 2014 평창 스노 오토캠핑 광고 이미지. 쌍용자동차는 올림픽을 공식 후원하지 않음에도 행사에 "대한민국 선수단 금빛 질주 응원"이라는 문구를 넣어 올림픽 대표팀을 후원한다는 인상을 주었다.

첫 번째 단계였던 '유치 약속bid commitment' 단계부터 그다음인 '개최 도시 계약host city contract' 단계까지 앰부시 마케팅 방지 대책을 약속했다.[25] 개최 도시 계약에는 "대한민국 정부에서는 '2018 평창 동계올림픽 지원에 관한 특별법'을 제정할 것이며, 그와 동시에 계획 단계부터 조기에 위반 행위를 원천적으로 차단할 수 있는 조치들을 취할 것이다"라고 명시되어 있었다. 또한 "조직위원회는 조직위원회의 마케팅 프로그램 외에 어떠한 마케팅, 광고, 홍보 프로그램도 개최국 내에서 시행되지 않을 것임을 보장한다"라고 구체적으로 명시되어 있었다. 이러한 유치 약속과 개최 도시 계약상의 의무를 이행하기 위한 여러 강구책 중 하나로 평창 동계올림픽 조직위원회는 평창특별법 시행령 개정안을 통해 '2018', '평창', '동계 혹은 겨울', '올림픽', '올림피안', '올림피아드', '패럴림픽', '패럴림피안', '패럴림피아드', '메달(금, 은, 동)'과 같은 단어를 단독으로 또는 결합해 사용하는 것을 금지했으며 조직위원회가 지정한 대회와 관련된 휘장, 마스코트, 메달과 상장, 슬로건, 주제가, 픽토그램, 대회기, 기념주화와 지폐, 기념우표, 공식 간행물, 포스터와 유니폼 디자인, 시각적 상징물, 성화 등의 불법 사용을 금했다.

경기장 밖에서 펼쳐지는 공식 후원 기업들과 앰부시 기업들의 마케팅 전쟁은 올림픽이나 FIFA 월드컵과 같은 국제 스포츠 이벤트에서 주의 깊에 지켜볼 또 하나의 관심사가 되었다.

IOC의
성장과 위기

아마추어리즘의 종말과 상업화의 시작

1968년 멕시코시티 올림픽은 폭력으로 얼룩졌고, 1972년 뮌헨 올림픽에서는 이스라엘 선수 11명이 테러로 살해당했다. 1976년 몬트리올 올림픽은 처음 계획보다 9.2배나 많은 예산이 투입되었고, 이 부채를 다 갚는 데 30년이 걸렸다. 이런 유·무형의 피 해가 지속되자 많은 국가가 올림픽 개최에 부정적인 모습을 보였다.[1] 1984년 하계 올림픽을 개최한 로스앤젤레스는 올림픽을 개최하고자 IOC에 제안서를 낸 유일한 도시였다.[2] 1988년 올림픽 역시 서울이 유일한 경쟁 자였던 일본의 나고야를 이기고 올림픽 개최권을 얻었다.

1980년 제7대 IOC 회장으로 당선되어 2001년 7월까지 20년 이 넘는 세월 동안 IOC를 이끈 사마란치 회장은 '각하His Excellency'라

1987년 세계경제포럼에서 사마란치 회장(가운데). 그는 올림픽 정신을 훼손했다는 비판을 받기도 하지만 1988년 서울 올림픽을 비롯해 임기 내 올림픽들을 성공적으로 이끌었다.

고 불리며 리더십을 인정받기를 원했다.[3] 사마란치 회장은 IOC의 몸집을 키우는 데 주력했고, 그의 욕망은 1984년 로스앤젤레스 올림픽이 2억 3,250만 달러 흑자를 내면서 탄력을 받기 시작했다.[4] IOC는 1984년 FIFA, FIBA 등 IFInternational Federation라 불리는 국제 스포츠 조직에 각 종목 선수의 올림픽 출전 자격을 새롭게 규정하도록 했고, 1987년 프로 테니스 선수들에게 올림픽에 출전할 수 있는 자격을 부여했다.[5] 1989년에는 프로 선수들이 출전할 수 있는 올림픽 종목의 수를 늘리면서 사실상 아마추어리즘과 프로페셔널리즘의 경계를 없앴다.[6] 1991년에는 NBA 출신 프로농구 선수들이 올림픽 출전권을 얻어 미국 드림팀이 꾸려졌다.[7] 또한 하계올림픽과 동계올림픽이 같은 해에 열리던 규정을 바꿔 2년에 한 번씩 올림픽이 열리도록 했다.[8] 1990년부터 2000년대 초반까지 IOC, 특히 사마란치 회장의 영향력은 그야말로 석권지세席卷之勢와 같았다.

사마란치 회장의 상업화 전략은 매우 성공적으로 보였다. 방송권 수입과 스폰서 수입이 증가하면서 1992년 바르셀로나 올림픽과 1996년 애틀랜타 올림픽은 매우 성공적으로 끝났다.[9] 올림픽에 대한 사람들의 인식은 점점 긍정적으로 바뀌어 2004년 올림픽을 개최하겠다고 제안서를 낸 국가는 12개에 달했고, 5개 국가가 최종 후보로 선정되었다. 2008년 올림픽 개최 제안서를 낸 국가는 10개국이었고, 2012년 올림픽에는 9개국이 제안서를 냈다. 동계올림픽도 유사했다. 2002년 동계올림픽 개최국 제안서를 낸 국가는 9개였고, 4개 국가가 최종 후보에 올랐다. 2006년 동계올림픽에는 6개 국가가 제안서를 제출했고, 최종 후보는 2개국이었다.[10] 올림픽 역사상 이렇게 많은 국가가 올림픽 개최에 관심을 보인 적이 없었을 뿐만 아니라 앞으로도 이러한 'IOC의 태평성대'는 쉽게 오지 않을 것으로 보인다.

독점 권력의 탄생

마이클 모리스Michael Morris 회장의 바통을 이어받아 제7대 IOC 회장으로 당선된 사마란치는 과거 회장들과 많은 차이를 보였다. 모리스 회장 시절까지 IOC 위원은 올림픽 개최지 선정을 위한 방문 비용을 각자 개인적으로 지불했고, 그것이 당연하게 여겨졌다. IOC는 규정에 명시된 대로 비영리 조직이었으며, 1984년 이전까지는 올림픽 적자 운영으로 IOC 위원들이 사용할 자금이 없었기 때문이다.

하지만 올림픽의 상업화와 거대화로 예상치 못한 거대한 수입이 들어오자 사마란치 회장은 올림픽 개최 후보지를 방문하는 IOC 위원들에게 1등석 왕복 항공권을 비롯한 개최지 방문 비용을 제공하기 시작했다. 사마란치 회장 자신은 리무진 차량 서비스는 물론 후보 도시를 방문할 때마다 그 도시의 최고급 호텔 스위트룸만을 고집했고, 그 비용은 모두 IOC에서 지불했다. 바르셀로나 출신인 그는 IOC 본부가 있는 스위스 로잔에 머물 때 사용할 장소를 요구했는데, IOC 명의로 1년에 50만 달러에 달하는 팰리스 호텔 펜트하우스를 사용했다. IOC 위원들의 지출 규모도 사마란치 회장을 따라 기하급수적으로 커졌고, 모든 비용은 올림픽을 개최하고 남은 수익금으로 충당했다.[11]

도덕적 해이와 올림픽 정신의 훼손

1998년 미국 솔트레이크시티의 방송사 KTVX에서 2002년 동계올림픽 개최지 선정 당시인 1996년에 작성된 것으로 보이는 편지 한 장을 공개했다. 이 편지는 솔트레이크시티 올림픽 조직위 위원회 소속의 한 위원이 쓴 것으로 카메룬 국적의 IOC 위원 딸에게 유타대학 입학 허가와 함께 장학금을 제공하겠다는 내용이 담겨 있었다. 당시 IOC 규정에 따르면, IOC 위원은 올림픽 개최국 조직위원회에서 150달러가 넘는 금품을 받지 못하도록 되어 있었다. 하지만 이 편지로 공개된 것은 빙산의 일각이었다.

일부 IOC 위원의 친척들은 1991년부터 이미 이와 유사한 조건으로 40만 달러 이상의 장학 혜택을 받았다. 1998년 나가노 동계올림픽 개최를 위한 로비였다. 이 사건이 일파만파로 퍼져 나가자 기자들은 나가노 올림픽 조직위원회에 동계올림픽 개최지 선정 관련 서류를 요구했지만, 나가노 올림픽 조직위원회는 90권 분량의 회계 장부를 모두 불태우는 등 수상한 행동으로 IOC와 올림픽 개최국의 관계에 대한 강한 의문을 남겼다. 당시 나가노 올림픽 조직위원회 사무차장 스미카즈 야마구치는 '비밀 정보'가 담겨 있어서 폐기했다고 설명했다.[12] 이 사건이 많은 사람의 관심을 끈 이유는 이 비리의 중심에 사마란치 회장과 친분이 깊은 아서 타카치Artur Takac의 아들이 나가노 올림픽 위원회의 로비스트로 활동했는데, 연봉으로 36만 3,000달러 외에 나가노가 개최권을 따내면 추가 보너스를 받기로 되어 있었기 때문이다. 또한 쓰쓰미 요시아키 일본 올림픽 위원회 위원장은 나가노 올림픽 개최를 조건으로 로잔에 총 2,000만 달러를 들여 올림픽 박물관을 지어주겠다고 약속했다.[13]

결국 나가노는 1998년 동계올림픽을 개최했고, 솔트레이크시티 역시 비리로 얼룩졌지만 2002년 올림픽을 성공적으로 개최했다. 2000년 시드니 올림픽 역시 개최 과정에 문제가 있었다. 시드니 올림픽 조직위원회는 개최지 선정 과정에서 우간다와 케냐 출신 IOC 위

스위스 로잔에 있는 올림픽 박물관. 1993년 사마란치 회장의 주도로 세워졌다.

원 자녀들에게 5만 달러의 장학금을 제공한 것으로 드러났다.[14] IOC 위원들의 도덕적 해이는 1990년대 초반에 드러나기 시작해 1990년 대 중반에 극에 달했는데, 1998년 나가노 올림픽부터 2000년 시드 니 올림픽과 2002년 솔트레이크시티 올림픽에 이르기까지 개최지 선정 과정에 보이지 않는 비리의 힘이 작용해 왔다.

올림픽 개최지 선정 관련 비리와 스캔들은 최근 대회에서 또 다시 불거졌다. 2020년 도쿄올림픽 역시 대회가 끝난 후 일본 최대 광고 대행사인 덴츠 그룹은 도쿄올림픽 개최지 입찰 과정에서의 불법 담합 혐의로 기소되었고 2020 도쿄 올림픽 조직위원회 고위 간부가 검찰 에 소환되는 안타까운 상황이 발생했다.

개최지 선정을 상품화하다

올림픽 개최를 원하는 국가와 도시가 늘어날수록 IOC의 위상이 높아졌을 뿐만 아니라 IOC 위원의 권세 역시 하늘을 찌를 듯 높아졌다. 1990년대 초반부터 2000년 초반까지 올림픽 개최 후보지는 점점 늘어났으며 이에 따라 IOC의 수입도 증가했다. 올림픽 개최 제안서를 내는 국가와 도시는 IOC에 15만 달러를 내야 하고, IOC의 검토 끝에 올림픽 개최 후보지candidate city로 남기 위해서는 추가로 50만 달러를 더 내야 한다.[15] 2004년 아테네 올림픽 때는 12개국이 개최를 원했고, 5개국이 최종 후보에 남았다. IOC는 손가락 하나 움직이지 않고 430만 달러(약 50억 원)의 수입을 올린 것이다.

하지만 IOC의 위세는 그리 오래가지 못했다. 2008년 서브 프라임 모기지 사태로 전 세계가 금융 위기를 겪으면서 올림픽 개최에 대한 관심과 의지가 예전 같지 않아졌다. 2009년에 열린 2016년 올림픽 개최지 선정에는 과거에 비해 30퍼센트 이상 줄어든 7개국만 지원해 4개국이 최종 후보지로 선정되었다. 2011년에 열린 2018년 동계올림픽 개최지 선정에는 이보다 적은 3개국이 지원 했고, 지원국이 적은 관계로 3개국 모두 최종 후보지로 선정되었다. 각각 7개국씩 지원했던 2010년 밴쿠버 올림픽과 2014년 소치 올림픽에 비해 상당히 줄어든 열기다.

이렇게 올림픽 개최 열기가 줄어든 데는 금융 위기로 인한 경제적 어려움도 있지만, 올림픽 개최 비용의 급격한 증가 역시 중요한 이유다. 2004년 아테네 올림픽 개최지 선정 과정에 든 비용이 약 16억 달러였고, 총 개최 비용은 160억 달러였다. 2012년 런던 올림픽은 개최지 선정에 든 비용이 40억 달러였으며, 총 150~200억 달러를 지출했다. 2014년 소치 올림픽은 개최지 선정에 120억 달러, 총 500~510억 달러를 지출한 것으로 알려졌다. 2016년 올림픽 최종 개최지였지만, 개최권을 얻지 못한 도쿄 올림픽 조직위원회는 이 과정에 총 1,500만 달러를 지출했고, 다른 지원국들도 최종 선정까지 1,000만 달러 이상을 지불한 것으로 알려졌다.[16]

개최지 선정 과정에 어마어마한 비용이 드는 것을 IOC도 잘 알고 있다. 하지만 IOC는 현재의 개최지 선정 과정이 그들의 재정에 도움이 되고 올림픽 개최지에 대한 열기를 높여 IOC의 위상을 높일 수 있기 때문에 현재의 형식을 손볼 이유가 없다. 2013년 9월 10일 자크 로게Jacques Rogge에 이어 제9대 IOC 회장으로 당선된 토마스 바흐Thomas Bach는 점점 줄어드는 올림픽 개최 지원국 수에 민감한 반응을 보이기 시작했다. 특히 2022년과 2024년 올림픽 개최 후보 국가들이 후보지 포기를 선언하자 고민이 깊어졌다. 러시아가 소치 올림픽에 지출한 총 비용이 500억 달러가 넘는 것으로 알려지자 많은 국가가 '밑 빠진 독에 물 붓기'가 될 올림픽 개최에서 손을 뗐다.

바흐 회장은 언론과 인터뷰에서 올림픽이 비거대화anti-gigantism 해야 한다며 더 많은 국가가 올림픽 개최를 지원하길 바란다고 했지만 이 의사를 끝까지 피력하지 못했을 뿐 아니라 잘못된 선택으로 곡해의 여지까지 남겼다.[17] 2020년 올림픽 개최지 선정에 일본, 터키, 스페인이 최종 후보지로 선정되었는데, 이 결과가 바흐 회장의 비거대화 전략과 정반대였기 때문이다. 되도록 대륙별 순환 개최 방식을 유지하고, 기존의 경기장을 재활용하는 등 비용 부담을 줄이겠다고 했지만, 정작 이 기준에서 가장 먼 일본의 도쿄를 개최지로 선정하면서 비판이 쏟아졌다.[18] 바흐 회장의 말대로라면 대륙별 순환 규칙에 따라 유럽에 있는, 그리고 가장 적은 예산을 제출한 스페인의 마드리드가 선정되어야 했다. 도쿄의 총 예산이 49억 달러였던 데 비해,[19] 마드리드는 20억 달러에 불과했다.[20] 마드리드는 새로운 경기장 시설을 건설하는 대신 기존의 경기장과 시설을 올림픽에 맞게 정비한 후 재활

Pumped up: The Tokyo Olympics bid committee holds a rally Friday at the metropolitan government office ahead of their final presentation to the International Olympics Committee in Buenos Aires in 15 days. Participants of the rally included (front row from second from left) JOC President Tsunekazu Takeda, Tokyo Gov. Naoki Inose, Prime Minister Shinzo Abe and former Prime Minister Yoshiro Mori. | KYODO

NATIONAL

Tokyo 2020 Olympics bid committee girds for the final presentation

BY MASAAKI KAMEDA

© The Japan Times

2013년 9월 7일 2020년 하계올림픽 개최지로 도쿄가 선정되었다. 일본은 이를 대대적으로 선전했지만, 선정 과정에 문제가 있었다는 비난도 끊이지 않았다.

용해 시설 투자 비용을 줄여 최대한 경제적인 올림픽을 열겠다고 제안했다. 이는 바흐 회장의 올림픽 미래 방향과 가장 일치했기에 많은 사람이 마드리드가 최종 선정지가 될 것이라고 기대했다. 그러나 결과는 정반대였다.

대륙별 순환 개최라는 암묵적인 규칙은 2000년 오세아니아(시드니), 2002년 북미(솔트레이크시티), 2004년 유럽(아테네), 2006년 유럽(토리노), 2008년 아시아(베이징), 2010년 북미(밴쿠버), 2012년 유럽(런던), 2014년 유럽(소치), 2016년 남미(리우데자네이루), 2018년 아시아(평창)까지 비교적 잘 지켜져 왔다. 하지만 2022년 동계올림픽 개최지 선정 과정에서는 노르웨이의 오슬로가 예상치 못한 기권을 함에 따라 중국의 베이징과 카자흐스탄의 알마티 두 도시가 최종 후보로 남겨졌고, 베이징의 승리로 싱겁게 끝이 났다. 아무리 개최지 후보가 적었다고 해도 2018년 평창에 이어 2020년 도쿄, 2022년 베이징까지 3회 연속 아시아에서 올림픽이 열리는 것은 비정상적으로 보인다.

IOC가 원하든 원하지 않든 결국 대륙별 순환 개최 규칙은 산산조각 났다. 그동안 IOC는 독점적 지위를 유지해왔다. 하계올림픽은 206개 회원국이 있고, 동계올림픽은 88개 회원국이 있다. 올림픽을 개최하고자 하는 국가는 어느 국가나 IOC에 제안서를 제출할 수 있다. 하지만 IOC를 대신해 이를 담당할 조직은 전무하다. 다시 말해 IOC는 올림픽 개최지 선정이라는 상품을 생산하는 유일한 조직이며, 하계올림픽은 206개, 동계올림픽은 88개 소비자가 존재하는 셈이다.

이러한 시장의 불공정성으로 인해 IOC의 절대 권력이 탄생하게 되었고, 올림픽이 흥행하면 할수록 IOC의 독점적 지위는 높아진다. 하지만 글로벌 경제 위기로 올림픽 개최를 희망하는 국가가 줄어듦에 따라 IOC의 입지도 좁아졌고 이러한 상황에서 IOC가 대륙별 순환 개최를 고려할 경우 협상력에 타격을 입을 수도 있다. IOC는 대륙별 순환 원칙을 어기고서라도 올림픽의 흥행을 위해 베이징을 선택한 것이다.

IOC, 결국 위기에 봉착하다

2017년 9월 13일~15일까지 3일 간 페루의 리마에서 IOC 총회가 열렸다. 이틀 전 열린 IOC이사회에서 나온 매우 중대한 발표를 하기 위한 자리였다. 원래는 2024년 올림픽 개최 후보도시인 프랑스의 파리와 미국의 LA 중 한 도시를 선정하기 위한 표결이 진행되어야 하는 상황이었지만 이번에 열린 IOC 총회는 그 성격이 이전과 현저히 달랐다. IOC 위원들의 투표 없이 프랑스의 파리를 2024년 올림픽 개최도시로, 그리고 2024년 개최후보 경쟁 도시였던 미국의 LA를 2028년 개최도시로 동시에 발표한 것이다.[21] IOC 규정대로라면 올림픽 대회 개최지 선정발표는 해당 올림픽이 열리기 7년 전에 열리는 IOC총회에서 발표한다. 개최국으로 선정된 국가는 선정된 후 3개월 내에 올림픽 조직위원회를 구성해야 하면 앞으로 남은 7년 간 경기장 건설, 도로 및 공항 등 기반 시설의 확충 등 대회 준비를 하는 것이 일반적이 과정이었다.

하지만 이번 IOC총회의 발표는 매우 이례적이었다. 정상적인 개최지 선정 투표를 하지 않은 채 IOC이사회와 양국 조직위원회의 합의하에 이런 결정이 나왔다는 것은 믿기가 어려웠다. 미국 올림픽 조직위원회는 LA가 2024년 올림픽 개최지가 되어야 한다고 강력히 주장했지만 프랑스 조직위의 엄포로 인해 결국 파리가 2024년, LA가 2028년 개최지로 선정된 것이다. IOC는 이번 발표를 두고 IOC, 프랑스, 미국이 동시에 윈-윈-윈을 위한 합리적 결정이라고 자평한 바 있다. 프랑스 조직위는 '만약 파리가 2024년 개최도시로 선정되지 않으면 2028년에 올림픽 개최지 선정 입찰에 절대 참여하지 않겠다'는 주장을 토마스 바흐 IOC 회장에게 전달한 것으로 알려졌다.

이번 개최지 선정 입찰 과정을 보면서 IOC가 얼마나 큰 위기감을 느끼고 있는지 짐작할 수 있었다. 40년 전에 겪었던 과거가 트라우마로 작용했던 것일까? 1970년대 후반 1984년 올림픽 개최선정을 앞두고 개최를 원하는 도시와 국가가 없어서 미국 올림픽 조직위가 비자발적으로 개최 후보지가 되는 매우 부자연스런 상황이 연출됐다. 실제로 LA는 IOC의 강력한 권유와 추천으로 1984년 올림픽의 단독 개최후보도시가 되었고, 이후 올림픽 개최지로 선정된 바 있다. 그 후 40여 년 만에 다시 이러한 위기를 봉착한 IOC는 이번 개최지 선정 과정에 면죄부를 주고 심지어 정통성을 부여하기라도 하듯 올림픽 개최지 선정에 대한 규정을 변경했다.

IOC가 개최지 선정 과정을 변경한 이유는 다음과 같다. 첫째, 올림픽 개최 비용이 급격히 증가하는 상황에서 개최후보도시들이 개최지 선정에서 조금이라도 우위를 차지하기 위해 과도한 재정 지출 excessive expenditure을 할 수 밖에 없게 되었다. 둘째, 올림픽 개최지 선정 과정에서 후보국들의 지나치게 공격적이면서도 비윤리적인 로비행위로 인한 문제점들이 점점 증가하고 있다. 이로 인해 개최지 선정 과정에 무슨 문제가 있거나 특정 조직의 불법적인 개입이 있는 것처럼 비춰지는 것에 많은 부담을 갖게 되었다. 안타깝게도 이러한 비윤리적 로비들은 지금 이 순간에도 진행되고 있고 더 이상 이 상황을 지켜보고 있을 수만은 없게 되었다. 셋째, 올림픽 개최에 대한 지나친 기대는 매우 많은 피해자를 양산했다. 넷째, 올림픽 개최 선정 과정에서 한 번 탈락한 국가와 도시는 올림픽 개최에 대한 의지가 완전히 사라진다는 사실이다.

　IOC는 그 동안의 다소 강압적이고 오만한 것으로 오해할 수 있는 일부 규정을 변경했다. 과거 올림픽 개최 지원도시 Olympic Applicant City와 올림픽 개최 후보도시 Olympic Candidate City에게 징수하던 각각 15만 달러, 50만 달러의 입찰비용을 면제하였다. 이를 통해 IOC는 2026년 동계올림픽 개최지 선정 과정 비용이 과거에 비해 약 80퍼센트 줄어들었다고 강조하였다. 둘째, 그 동안 개최도시에게 강력하게 요구하던 대규모 신규 경기장 건설 의무를 없애고 경기장 건설 비용을 최소화할 수 있는 방안을 강구하도록 조언하고 있다. 그 동안 개최국으로 선정된 국가는 올림픽대회가 열리는 경기장 중 최소 50퍼센트이상을 새로 지어야 했다. 개최국의 재정 부담을 줄이려는 노력의 일환으로

2024년 파리 올림픽의 경우 올림픽에 사용될 경기장 중 전체의 95퍼센트, 2026년 밀라노-코르티나 동계올림픽은 93퍼센트, 2028년 LA 올림픽은 100퍼센트 기존의 경기장 혹은 임시 경기장에서 대회가 열릴 예정이다.

IOC는 올림픽 개최지 선정 과정을 과거 'IOC의 행정편의적'에서 '지원국 중심'으로 매우 획기적으로 수정했다.[22] 즉, '비공식적 교류informal exchange', '지속적 대화continuous dialogue', '표적 대화targeted dialogue'의 세 가지 과정을 통해 진행하겠다고 발표했다. IOC가 발표한 자료에 따르면 '비공식적 교류'는 다음을 의미한다. 첫째, 올림픽 개최에 관심을 가진 국가나 도시는 비공식적 채널을 통해 언제라도 IOC와 대화를 시작할 수 있다. 둘째, 대회 유치에 대한 의지를 공식화하기 전까지는 어떤 자료도 IOC에게 제출할 의무를 강요하지 않는다. 셋째, 올림픽 개최와 관련된 어떠한 부담도 갖을 필요가 없다. 다음 과정은 '지속적 대화' 단계로 넘어가는데 이 때부터는 공식적인 격식을 통해 IOC와 교류한다. 다시 말해서, 지속적 대화 단계로 넘어온 국가의 올림픽 위원회는 공식 문서official letter of intent를 제출하고 올림픽 개최 의사를 공식화한다. '비공식적 교류'와 '지속적 대화' 단계의 유일한 차이점은 공식 문서의 제출을 통해 개최의지를 공식화하는 것뿐이다. '지속적 대화'단계에서는 앞 단계와 마찬가지로 입찰 서류의 제출 의무가 없고, IOC 관계자를 해당국으로 초청할 의무가 없을 뿐만 아니라, 올림픽 개최와 관련된 커다란 부담을 갖지 않아도 된다.

'표적 단계'에서는 모든 과정이 좀 더 구체화된다. 이 단계까지 온 국가는 본격적으로 올림픽 개최 후보 도시라고 생각하면 된다. IOC에서는 '표적 단계'까지 온 국가의 올림픽 위원회에게 매우 구체적이고 실질적인 조언을 한다. 첫째, 올림픽 대회의 모든 종목을 치를 수 있는 경기장 마스터플랜venue masterplan을 세우는데 협의한다. 둘째, 올림픽 대화 유치와 관련된 모든 법적 사항들(보증금, 개최도시 계약, 공동 마케팅 프로그램 합의 이행서 등)은 계약서를 통해 확고히 한다. 셋째, 각종 예산 확보와 더불어 올림픽 대회의 사회적 경제적 영향 분석을 도와주고, 마지막으로 올림픽 유산 및 지속 가능한 성장에 관해서 해당 올림픽 위원회와 밀접히 협의한다. 이러한 과정을 거치면 표적 단계까지 온 최종 후보 국가는 IOC위원들의 비밀 투표(예/아니요)를 거쳐 최종 개최지로 선정된다.

2021년 7월 21일 도쿄올림픽 개최를 이틀 앞두고 열린 138회 IOC총회에서 호주의 브리즈번을 2032년 하계올림픽 개최지로 선정했다. 총 77 유표투표 중 찬성 72, 반대 5를 얻은 브리즈번은 새로 바뀐 IOC의 개최지 선정 규정에 따른 최초의 올림픽 개최지로 선정되었다.[23] 토마스 바흐 IOC회장은 개최국 발표 연설에서 "새로운 개최지 선정 방식은 (개최 지원국의) 부담이 적고, (IOC와 개최 지원국간) 상호 협력할 수 있으며, 더욱 간결할 뿐만 아니라 매우 긍정적인 영향을 갖고 있습니다. 앞으로 향후 20년 간 열리는 2036년, 2040년 올림픽 개최에 관심을 갖는 국가들은 매우 많아졌습니다"면서 새로운 개최지 선정 방식의 우수성을 주장했다.

IOC와 올림픽 개최국의
부익부 빈익빈

미국의 잇따른 올림픽 개최 실패와 야구 종목이 사라진 이유

올림픽 개최지 선정 방식이 새로 바뀌기 전까지 올림픽 개최지는 올림픽이 열리기 7년 전에 IOC총회에서 발표되었다. 이 방식에 따라 2012년 올림픽 개최지 선정은 7년 전인 2005년에 결정되었다. 2005년 7월 6일 싱가포르에서 열린 제117차 IOC 총회에서 열린 1차 투표 결과, 미국의 뉴욕(19표)은 다른 후보 도시인 영국의 런던(22표), 프랑스의 파리(21표), 스페인의 마드리드(20표)에 밀렸지만, 다행히 러시아의 모스크바(15표)를 간신히 제치고 2차 투표까지 갔다. 하지만 2차 투표에서 최소 득표인 16표를 받아 개최지 경쟁에서 탈락하고 말았다. 결국 런던과 파리가 경합한 가운데 런던이 4표 차이로 파리를 누르고 2012년 올림픽 개최권을 얻어냈다. 그런데 이 과정에서 주목할 만한 사건이 발생했다. 유럽 지역의 개최 후보 도시였던 런던·파리·마드리드가 뉴욕을 누르고 올림픽을 개최하려면 뉴욕 올림픽 조직위원회의 가장 강한 무기로 이용될 수 있는 야구를 올림픽 종목에서 없애야 했다. 미국은 올림픽 유치를 위해 만반의 준비를 한 터라 명분과 근거 없이 미국을 개최지 경쟁에서 탈락시킨다면 IOC는 많은 사람의 비난을 받을 것이 명백했다. 아니나 다를까 뉴욕 양키스와 뉴욕 메츠를 좌청룡, 우백호로 둔 뉴욕 올림픽 조직위원회는 2012년 올림픽 개최를 염두에 두고 야구장 신축 계획도 세웠다. 유럽 경쟁 도시들로서는 야구가 눈엣가시와 같은 존재였다. 뉴욕을 견제하기 위한 가장 확실한 방법은 유럽에서는 그다지 인기가 높지 않은 야구와 소프트볼을 올림픽 종목에서 제외하는 것이었다. 결국 2012년 올림픽 개최지로 런던이 선정되고 난 바로 다음 날인 2005년 7월 7일 IOC 총회의 결정으로 2012년 런던 올림픽에서 야구와 소프트볼은 올림픽 종목에서 사라지게 되었다. 결국 USOC의 과도한 수입금 분배에 대한 IOC 회원국들의 분노가 올림픽 개최지 선정에 결정적인 역할을 했다는 것을 알 수 있다. 미국 올림픽 위원회는 9·11 테러의 중심 지역인 그라운드 제로에 새롭게 태어난 뉴욕을 테마로 한 홍보물을 제작하는 등 올림픽이 뉴욕에서 열려야 한다는 감성적인 홍보를 했지만 2012년 올림픽 개최권을 런던에 내주고 말았다.

미국은 2012년 올림픽 개최 도전에 이어 2016년 올림픽 개최지 선정에도 시카고를 앞세워 도전했지만, 이번에도 결과는 좋지 않았다. 2009년 10월 2일 덴마크 코펜하겐에서 열린 제121차 IOC 총회에서 브라질의 리우데자네이루는 스페인의 마드리드, 일본의 도쿄, 미국의 시카고를 누르고 남미에서는 처음으로 올림픽 개최권을 획득했다. 미국은 오바마 대통령의 고향인 시카고를 내세웠고, 오바마 대통령이 직접 IOC 총회에 참석해 적극적인 캠페인을 벌였지만 결과는 참담했다.[1]

충격적인 것은 1차 투표 결과 시카고는 마드리드(28표), 리우데자네이루(26표), 도쿄(22표)에 밀려단 18표를 받는데 그쳐 1차 투표에서 최소 득표로 탈락한 것이다(IOC는 과반을 넘은 후보 도시가 없을 경우 최소 득표한 후보 도시를 하나씩 제외해 재투표한다. 2차 투표에서는 도쿄가 탈락하고, 3차 투표에서 리우데자네이루가 마드리드를 뒤로 하고 개최지로 선정되었다).[2]

2009년 10월 2일 IOC 총회에서 오바마 대통령은 미국 대통령으로서는 최초로 직접 프레젠테이션에 나서는 등 적극적으로 미국의 올림픽 개최를 지원했다. 그러나 시카고는 1차 투표에서 떨어졌다.

미국은 LA를 내세워 2024년 올림픽 개최에 다시 한 번 도전했고, 프랑스의 파리와 경쟁했다. 우여곡절 끝에 프랑스의 파리가 2024년, 미국의 LA는 2028년 개최지로 선정되었지만 IOC 위원들의 투표를 거치지 않은 매우 불투명하고 비논리적인 선정 방식의 수혜자가 된 것은 분명한 사실이다.

지금까지 IOC는 대륙별 순환 개최 원칙에 따라 되도록 하계올림픽과 동계올림픽의 개최지를 (아프리카와 남미를 제외하고) 대륙별로 번갈아 개최하려는 듯 보였다. 특히 2008년 베이징 올림픽을 앞두고 당시 IOC 회장이었던 자크 로게는 인터뷰에서 "정확히 언제라고 말할 수는 없지만 올림픽을 개최하지 않았던 아프리카나 중남미에서 올림픽을 개최하는 것을 보게 될 것"이라고 말한 바 있다. 또한 "가까운 미래에 (대륙별) 순환 개최 정할 것"이라면서 대륙별로 돌아가며 올림픽을 개최하는 데에 강한 집착을 보였다. 실제로 2000년 오세아니아, 2002년 북미, 2004년 유럽, 2006년 유럽, 2008년 아시아, 2010년 북미, 2012년 유럽, 2014년 유럽, 2016년 남미, 2018년 아시아 순으로 대륙별 순환 개최는 2018년까지 (아프리카 대륙을 제외하고) 비교적 잘 지켜져왔다.

IOC는 리우데자네이루 올림픽이 남미에서 열리는 최초의 올림픽이라는 명분을 내세웠다. 또한 리우데자네이루가 올림픽을 개최할 만한 충분한 능력과 자격이 있다고 주장했지만, 리우데자네이루가 선택된 데는 뭔가 다른 이유가 있는 듯하다. 바로 '공평한 수입 분배의 원칙'을 무시하는 USOC의 과도한 탐욕이 미국에 대한 반발을 야기했고, IOC 위원들은 미국의 올림픽 개최에 등을 돌린 것이다.

불평등한 분배가 문제다

1980년대 중반 IOC와 미국 올림픽 위원회는 방송권 수입 분배 방식을 놓고 충돌하기 시작했다. 1984년 로스앤젤레스 올림픽이 2억 2,500만 달러의 흑자를 거두면서 IOC와 미국 올림픽 위원회가 논공 행상論功行賞을 하는 과정에서 묘한 역학 관계가 생겨나기 시작했다. 1985년 미국 올림픽 위원회는 미주 지역 내에서 올림픽 로고에 대한 독점 권한과 전체 방송권 수입의 20퍼센트를 요구했다. 미국 올림픽 위원회 위원들은 "만약 미국 올림픽 위원회가 방송권 수입의 20퍼센트를 갖지 못하면 1988년 캘거리 동계올림픽에서 올림픽 광고 기업들의 올림픽 링 로고 사용을 금지하겠다"는 엄포를 놓기도 했다.[3]

결국 IOC는 미국의 요구를 들어줄 수밖에 없었는데, 미국 올림픽 위원회와 (올림픽 경기 미국 독점 방송사인) NBC의 협공 때문이었다. 1995년 당시 NBC 스포츠 부분 대표이사였던 딕 에버솔Dick Ebersol은 사마란치 당시 IOC 회장에게 '거절할 수 없는 제안'을 했는데, 2000년 시드니 올림픽과 2002년 솔트레이크시티 올림픽 중계권 비용으로 12억 5,000만 달러를 지불하겠다는 것이었다. 올림픽의 상업화·거대화를 지향하던 사마란치 회장은 대형 방송권 계약에 흡족해했다. NBC는 여기에 그치지 않고, 2004년 아테네 올림픽, 2006년 토리노 올림픽, 2008년 베이징 올림픽의 방송권 비용으로 총 23억 달러를 지불하며 2020년까지 43억 8,000만 달러를 지급하기로 합의한 것이다. 최근에는 2032년 올림픽 중계권 계약에 76억 5,000만 달러를 지불하기로 계약했다.[4] NBC가 지불하는 중계권료는 IOC 전체 수입의 절반이 넘기 때문에 (NBC와 공생 관계에 있는) 미국 올림픽 위원회는 IOC의 수입 분배에서 그들의 파이를 최대한 늘리고자 당근과 채찍을 동시에 사용했다. 미국 올림픽 위원회는 IOC 중계권료 전체 수입의 20퍼센트, 반발이 심할 경우 최소 15퍼센트는 받아야 한다고 주장했다. 미국은 목표보다 적은 12.75퍼센트만 받게 되었지만, 대부분의 IOC 위원은 이런 근거 없는 분배 방식을 용납하지 못했다. 미국을 제외한 나머지 IOC 회원국들은 올림픽 개최국에 지원금을 제공하고 남은 수익금은 IOC·국제 올림픽 스포츠 기구IFs·국가 올림픽 위원회NOCs 등이 균등하게 나누기로 했다. (실제로 2020년 도쿄 올림픽이 끝난 2021년 말에, IOC·국제 올림픽 스포츠 기구IFs·국가 올림픽 위원회NOCs는 올림픽 수익금을 균등하게 5억 4천억 달러 씩 공평하게 나눠 가졌다.)

전 세계 206국의 올림픽 위원회 중에서 미국만 엄청난 규모의 수익금을 미리 가져가는 것은 어떤 논리로도 설명할 수 없다. 미국의 과도한 탐욕에 '안티 미국Anti-USOC' 분위기가 형성되었고, 결국 미국은 2012년과 2016년 올림픽 개최지 선정에서 연거푸 고배를 마셨다.

미국에 대한 반란이 시작되었다

미국 방송사들이 텔레비전 중계권 비용으로 IOC에 지불한 금액은 1986~1988년 전체 중계권 수입의 83퍼센트를 차지했다. 2001~2004년에는 60퍼센트, 2005~2008년에는 53퍼센트로 전 체 중계권 수입의 반 이상을 차지했다.[5]

미국 방송사는 텔레비전 중계권료로 천문학적인 지출을 아끼지 않았으며, 올림픽이 거대화·상업화되는 데 미국 방송사가 중추적인 역할을 한 것은 틀림없다. 하지만 IOC의 텔레비전 중계권료 수입은 회원국들이 공평하게 나누어 가져야 한다는 원칙에 어긋난다. 206개 IOC 회원국(2023년 기준) 중 미국만 엄청난 수입을 챙기는 것은 이해할 수 없는 일이다. 그런데도 미국은 다른 국가들에 비해 훨씬 많은 수입 분배를 요구했고, 실제로도 말로 표현할 수 없을 정도로 많은 특혜를 받았다.

실제로 1985~2012년 미국 올림픽 위원회는 전 세계 올림픽 위원회에 지급되는 중계권료 총수입 중 12.75퍼센트를 챙겼으며, TOP 글로벌 스폰서십 수입금의 20퍼센트를 가져갔다.[6] 이런 공평하지 못한 수입 분배에 다른 국가들은 분노를 느끼기 시작했고, 시간이 갈수록 미국에 대한 반감은 커져 결국 '안티 미국' 분위기가 형성된 것이다.

미국에 대한 IOC 위원들의 항의로 2012년 IOC와 미국 올림픽 위원회는 수입 분배 방식을 조율했다. 2020년부터 미국 올림픽 위원회는 중계권 수입의 7퍼센트와 글로벌 스폰서십 수입의 10퍼센트를

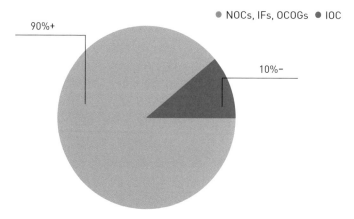

90%+

● NOCs, IFs, OCOGs ● IOC

10%-

IOC와 국가 올림픽 위원회(NOCs), 국제 올림픽 스포츠 기구(IFs), 올림픽 조직위원회(OCOGs) 사이의 수입 분배 비율.[7]

갖고, 동시에 최소 4억 1,000만 달러를 4년마다 추가로 받기로 했다.[8] 이러한 합의로 IOC는 '공평한 수입 분배의 원칙'을 실현할 수 있을까?

개최국에 불리해진 수입 분배

2000년 시드니 올림픽과 2002년 솔트레이크시티 올림픽을 거치면서 IOC본부는 기하급수적으로 커지는 텔레비전 중계권 수입에 욕심을 내기 시작했다. 하지만 중계권 수입 분배는 결국 제로섬게임이라서 누군가는 손해를 볼 수밖에 없다. IOC본부는 그동안 개최국에 돌아갔던 수입금 중 약 17.6퍼센트를 떼어서 IOC와 회원국들, 국제 스포츠 기구들의 배를 채우기로 한 것이다.

IOC본부는 텔레비전 중계권 분배율에 손을 대기 시작했는데, 총 중계권 수입 중 개최국 방송 기술 시설비에 사용하도록 분배된 20퍼센트를 제외한 금액 중 올림픽 개최국의 조직위원회에 분배되던 66.6퍼센트를 60퍼센트로 줄이는 대신 IOC·국제 올림픽 스포츠 기구·국가 올림픽 위원회가 공평하게 나누어 갖던 비율을 33.3퍼센트에서 40퍼센트로 올렸다.[9] 2004년 아테네 올림픽부터는 올림픽 개최국 조직위원회에 돌아가는 중계권 수입 분배 비율을 다시 60퍼센트에서

IOC CONTRIBUTION TO SUPPORT THE GAMES	USD MILLION
OLYMPIC SUMMER GAMES	
Athens 2004	965
Beijing 2008	1,250
London 2012	1,374
Rio 2016	1,531
Tokyo 2020	1,892*
OLYMPIC WINTER GAMES	
Salt Lake City 2002	552
Turin 2006	561
Vancouver 2010	775
Sochi 2014	833
PyeongChang 2018	887
Source: IOC's audited financial statements	
*This figure includes some costs of the postponement of the Olympic Games Tokyo 2020.	

IOC의 올림픽 대화 지원금 규모

49퍼센트로 줄이는 대신 IOC·국제 올림픽 스포츠 기구·국가 올림픽 위원회에 돌아가는 비율을 40퍼센트에서 51퍼센트로 늘렸다. 다시 말해서, 4년 동안 개최국에 돌아가야 할 중계권료 수입을 66.6퍼센트에서 49퍼센트로 17.6퍼센트 포인트(약 3억 9,200만 달러) 줄인 것이다.

"재주는 곰이 부리고 돈은 주인이 가져간다"는 속담처럼 올림픽 개최에 수조 원에서 수십조 원을 투자한 개최국에 주는 보조금 지급 비율을 점점 줄이고, IOC를 포함한 조직에 더 많은 수입을 나누어주는 이런 현상은 매우 기형적이라고 할 수 있다. IOC본부·국제 올림픽 스포츠 기구·국가 올림픽 위원회는 그들이 수혜자인 까닭에 이러한 불공정한 분배 원칙에 침묵하고 있는 것은 아닐까?

2022년에 발표된 IOC 연간보고서 및 도쿄 올림픽 조직위원회가 발간한 보고서에 따르면 IOC가 12억 9천만 달러를 쓴 평창동계올림픽에 제공한 올림픽개최 지원금은 8,870억 달러(전체 비용의 약 7퍼센트)에 불과했다.[10] 코로나19로 인해 예정보다 매우 축소되어 열린 2020 도쿄올림픽은 상황이 좀 나은 편이다. 일본 정부는 약 58억 달러를 지출했는데 일본 정부는 IOC로부터 지난 20년 간 열린 올림픽 개최국 중 가장 많은 지원금을 받았다. IOC로부터 개최지원금 8억 달러, TOP 올림픽 파트너프로그램 수익금 중 5억 달러, 그리고 코로나19로 인해 보험사로부터 개최연기에 대한 보상 명목으로 5억 달러를 받아 총 19억 달러(전체 비용의 32.9퍼센트)에 가까운 지원금을 챙길 수 있었다. 지난 10여 년 동안에 열린 올림픽 대회 중 흑자를 거둔 국가는 없는 것으로 보인다. 2012년 런던 올림픽 대회만 손익분기점을 겨우 맞췄을 뿐 2014년 소치 동계올림픽, 2016년 리우 올림픽, 2018년 평창 동계올림픽, 2020년 도쿄 올림픽, 2022년 베이징 동계올림픽은 별 재미를 보지 못했다. 그중에서도 2018년 평창 동계올림픽은 북한의 미사일 발사로 인한 안보 위기를 핑계로 삼아 북미 아이스하키 연맹 NHL은 공식 언론 브리핑을 열고 NHL 선수를 평창에 보내지 않는다는 메시지를 발표했다.

동계올림픽 중 가장 인기 있는 종목인 남자 아이스하키에서 NHL 선수를 볼 수 없다는 사실은 많은 팬들을 실망시켰을 뿐만 아니라 올림픽 경기에 대한 국제 미디어의 관심을 떨어뜨렸다. 2019년 말부터 시작된 코로나19는 2020년 도쿄올림픽의 개막을 2021년으로 연기

© Adam Mørk, 국제올림픽위원회(IOC)

IOC의 본사 건물인 '올림픽 하우스'

하게 만들었고, 관중의 입장을 금지한 채 가까스로 올림픽 대회를 마쳤다. 코로나19의 여파로부터 크게 벗어나지 못한 채 치러진 2022년 베이징 동계올림픽 역시 과도한 코로나 검사 정책으로 인해 많은 사람의 질책을 받았을 뿐 이렇다 할 관심을 받지 못했다.

올림픽 개최국들이 수조 원에서 수십조 원을 들여 대회를 개최한 후 흥행 실패 및 새로 바뀐 IOC의 수익 배분 방식으로 인해 재정적 위기에 봉착하는 와중에 500여 명의 직원을 거느리는 IOC는 '올림픽 하우스'라고 불리는 엄청난 규모의 신사옥을 짓고 2019년 이사를 했다.[11] IOC는 홍보 기사를 통해 새로운 본사 건물인 '올림픽 하우스'는 친환경 건축물을 평가하는 LEED 자격 중 가장 높은 플래티넘 등급을 받았다고 강조했다.

용병을 국가 대표로
받아들일 수 있을까?

국제 스포츠 대회마다 불거지는 국가 대표 용병 이슈

2011년 7월 6일, 남아프리카공화국 더반에서 열린 제123차 IOC 총회에서 모든 관중이 숨죽인 가운데 자크 로게 IOC 위원장이 다소 부정확한 발음으로 "평챙"이라 외치는 순간, 발표장에 있던 평창올림픽준비위원뿐 아니라 한국에서 지켜보던 국민 역시 삼수 끝에 얻어낸 성취에 큰 기쁨을 느꼈다.

그렇게 학수고대하던 2018년 평창 올림픽 대회가 다가올수록 대회준비위원회는 바쁘게 움직였다. 2011년부터 경기장과 선수촌 건설, 마케팅·홍보, 스폰서 기업 유치, 교통 시설과 의료 시설 확충 등 올림픽대회에 필요한 준비를 꾸준히 했다.

동시에 올림픽 개최국의 면모를 과시하기 위해 일부 동계 스포츠

연맹·동계 스포츠 협회도 발빠르게 움직였다. 특별귀화제도를 통해 해외 유망 선수들을 국가 대표팀에 합류시켜, 좋은 성적을 거둬 개최국의 체면을 지키겠다는 야심찬 계획을 진행했다. 이러한 동계올림픽 종목 연맹·동계올림픽 종목 협회들의 노력으로 낯선 얼굴의 국가 대표 선수가 등장하기 시작했다. 2018년 평창올림픽대회에 한국 대표 선수로 내보내기 위해 특별귀화제도를 통해 취약 종목을 중심으로 아이스하키 11명을 비롯해, 스키, 피겨 등 총 19명의 귀화선수가 태극마크를 달고 대회에 출전했다.[1]

평창올림픽 이후에도 특별귀화제도를 통해 꾸준히 외국 국적의 유망 선수들이 국가 대표팀에 합류하였다. 2019년 중국에서 열린 FIBA 월드컵에 미국 출신의 라건아가 귀화하여 남자대표팀으로 활약했고 2020년 도쿄올림픽에서 한국 탁구 대표팀으로 출전한 전지희 선수 역시 중국 출신 귀화 선수로 알려졌다.

특별귀화제도란 무엇인가?

개정 국적법 제7조 1항 3호에 따라[2] 2011년 1월 1일부터 특별귀화제도가 실행되었다. 과학, 경제, 문화, 체육 등 특정 분야에 뛰어난 재능이 있어 대한민국 국익에 기여할 것으로 인정되는 사람의 특별귀화를 허가하는 법이다. 법무부는 특별귀화제도로 미래 성장 동력을 확보하고 국가 경쟁력을 강화할 수 있다고 보고, 세계적인 우수 인재를 적극적으로 발굴하고 유치할 계획이라고 한다. 특별귀화제도 실시 후 10주년을 맞이한 2021년까지 글로벌 우수 인재 200여 명이 한국 국적을 얻었는데 문화·예술·체육 분야는 21.8퍼센트를 차지했다.

외국인이 대한민국 국적을 취득하는 방법으로는 크게 일반귀화, 간이귀화, 특별귀화가 있다. 일반귀화를 하려면 5년 이상 국내에 거주해야 하고, 만 19세 이상 성인이어야 하며, 생계를 유지할 능력이 있어야 하고, 한국어 구사 능력도 필요하다. 간이귀화는 주로 혈연이나 국제결혼을 통해 이루어지는데, 국내 거주 기간 제한이 다소 완화될 뿐 이 역시 만만치 않다. 대한민국 국적을 취득하려면 당연한 것 아니냐고 할 수도 있지만, 운동선수가 이러한 요건에 부응하기는 현실적으로 쉽지 않다.

특별귀화는 국내 거주 기간, 나이, 생계유지 능력 등 제한 요건이 면제되고 원래 국적을 포기하지 않아도 된다. 운동선수의 특별귀화는 대한체육회 스포츠공정위원회에서 자격 심사를 한 뒤 법무부가 최종 심의하는 방식으로 이루어진다. 대한체육회에서 추천을 받았다고 해서 무조건 특별귀화가 허가되는 것은 아니다. 여자 프로농구 선수 첼시 리(전 KEB하나은행)는 대한체육회의 추천을 받았지만, 법무부 국적심의위원회가 출생증명서 등 일부 서류의 위조를 의심해 결국 대한민국 국적 취득이 좌절되었다.[3] 2011년 1월부터 2021년 4월까지 약 200여 명이 특별귀화(국적 회복 포함) 혜택을 받았다.[4] 분야별로는 학술이 65.8퍼센트명으로 가장 많고, 문화·예술·체육이 21.8퍼센트, 첨단 기술 (6.2퍼센트), 경영 (4.7퍼센트) 순이다. 체육 분야에서는 남자 농구의 문태종·문태영 형제(어머니가 한국인)가 2011년 6월 8일 대한체육회 심사와 7월 21일 법무부 심의를 통과하면서 첫 특별귀화 혜택을 보았다. 이어서 여자 쇼트트랙의 공상정(한국 출생의 화교 3세)과 여자 농구의 김한별(어머니가 한국인)이 같은 해 특별귀화에 성공했다.[5]

국가 대표 정체성 vs 올림픽 출전 기회

올림픽 출전 종목 운동선수에게 선수로서 꿈이 무엇인지 묻는다면, 대부분 "올림피언이 되는 것"이라고 대답할 것이다. 올림픽에 출전한 경험이 있거나 실력이 출중해 메달 획득이 목표인 선수도 있을 것이다. 올림픽 출전에는 두 가지 관점이 있다. 하나는 태어나고 자란 모국을 대표해 올림픽에 출전한다는 자부심과 영광을 느끼는 것이고, 또 하나는 운동선수로서 세계 최대 대회에 출전한다는 성취감을 느끼는 것이다. 대부분의 국가 대표는 이 두 가지 꿈을 동시에 이루기를 원하지만 항상 성공하는 것은 아니다. 간혹 국가 대표 선발에 탈락한 선수가 원래 국적을 포기하고 초청 국가의 대표로 올림픽에 참가하기도 한다. 쇼트트랙에서는 한국 선수들을 노리는 외국 빙상팀의 눈초리가 매서울 정도로 무섭다. 영입 조건이 좋을 경우 선수는 갈등이 커질 수밖에 없다. 빅토르 안(안현수)은 대한빙상경기연맹 관계자들의 부정한 대표팀 선발과 운영으로 국가 대표팀에 선발되지 못했다. 이러한 사정을 잘 알고 있던 러시아빙상연맹의 구애로 빅토르 안은 귀

빅토르 안은 2006년 토리노 올림픽에서 쇼트트랙 남자부 전 종목에서 메달을 따는 등 대한민국에 많은 메달을 안겨주었으나, 2011년 대한민국 국적을 포기하고 러시아로 귀화해 2014년 소치 올림픽에는 러시아 대표로 출전했다. 블라디미르 푸틴 대통령에게 훈장을 받는 빅토르 안.

화를 통해 2014년 소치 올림픽에 러시아 대표로 출전해 금메달 3개와 동메달 1개를 땄다. 쇼트트랙 국가 대표 선수로 활약했던 임효준 선수 역시 각종 구설수에 오르며 국가 대표 자격정지를 받은 후 중국으로 귀화해 린샤오쥔이라는 이름으로 중국대표선수로 활약하고 있다. 린샤오쥔은 독일 드레스덴에서 열린 2022~2023 국제빙상경기연맹 쇼트트랙 월드컵 5차대회 남자 500m 결승 및 5000m에서 금메달을 받아 대회 2관왕에 오르기도 했다.[6] 이와 유사한 사례가 또 있다. 한국에서 태어나고 자란 쇼트트랙 선수 김영아 역시 빅토르 안과 비슷한 경험을 하고 2018년 평창 올림픽에는 카자흐스탄 대표로 출전하였다.

이러한 경향은 비단 한국 선수들에게만 해당하는 것은 아니다. 독일 출신으로 2012년 루지 종목 주니어 세계선수권대회 2관왕에 올랐지만, 이후 독일 대표팀 경쟁에서 밀려 평창 올림픽 출전권을 얻지 못한 에일린 프리쉐Aileen Frisch가 2016년 말 특별귀화 제도를 통해 한국 대표팀에 합류했다.[7] 귀화 정책은 동계 스포츠뿐만 아니라 다양한 종목에서 볼 수 있다. 중국은 탁구 강국으로 우수한 탁구 선수가 즐비한데, 중국 대표팀에 선발되지 못한 선수들을 향한 다른 국가들의 구애가 끊이지 않고 있다. 한국 여자 탁구 대표팀에서 중추적 역할을 하고 있는 전지희 선수 역시 중국에서 귀화했다. 현재 적지 않은 중국 출신 탁구 선수들이 캐나다, 터키, 독일 등의 국적을 얻어 국가 대표로 활약하고 있으며, 중장거리 육상에서 두각을 나타내는 케냐 출신 선수들 역시 다양한 국가의 초청을 받아 국가 대표로 활약하고 있다.

국적 변경의 빛과 그림자

2017년 서울 삼성 썬더스의 외국인 센터 라틀리프(한국명: 라건아)가 한 언론과의 인터뷰에서 귀화를 통해 한국인 자격으로 국제 경기에 출전하고 싶다는 의사를 밝혔다. 당시 서울 삼성 썬더스와 KBL(한국 프로농구)뿐만 아니라 그를 응원하는 많은 팬이 라틀리프의 귀화를 반겼다. 귀화 선수가 많은 다른 나라에 비해 상대적으로 실력이 떨어질 수밖에 없는 대한민국 농구계는 쌍수를 들고 환영했다. 2018년 1월 22일 체육 우수 인재 특별 귀화를 통해 대한민국 국적을 취득한 후 '라건아'로 개명했다. 2019년 FIBA 농구 월드컵에 한국 대표팀으로 출전하여 득점왕과 리바운드왕에 오르기도 했으며 현재까지도 KCC 이지스에서 현역선수로 활약하고 있다.

라건아 선수처럼 KBL에서 활약하는 선수의 경우 내국인으로 인정받는 순간 몸값이 대폭 상승할 가능성이 높다. 리그 운영 구조 때문에 같은 실력이라도 내국인이냐 외국인이냐에 따라 연봉 차이가 크기 때문이다. 2011년 한국 국적을 취득한 문태종은 자유계약 선수 자격을 얻어 2013~2014년 시즌에 6억 8,000만 원의 연봉을 받았는데, 외국 선수는 엄두도 낼 수 없는 금액이다(당시 외국 선수는 1라운드에 지명될 경우 아무리 실력이 출중해도 최대 24만 5,000달러를 넘을 수 없었다). 라건아의 특별 귀화는 구단, 리그, 팬, 선수 모두에게 이익이 될 수 있는 '윈 - 윈 - 윈 - 윈'의 모범적 사례로 평가되고 있다.

하지만 라건아처럼 리그에서 계속 활동하는 선수가 아닌 일회성 혹은 올림픽대회만을 위한 특별귀화에는 좀 더 신중할 필요가 있다. 국가 대표 선수는 일반 프로 선수처럼 실력만 있다고 옮겨 다닐 수 없는 매우 특별한 조건하에 있기 때문이다. 빅토르 안이 소치 올림픽에서 러시아에 금메달 3개와 동메달 1개를 안겨주어 러시아는 개최국으로서 체면을 지킬 수 있었다. 빅토르 안은 그 대가로 고급 승용차뿐 아니라 4억 원이 넘는 포상금을 받은 것으로 알려졌다. 하지만 아무 연고가 없는 러시아 대표팀 선수로 활약하면서 모국이었던 대한민국을 누르고 메달을 받았을 때 마음이 편치 않았을 것이다. 그가 자신의 우승과 국가 정체성 사이에서 적잖은 혼돈을 겪었을 것으로 추측할 수 있다.

2016년 리우데자네이루 올림픽에서 케냐 출신의 루스 제벳Ruth Jebet도 국적을 바꿔 바레인 대표로 출전해 바레인에 역사상 첫 올림픽 금메달을 선사했다.[8] 어려운 형편에 고생했던 제벳은 바레인의 지원에 만족해 보이지만, 리우데자네이루 올림픽에서 다른 나라 대표로 뛴 케냐 출신 육상 선수가 30명이 넘는 것을 보면, 많은 생각이 들지 않을 수 없다. 그래서 기러기처럼 특별한 연고 없이 국제 대회를 좇아서 국적을 바꾸어 참가하는 일명 '국가 대표 용병'을 관리하는 규정이 제정되고 있지만 연맹마다 조금씩 차이가 있다.

들쭉날쭉한 국제 연맹 규정

올림픽 출전 자격을 결정하는 것은 해당 종목의 국제 연맹이다. 국제 연맹의 규정에 따라 국적을 변경한 선수의 올림픽 참가 여부가 결정되는데, 문제는 국적 변경 관련 규정이 종목에 따라 천차만별이라서 많은 혼란이 생겨난다는 점이다. 국적 관련 규정을 손보지 않으면 같은 뿌리를 가진 선수들끼리 다른 국적을 갖고 경쟁하는 상황이 벌어질 것이 뻔하다. 이미 케냐 출신의 중장거리 육상 선수, 중국 출신의 탁구 선수, 한국 출신의 쇼트트랙 선수, 유럽 출신의 핸드볼 선수 등 출생국과 출전국이 다른 선수의 수가 급격히 증가하고 있다. 전 FIFA 회장인 조제프 블라터Joseph Blatter는 남미 출신, 특히 브라질과 아르헨티나 선수들이 새로운 국적을 취득한 후 월드컵에 출전하는 경향이 지나치다는 것을 지적하며 너무 간편한 유럽의 귀화 정책을 비판하기도 했다.[9] FIFA는 국적과 관련된 선수의 국가 대표 자격을 다음과 같은 3가지로 나누어서 규정하고 있다.[10] 원칙적으로 한 국가의 대표로 선발되어 활약한 경험이 있으면 특별한 경우를 제외하고는 다른 국가의 대표팀으로 참가할 수 없다. 여기에서 말하는 '특별한 경우'란 바로 복수국적인 경우와 새로운 국적을 취득한 경우다. 복수국적인 경우 출생국이거나, 친부모 중 한쪽의 출생국일 경우, 친조부모 중 한쪽의 출생국일 경우, 최소 2년 이상 거주한 경우 중 한 가지 이상에 해당할 때 국가 대표가 될 자격이 주어진다. 새로운 국적을 취득한 경우 역시 출생국이거나, 친부모 중 한쪽 의 출생국이거나, 친조부모 중 한쪽의 출생국이거나, 만 18세가 된 후 최소 5년 이상 거주한 국가여야 인정된다.

2010년 남아공 월드컵에서 일본에서 태어났지만 일본 국적을 취득하지 못해 북한 대표팀에서 활약한 정대세를 기억하는가? 정대세는 FIFA 대표팀 선수 자격 규정에 따라 조부모가 분단되기 전 '조선'에서 태어났기에 한국 대표팀 혹은 북한 대표팀으로 뛸 수 있었지만,

한국 대표팀의 부름을 받지 못해 북한축구협회의 요청에 따라 북한 대표팀으로 활약했다.

여러 종목 중 국적 관련 규정이 가장 느슨한 종목은 단연 육상이라고 할 수 있다. 육상 종목을 관할하는 세계육상연맹World Athletics는 개정한 규정에 따라 국적 취득 후 3년을 거주하면 새로운 국적의 대표로 국제 대회에 출전할 수 있도록 했다. IOC는 올림픽 출전에 한해 예전 국적으로 출전한 마지막 국제 대회 이후 3년만 지나면 새로운 국적으로 출전할 수 있도록 했다. 올림픽이 4년마다 열리는 것을 고려하면 사실상 '국가 대표 용병'이 활동할 수 있도록 공식적으로 허가한 셈이다. 새로운 국적으로 올림픽에 참가하기 위해서는 일반적으로 3년의 대기 기간을 거치면 되지만 대회 선수 자격 위원회IOC EB의 심사를 통해서도 예외적으로 신속하게 국적의 변경이 가능하다. 실제로 이러한 과정을 통해 미국 국적의 타일러 페이지 선수는 아메리칸 사모아 대표선수로 2020년 도쿄 올림픽 세일링 종목에, 프랑스 국적의 바네사 제임스 선수는 캐나다 국적으로 2022년 베이징 대회 피겨 스케이팅 종목에 참가했다.[11]

2022년 베이징 올림픽에서 18세의 나이로 빅에어와 하프라이프 종목에서 금메달을 획득하며 역대 최연소 올림픽 프리스타일 우승자가 된 구 아이링(미국명: 에일린 구) 선수의 활약은 귀화 선수의 국가 대표 자격에 관한 문제를 다시 수면 위로 끌어올렸다. 미국에서 태어나 미국 국가 대표로 활동한 그는 2022년 베이징 올림픽을 앞두고 2019년 중국 국가 대표 선수가 된 것이다. 올림픽 대회에서 1위와 2위를 다투고 있던 미국과 중국은 구 아이링 선수의 국적에 따라 순위가 바뀔 수 있을 만큼 구 선수의 국적 문제는 매우 중대하게 받아들여졌다.[12] IOC 규정 41Rule 41 of the Olympic Charter에 따르면 미국에서 태어난 구 아이링 선수는 2022년 베이징 올림픽 대회에 참가하기 위해서는 대회가 열리기 3년 전인 2019년부터 중국 국적을 취득해야 했다. 하지만 중국은 국가법 8조Article 8 of Nationality Law에 따라 "이중 국적이 허용되지 않는다"라고 명시되어 있기 때문에 구 아이링 선수는 중국 대표선수가 될 수 없다고 주장했다. 2022년 베이징 올림픽이 끝난 후 구 아이링 선수가 다시 미국 국적을 취득했는지 알려지지 않았지만 올림픽 대회를 앞두고 철새처럼 국적을 변경하면서 대표선수로 활약하는 모습은 그리 바람직하게 보이지 않는다.

특별귀화제도의 문제점

세계화 추세에 발맞춰 세계 각국은 특별귀화제도를 이용해 다양한 분야의 전문 인력을 유치하고 있다. 국익에 도움이 될 우수 인재를 유치해 국제 경쟁력을 강화하고자 하는 것이다. 체육계에서는 귀화선수를 통해 열악한 종목을 활성화하고자 하는 목적도 있다. 특별귀화 프로그램을 통해 평창올림픽과 베이징 올림픽에서 루지 종목 한국 선수로 출전한 프리쉐 선수는 특별귀화제도의 모범적인 사례라고 볼 수 있다. 한국 국적을 취득한 후에도 독일 국적을 그대로 유지한 그녀를 보며 일부에서는 '프리쉐 선수가 평창올림픽이 끝나면 독일로 돌아갈 것'이라며 적잖은 우려를 했지만 그녀는 한국에 남아 2022년 베이징 대회에 한국 국가 대표로 참가했다.

하지만 2013년 이후 귀화 선수의 면면을 보면, 프리쉐 선수 등 일부 선수를 제외하곤 '평창올림픽용'으로 보이는 것도 사실이다. 평창올림픽 출전을 위해 러시아에서 한국으로 귀화한 바이애슬론 선수 2명이 대회 후 한국을 떠났다. 열악한 저변과 적응 실패 등의 이유로 인해 귀화 선수들이 한국을 떠났고, 여자 아이스하키 종목 귀화선수 4명은 모두 다른 이유로 모국인 미국과 캐나다로 돌아갔다.

지금까지 탁구, 축구, 아이스하키, 농구, 바이애슬론, 루지, 쇼트트랙 등 다양한 종목의 선수가 특별귀화제도를 통해 태극 마크를 달았다. 경쟁국보다 선수 풀이 작아 선수 공급이 원활하지 않은 경우, 코칭 스태프가 부족한 경우, 훈련 시설이나 시스템이 열악한 경우 장기적으로 봤을 때 특별귀화제도는 이런 문제를 해결할 수 있는 획기적인 방안이었다.

하지만 스포츠종목 내부를 자세히 들여다보면 새로운 문제점이 발견된다. 오로지 국가 대표가 되고자 힘든 훈련을 견뎌온 선수들이 특별귀화 선수에 밀려 올림픽 출전 기회조차 얻지 못할 수 있기 때문이다. 아직 우리나라에서는 공개적인 불만이 제기된 사례가 없지만, 특별귀화제도로 유능한 선수를 유치해온 미국에서는 기회를 박탈당했다고 불만을 토로하는 목소리를 쉽게 들을 수 있다. 올림픽에 두 차례 출전한 앨리슨 베이버Allison Baver는 쇼트트랙 미국 대표팀으로 올림픽에 미국 쇼트트랙 선수 베이버는 미국 시민권이 없는 한국 선수 최유영에게 밀려 국가 대표팀에 선발되지 못하자 불만을 제기했다. 이런 문제는 귀화 선수의 증가와 맞물려 앞으로 더 심해질 것이다.

출전한 최유영You Young Chea에 대한 불만을 제기한 적이 있다. 최유영은 한국에서 태어나 미국 시민권이 없는데도 영주권자 자격만으로 미국 대표팀에 선발되었는데, 총 6명을 뽑는 국가 대표 선발전에서 베이버는 최유영에 이어 7위를 하는 바람에 선발 되지 못했기 때문이다.[13]

국가 대표 용병을 원하는 국가는 점점 늘어나고 있다. 2012년 런던 올림픽에 출전한 아제르바이잔 국가 대표 50명 중 절반은 귀화 선수다. 올림픽 개최국이었던 영국 역시 대표 선수 중 60명이 영국 이외의 국가에서 출생한 선수들이었다.[14]

올림픽에 출전하는 선수는 구단의 우승을 위해 고용된 프로 선수들과는 본질적으로 다르다. 그 차이가 명확하게 드러나는 순간은 경기가 끝나고 승패가 갈리는 순간이다. 프로 리그에서 우승하면 커다란 물통에 든 음료수를 감독에게 끼얹거나 헹가래를 치는 등 유쾌한 우승 세리머니가 펼쳐지고 축제 분위기가 만연하다. 팬들도 그런 상황에 찬사를 보낸다. 우승팀 선수들은 보너스와 다음 시즌 연봉 상승에 대한 기대감이 커진다.

올림픽에서는 분위기가 사뭇 다르다. 메달을 받을 선수들은 시상대에 오르고 우승 선수의 국가國歌가 경건하게 울려 퍼진다. 선수들은 기뻐하는 한편 감동의 눈물을 흘리기도 하고, 눈을 감고 국가를 따라 부르기도 한다. 선수가 받은 메달은 IOC 공식 홈페이지에 해당 국가의 메달 개수로 정리되고, 국가 순위가 표시된다. 아무리 선수의 능력이 뛰어나도 아무런 연고 없이 국적을 취득해 국가조차 따라 부르지 못하면 감동이 반감된다. 한 국가를 '대표'했다는 느낌이 들지 않기 때문이다. 이런 상황을 우리는 어떻게 이해해야 하는가? 단순히 올림픽에서 많은 메달을 획득하고자 프로 구단처럼 해외 선수를 기용해 성적을 높이는 것은 올림픽 정신에 부합하는 일이 아닐 것이다.

FIFA의
위기와 개혁

FIFA 스캔들

블라터는 1998년 FIFA 8대 회장으로 취임해 18년이 넘는 동안 FIFA를 지배해왔다. 하지만 2018년 러시아 월드컵과 2022년 카타르 월드컵 개최지 선정과 후원 협상 과정에서 뇌물 수수와 돈 세탁 등의 비리로 측근 7명과 함께 체포되면서 회장직에서 물러나야 했다. 이 사건으로 FIFA 조직의 신뢰에 큰 금이 갔다.

FIFA의 후원 기업인 코카콜라, 맥도날드, 비자, 앤하이저부시 등은 공개 성명을 통해 비리와 부패의 핵심인 블라터 회장의 즉각 사퇴를 요구하기도 했다.[1] 기업들은 후원 계약을 해지하거나 재계약을 하지 않겠다고 엄포를 놓는 등 FIFA 지도부를 향해 엄중한 경고를 보냈다. 실제로 FIFA의 파트너 후원 업체 6곳 중 소니와 에미레이트항공

블라터 전 FIFA 회장의 뇌물 수수와 돈세탁을 비판한 조형물. 블라터 회장과 측근의 비리로 FIFA는 큰 위기를 겪게 되었다

이 빠져나갔고 공식 후원 업체 4곳 중 2곳이 계약 연장을 포기했다. FIFA는 파트너급 후원 업체를 6~8곳, 공식 후원 업체를 6~8곳 유지할 계획을 세웠지만 대형 비리와 스캔들로 후원 기업들이 이탈하면서 목표 달성이 불가능해졌다. 4년 간 코카콜라와 아디다스가 파트너 기업으로 FIFA에 내는 비용이 각각 7,500만 파운드, 9,500만 파운드에 달하는 것을 감안할 때 후원 기업의 이탈은 FIFA에 엄청난 재정난을 안겨줬다.[2]

블라터 회장의 바통을 이어받아 FIFA 회장이 된 인판티노 회장은

FIFA 조직에 만연한 비리와 부패를 청산할 대책을 시급히 마련해야 했다. 인판티노 회장은 당선된 지 약 8개월 만인 2016년 10월 13일에 「FIFA 2.0: 미래에 대한 비전FIFA 2.0: The Vision for the Future」을 발표했다.[3] 여기에는 다음과 같은 3가지 목표가 분명하게 제시되어 있다. 첫째, 경기의 발전Grow the Game, 둘째, 팬 경험과 가치 증대Enhance the Experience, 셋째, 강력한 조직 구성Build a Stronger Institution이다.

'경기의 발전'은 유소년 축구 프로그램을 육성하는 한편 틈새시장으로 여기는 여자 축구 대회를 발전시키고, FIFA 클럽 라이선싱 프로그램을 세계화하겠다는 전략을 담고 있다. '팬 경험과 가치 증대'에는 다소 정체된 비디오게임 시장의 점유율 제고와 다양한 벤처 사업 기회 확대, 팬 관리 프로그램 개발, 입장권 판매·관리 시스템 현대화, 디지털·모바일 부문 강화, 스폰서 프로그램 재정비 등의 계획이 포함되어 있다. '강력한 조직 구성'에는 조직을 혁신적으로 개편해 FIFA의 영향력을 높이는 동시에 지역 사무소를 개설해 네트워크를 강화하고 협력을 증진하겠다는 내용이 담겨 있다.

인판티노 회장의 FIFA개혁에 의지는 2019년에 발표한 '2020~2023년 FIFA의 발전 계획'에 더욱 구체적으로 표현되었다.[4] '축구의 진정한 세계화'라는 비전 아래 11개의 세부 목표를 세웠다. 첫째, 축구 규제 시스템의 현대화라고 할 수 있다. 전 세계 축구 이해관계자들의 이익을 극대화할 수 있도록 규제 및 통제 시스템을 투명하게 만들겠다는 것이다. 둘째, 지속적 성장을 위하여 공격적인 투자를 통해 새로운 수익원을 찾아내겠다는 것이다. 셋째, 회원국들의 기대와 요구에 부응하고 FIFA 조직의 효율성을 높이기 위해서 서비스 중점의 운영 방식을 대폭 확대하겠다는 것이다. 넷째, FIFA 월드컵, FIFA 여자 월드컵, FIFA 클럽 토너먼트의 성공적인 대회 유치를 확고히 한다. 다섯째, 축구가 점점 더 세계화되고 있는 상황에서 FIFA 대회의 참가국, 대회 유치국가, 관중 등을 더욱 확대하여 진정한 글로벌 이벤트로 위상을 높이겠다는 것이다. 여섯째, 대륙에 따라 축구팀의 실력 차이가 점점 더 벌어지고 상황에서, FIFA는 모든 대륙에서 최고 수준을 가진 50개 이상의 국가 대표팀과 50개 이상의 클럽 팀을 양성하겠다는 장기적인 목표를 세웠다. 일곱째, FIFA의 가장 중요한 설립 목표는 바로 축구 환경을 지속적으로 향상시키고 개선하는 것이다. 남자 축구, 여자 축구, 청소년 축구, 풋살, 비치 사커 등 모든 분야에 걸쳐 축구를 발전시킬 수 있는 환경을 개선시키는 것이다. 여덟째, FIFA 조직의 가버넌스에 여성 비율을 높일 수 있도록 경영 구조를 개혁하여 여자 축구 대회를 발전시키는 것이다. 아홉째, FIFA는 경기장 안팎에서 축구 경험의 질을 향상시키기 위해 새로운 IT기술을 지속적으로 도입할 것이다. 열째, 축구는 게임 그 이상의 가치를 갖는데, 이러한 가치를 보호하고 육성하여 축구의 긍정적인 잠재력을 극대화하는 것이다. 마지막으로 FIFA는 사회에 긍정적인 영향을 미치고 기후 변화와 같은 글로벌 과제를 해결하고 UN의 지속 가능한 개발 목표에 실질적으로 기여하는데 전념할 계획을 발표했다.

월드컵 운영 방식 변화

1930년 우루과이에서 처음 열린 FIFA 월드컵에는 총 13개국이 참가했다. 이후 주앙 아벨란제João Havelange 회장은 집권 기간 중인 1982년 스페인 월드컵부터 참가국을 24개국으로 늘렸고, 블라터 회장은 당선되자마자 출전국을 32개국으로 늘렸다.[5] 2016년 바통을 이어받은 인판티노 회장 역시 본선 진출 카드를 16장이나 늘려 총 48개국이 본선에 참가할 수 있도록 대회 규모를 대폭 확대했다. 2026년 월드컵부터 48개국이 본선에 출진해 총 104 경기를 치르는 것으로 대회 규모가 늘어났다.[6]

월드컵 대회 규모가 커지면서 개최국 선정 방식에도 변화가 생겼다. 2002년 한일 월드컵 이후 2개 이상 국가의 공동 개최에 반대해온 FIFA 지도부의 견해가 달라졌다. 월드컵 본선 출전국 수가 늘어나자 대회 규모를 고려해 공동 개최를 지지하고 나선 것이다.[7] 개최국 선정도 유럽과 아메리카 대륙을 중심으로 번갈아 개최해온 방식을 버리고 2026년부터는 대륙별 안배를 고려하겠다고 공식 선언했다. 따라서 최근 월드컵 개최지와 개최 예정 지역에 인접한 국가들은 월드컵 개최지 선정에 참여할 수 없다. 예를 들면 2018년과 2022년 월드컵은 러시아(유럽)와 카타르(아시아)에서 열렸기 때문에 유럽과 아시아 대륙에 속한 국가들은 원칙적으로 2026년 월드컵 개최지 선정에 참여할 수 없다(물론 예외는 있다. 개최지 선정에 참여한 국가가 월드컵 개최에 필요한 준비를 충분히 하지 못한 경우 유럽과 아시아 국가도 개최지 선정에 참가할 수 있도록 했다).

대륙별 개최는 결코 쉽지 않은 결정이다. 왜냐하면 이 결정으로 월
드컵 유치에 큰 열정을 보이는 중국과 호주의 개최국 지원 자격이 박
탈되기 때문이다. FIFA는 단기간에 사용할 수 있는 커다란 흥행 카드
를 스스로 버린 셈이다. 하지만 이런 결정은 오히려 인판티노 회장이
FIFA 내부에서 신뢰를 쌓아갈 수 있는 발판이 되었다.

FIFA 스캔들의 최고 수혜자는 미국

1994년 로스앤젤레스에서 월드컵을 개최한 미국은 28년째가 되
는 2022년에 다시 월드컵을 개최하고자 했다. 경쟁국은 카타르, 호
주, 일본, 한국이었는데 모두 아시아 국가였다. 미국은 MLSMajor League
Soccer의 급격한 성장과 팬 증가로 월드컵 개최에 자신감을 보였지만
인구 200만 명의 작은 국가 카타르에 밀리는 수모를 당했다. 2012년
과 2016년 올림픽 개최국 선정에 연거푸 고배를 마신 미국이 이번에
는 2022년 월드컵 개최에 실패한 것이다.

카타르에 월드컵 개최권을 빼앗긴 미국은 쉽게 용납할 수 없는 결
과에 충격을 받고 복수의 칼을 갈았다. 그동안 소문이 무성하던 FIFA
간부의 '부정 자금' 조사가 본격적으로 이루어졌고 결국 2015년
FIFA를 장기 집권해온 블라터 회장을 끌어내리는 데 성공했다. FIFA
스캔들과 더불어 블라터 회장의 갑작스런 사퇴로 인해 원래 2017년

5월 10일 말레이시아 쿠알라룸푸르 회의에서 2026년과 2030년 월드컵 개최국을 선정하기로 한 계획은 모두 없던 일이 되고 말았다. 이후 FIFA는 2026년 월드컵 개최지를 2020년 5월에 결정하겠다고 발표했지만 이 계획 역시 이행되지 못했다.

결국 2018년 6월 13일에 러시아 월드컵 개막을 앞두고 열린 68회 FIFA 총회에서 공개 투표를 통해 2026년 FIFA 개최지를 선정했는데, 투표권을 가진 위원 203명 중 200명이 투표에 참여하여 캐나다, 멕시코, 미국이 134표를 얻어 65표를 얻은 모로코를 누르고 2026년 FIFA 공동개최국으로 선정되었다.

인판티노 회장의 당선과 FIFA가 제시한 새로운 개최지 선정 방식은 공동 개최국에게 매우 유리하게 작용했다. 우선 월드컵 본선 진출국이 32개국에서 48개국으로 늘어남에 따라 월드컵 본선에서 열리는 경기의 수 역시 64에서 104개로 증가했다. 이로써 기존 대회보다 더욱 많은 축구 경기장을 필요로 하였고 개최 기간도 기존의 32일에서 38~40일로 늘어나게 된 것이다. 앞으로는 카타르 같은 작은 국가가 월드컵을 개최하기는 거의 불가능할 것으로 보인다. 반면에 미국, 영국, 프랑스와 같이 축구 인프라가 풍부한 국가는 개최지 선정에 유리해졌다.

FIFA 지도부가 공동 개최를 지지하는 쪽으로 태도를 바꾼 것을 알아차린 미국은 캐나다, 멕시코와 공동 개최를 제안했고 결국 2026 공동개최국이 되었다.[8] 미국의 적극적인 월드컵 개최 의지 표명이 FIFA 지도부에 긍정적으로 받아들여진 것은 분명해 보인다. FIFA가 대륙별 순환 방식으로 월드컵 개최지 선정 방식을 변경하면서 월드컵 개최에 관심을 보이던 유럽 국가들뿐만 아니라 중국과 호주라는 강력한 도전자를 한 방에 밀어냈다.

아이러니하게도 미국 주도로 밝혀진 FIFA 스캔들을 통해 가장 큰 수혜를 본 국가는 미국으로 보인다. 2026년은 미국이 독립을 선언한 지 250주년이 되는 해다. 미국이 캐나다와 멕시코와 함께 2026년 월드컵 공동 개최에 성공함에 따라 FIFA에서의 미국의 영향력은 당분간 더욱 커질 것으로 보인다.

2030년 월드컵에 눈독 들이는 축구 종주국 영국

미국이 카타르에 밀려 2022년 월드컵 개최에 고배를 마셨다면 영국은 2018년 월드컵 개최에 러시아에 밀려 탈락하는 수모를 겪었다. 영국은 미국과 마찬가지로 개최국 선정에서 탈락한 것에 반발하며 선정 과정에 의문을 제기했다. 결국 2015년 대대적인 감사로 FIFA의 온갖 비리와 스캔들이 드러나면서 개최국 선정에 문제가 있었다는 소문이 사실로 밝혀졌다.

영국은 2018년 월드컵 개최에 실패했지만 그 꿈은 포기하지 않았다. 영국은 2030년 월드컵 개최를 위해 다양한 노력을 강구하고 있는데, 특히 유로EURO 2020 준결승전과 결승전을 웸블리 스타디움에서 열어 축구 종주국으로서 면모를 내세울 계획이다.[9] 2026년 대회부터 참가국이 48국으로 늘며 공동개최에 FIFA가 호의적이라는 것을 알아차린 영국은 아일랜드와 함께 공동으로 2030 월드컵 개최 제안서를 준비 중이다. 스페인 역시 포르투갈과 공동으로 2030 월드컵 개최에 관심을 보이고 있다. 하지만 가장 강력한 경쟁 국가는 바로 우루과이를 중심으로 뭉친 남아메리카 4개국(우루과이, 아르헨티나, 칠레, 파라과이)이다. 1930년 제1회 월드컵 개최국이었던 우루과이와 2022년 카타르 월드컵 우승국인 아르헨티나가 공동으로 2030년 월드컵 개최를 한다면 개최지 선정 투표권을 가진 FIFA 위원들을 충분히 설득할 수 있을 것으로 보인다.[10] 영국, 아일랜드와 함께 2030년 월드컵 개최에 도전한다면, 축구 종주국 영국이 제1회 월드컵 개최지 우루과이 그리고 2022년 월드컵 우승국인 아르헨티나와 경기장 밖에서 멋진 스포츠외교 대결을 펼칠 것으로 기대된다.

중국에 호의적인 FIFA

인판티노 회장이 월드컵 본선 진출국을 32개국에서 48개국으로 늘리자 중국이 쌍수를 들고 반겼다. 그동안 아시아에 4.5개의 티켓만 주어져 한국, 일본, 사우디아라비아, 이란 등 전통적인 축구 강국보다 한 수 아래인 중국은 본선 진출 가능성이 매우 낮았기 때문이다. 하지만 16개국에 추가로 본선 진출권이 주어진다면 중국 축구의 발전 속도로 볼 때 당장 월드컵 본선 진출이 가능하다. FIFA가 본선 진출국을 32개국에서 48개국으로 늘린 이유가 비단 중국 때문만은 아니겠지만, 중국이 혜택을 받을 수 있다는 가능성은 FIFA 회장을 비롯한 간부들이 충분히 인식하고 있었을 것이다. FIFA가 중국을 껴안고 가겠다는 의지를 보이는 이유는 다음과 같다.

첫째, 2015년 스캔들로 파트너 기업 6개 중 2개가 빠져나간 FIFA는 새로운 파트너가 간절하다. 다행히 2018년 월드컵 개최국인 러시아의 국영기업 가즈프롬Gazprom이 파트너십 계약을 맺었으나, 가즈프롬은 러시아 월드컵이 끝나자 파트너십을 끊었다. 그러던 중 중국 최대 부동산 기업인 완다Wanda 그룹이 2030년까지 파트너십 계약을 맺었다.[11] 완다 그룹은 FIFA에 천군만마와 같았을 것이다. FIFA는 중국이 월드컵에 진출할 수 있게 함으로써 캐스트롤Castrol과 존슨앤드존슨Johnson & Johnson의 빈자리를 대체할 중국 기업들을 유치할 수 있게 되었다.

둘째, 중국 슈퍼리그의 엄청난 발전 속도를 고려하면 중국 시장은 매우 매력적인 시장으로 성장할 것이다. 중국 1부 리그 팀들은 2016년부터 유럽 선수를 적극적으로 영입하고 있다. 2016년 2,800만 유로를 받고 첼시에서 장쑤 쑤닝으로 이적한 하미리스Ramires, 5,000만 유로를 받고 샤흐타르 도네츠크에서 장쑤 쑤닝으로 이적한 알렉스 테이셰이라Alex Teixeira,[12] 2016년 5,000만 유로를 받고 제니트 상트페테르부르크에서 상하이 상강으로 이적한 '헐크' 지바니우두 비에이라 지소자Givanildo Vieira de Souza,[13] 2017년 6,000만 파운드를 받고 첼시에서 상하이 상강으로 이적한 오스카르Oscar,[14] 2017년 2,000만 유로를 받

파트너십 계약을 맺은 완다 그룹 왕젠린王健林 회장과 FIFA 인판티노 회장. 거대한 중국 시장과 중국 기업들은 FIFA의 새로운 희망이다.

고 제니트 상트페 테르부르크에서 톈진 취안젠으로 이적한 악셀 위첼 Axel Witsel,[15] 2017년 8,400만 유로를 받고 보카 주니어스에서 상하이 선화로 이적한 카를로스 테베스Carlos Tevez 등 대규모 선수 계약이 연 달아 성사되었다.[16] 슈퍼리그의 엄청난 투자를 발판으로 삼아 축구 붐 을 일으킨 후 중국 대표팀을 월드컵에 참여시킨다면 13억 5,000만 명의 새로운 팬을 끌어들일 수 있을 것이고, FIFA는 수백억 원에 달 하는 중개권료로 엄청난 수익을 올리게 될 것이다.

셋째, 인판티노 회장은 대륙마다 거점 지역에 사무소를 설립해 축 구 산업 개발과 사업을 관리하고 통제할 것이라고 했다. 이미 포화 상태가 된 유럽 시장보다 발전 잠재력이 높고 소비력이 뛰어난 아시아 지역을 집중적으로 발전시킬 가능성이 높다. 아시아 대륙에 지역 사무소를 설립한다면 중국 내에 설치될 가능성이 매우 높아 보인다.

넷째, 「FIFA 2.0: 미래에 대한 비전 및 2020-2023 발전 계획」에 따르면, 앞으로 FIFA는 E-스포츠 산업을 집중적으로 육성하겠다고 했다. FIFA는 E-스포츠 산업의 최대 시장으로 여겨지는 중국을 절대 간과하지 않을 것이다. 이런 상황들을 보았을 때, FIFA는 어떻게든 중국을 본선에 참여시킬 것이다.

인판티노 회장이 지난 18년간 FIFA를 장악해온 블라터 전 회장의 장막을 걷고 FIFA 개혁을 성공적으로 이끌 수 있을까? 그렇다면 최상의 시나리오는 어떤 것일까? 우선, 2026년 북미 월드컵(캐나다, 멕시코, 미국 공동 개최)으로 북미 축구 시장을 흡수하는 것이다. 2030년 영국·아일랜드가 월드컵을 공동개최한다면 축구 종주국인 영국의 자존심을 지켜줄 수 있고, 우루과이 및 3국(아르헨티나, 칠레, 파라과이)이 2030 월드컵을 개최한다면 FIFA 월드컵 원년 개최국인 우루과이에서 100주년 기념행사를 멋지게 진행할 수 있을 것이다. 2034년 월드컵은 대륙별 순환개최방식에 아프리카와 아시아 대륙 국가에서 치러질 가능성이 높은데 중국과 호주가 많은 관심을 두고 있다. FIFA 인판티노 회장은 월드컵 개최 관련하여 중국에게 매우 호의적인 입장을 보이고 있다. 2022년 카타르 월드컵이 아시아대륙에서 개최됨에 따라 관례상 앞으로 있을 두 번의 FIFA 대회인 2026년, 2030년까지 중국과 호주 등 아시아 국가들은 개최지 신청을 할 수 없다. 하지만 인판티노 회장은 FIFA 규정을 내세우며 원칙적으로 중국을 비롯한 아시아 국가들도 2030 FIFA 대회 개최국 선정과정에 참여할 수 있다고 밝힌 바 있다. 2030년 FIFA 월드컵 대회가 어느 대륙 및 국가에서 열리는가에 따라 FIFA의 글로벌 발전 방향이 결정되는 만큼 2024년에 있을 FIFA 총회의 결과를 관심 있게 지켜봐야 할 것이다.

3장

★ ★ ★ ★ ★

대학 스포츠

대학 스포츠는
부활할 수 있을까?

대학 운동부의 화려한 시절

　몇 년 전 인기를 끈 드라마 〈응답하라 1994〉에는 지방에서 갓 올라온 새내기 대학생들이 주인공으로 등장한다. 이 드라마를 보면 94학번 주변 세대가 어떻게 캠퍼스 생활을 했는지 짐작할 수 있다. 일명 '삐삐'에 저장된 음성 메시지를 들으려고 공중전화 부스는 항상 북새통이고, 주인공 성나정은 연세대학교 농구팀의 열성팬으로 등장한다. 당시 대학 농구가 얼마나 인기가 있었는지 보여준다.

　1980년 중후반 대학 농구를 주름잡은 일명 '허동택 3인방'인 허재, 강동희, 김유택은 코트를 누비며 대학 농구가 대중 스포츠로 발전할 수 있는 가능성을 보여주었다. 1990년대 중반에는 농구대잔치의 주역이었던 연세대학교와 고려대학교의 선전에 힘입어 대학 농구가

1980년대와 1990년대 대학 스포츠는 전성기를 누렸다. 대학 농구 선수는 많은 팬을 거느린 슈퍼스타였고, 대학 팀이 실업 팀을 상대로 승리를 거두기도 했다.

한국 스포츠 산업의 핵심에 다가섰다.

특히 이상민, 우지원, 서장훈, 문경은 등을 주축으로 한 연세대학교 '독수리 군단'의 위력은 실로 막강했다. 이들은 1993~1994년 점보시리즈 농구대잔치에서 당시 허동택 3인방이 이끄는 기아자동차를 누르고 우승을 차지해 큰 화제가 되기도 했다. 연세대학교는 서장훈이 미국 유학으로 자리를 비운 1994~1995년 시즌만 빼고 1996~1997년, 1997~1998년 농구대잔치에서 연속 정상에 오르는 등 역사상 최고의 전성기를 누렸다. 당시 대학 선수들은 농구 실력뿐만 아니라 외모도 준수해 중고생 팬들도 상당했다.

전희철, 현주엽, 양희승이 이끄는 고려대학교 역시 서장훈이 미국 유학으로 자리를 비운 이듬해인 1995년 대학 무대에서 전관왕을 차지하며 독주했다. 농구가 전성기를 누리면서 장동건과 심은하를 최고의 스타로 만든 드라마 〈마지막 승부〉도 농구를 소재로 흥행에 성공했고, 고교 농구를 다룬 일본 만화 『슬램덩크』도 큰 인기를 끌면서 농구 마니아들에게 잊을 수 없는 추억을 안겨 주었다. 하지만 지금의 상황은 어떤가? 대부분 텅빈 경기장에서 전성기 때와는 비교할 수 없을 정도로 줄어든 소수 팬만 지켜보는 가운데 경기를 펼치고 있다.

한국 프로농구가 출범한 후, 외국인 용병 선수 도입 제도가 생기고 협회의 잦은 규정 변경으로 운영상의 불협화음이 발생해 농구계는 큰 혼란을 겪었는데, 결국 대학 농구가 그 피해를 고스란히 입었다. 이런 상황에서 농구 선수의 꿈을 키우는 고등학생 선수의 수도 매년 줄어들어 지금은 약 400명 정도만 남아 있을 뿐이다.

〈응답하라 1994〉에 등장한 또 한 명의 스타가 있다. 바로 연세대학교 야구부 에이스 투수로 나온 일명 '칠봉이'다. 이 캐릭터는 당시 대학 야구의 인기를 대변하는데, 칠봉이라는 캐릭터는 1990년대 초반 고교 야구 투수 3인방으로 알려진 임선동(연세대학교), 조성민(고려대학교), 손경수(홍익대학교)의 스토리를 종합해 만들어진 것으로 알려졌다.

지금과는 달리 1990년대 초반에는 실력이 뛰어난 선수들이 프로 구단에 입단하는 대신 대학에 진학하는 풍토가 있었다. 하지만 2022년 KBO 신인 드래프트에서 프로 구단에 지명된 선수 170명 중 대학생 선수는 10퍼센트인 17명 밖에 안 되었다.[1] 이는 실력이 뛰어난 고등학생 선수는 대부분 대학 진학 대신 프로 리그로 직행한다는 사실을 반증한다. 현실적으로 제2, 제3의 칠봉이가 나타날 가능성은 희박해 보인다.

대학 배구 역시 이름만 들어도 떠오르는 뛰어난 선수가 즐비했다. 18년간 삼성화재를 이끈 신치용 전 감독의 수제자인 전 김세진 감독(현 OK저축은행)과 전 신진식 감독(현 삼성화재)은 당대 최고의 공격수로 대학 배구가 성공 가도를 달리는 데 일조했다. 1990년대만 해도 대학 배구의 인기에 힘입어 일부 경기를 공중파 방송을 통해 시청할 수 있었지만 지금은 골프, UFC 같은 격투기, 유럽 축구, 메이저리그 야구 등 다양한 프로스포츠 경기가 중계되면서 대학 배구는 설 자리가 점점 좁아지고 있다.

계륵의 신세로 전락하다

대학 운동부는 반값 등록금과 대학 정원 조정을 요구하는 여러 정부 정책으로 큰 어려움을 겪고 있다. 대학 운동부 폐지 논란은 어제오늘의 일이 아니지만, 엘리트 스포츠에 대한 관심이 줄어들고 대학 재정이 갈수록 어려워지면서 운동부 폐지 압박은 점점 심해지고 있다.

운동부가 있는 대학들은 자체적인 논의를 거쳐 운동부를 폐지하려는 방침을 정하고 실행에 나섰다. 김상준 감독이 이끄는 성균관대학교 남자농구팀은 현재 매우 준수한 성적으로 대학리그의 한 축을 담당하고 있다. 하지만 한때 성균관대학교는 성적 부진을 이유로 농구부 폐지를 고려했지만, 농구계의 강력한 반발로 성사되지 않았다. 건국대학교도 일부 종목의 체육 특기자를 선발하지 않기로 했다. 한양대학교는 아이스하키부를 해체했고, 경희대는 명맥만 유지하고 있다. 안타깝게도 2014년 이후 운동부 선수에게 제공되던 장학금 혜택은 상당히 줄어들었다. 한때 대학 운동부는 용인대학교와 한국체육대학교 등의 대학생 운동선수들이 올림픽이나 아시안게임 등 국제 대회에서 우수한 성적을 거두면서 엘리트 스포츠의 산실로 여겨지기도 했다. 하지만 이런 추세에 변화가 생겼다. 2008년 베이징 올림픽에서 학생 선수는 총 31개의 메달 중 13개를 획득했고, 2010년 밴쿠버 동계올림픽에서는 메달리스트 19명 중 10명이 대학생 선수였지만, 2014년 소치 동계올림픽에서는 2명만 대학 운동부 출신이었다.

2018년 평창올림픽은 개최국의 위상에 맞게 한국 선수단의 규모는 여느 대회에 비해 그 수가 많았다. 총 146명의 국가 대표선수가 출전했다. 12명의 국가 대표 선수가 한국체육대학교 출신이었으며 그 외에도 단국대, 연세대 등 대학생 신분을 가진 선수들이 여럿 보였다. 하지만 하계 올림픽의 경우는 상황이 조금 다르다. 박태환 선수의 뒤를 잇는 황선우 선수는 고등학교 졸업 후 대학 진학대신 실업팀(강원도청)을 선택했다. 많은 선수가 대학으로 진학해 선수생활을 해나가는 것이 그들의 커리어에 별 도움이 되지 않는다고 판단한 것일까? 고등학교를 졸업한 선수들이 대학 대신 프로팀 혹은 실업팀을 선택하는 추세가 지속된다면 앞으로는 올림픽 대회에서 대학생 선수를 보기는 점점 어려워질 것으로 보인다.

많은 대학이 매년 수십억 원의 운영비와 관리비가 들어가는 대학 운동부를 지속하는 데 어려움을 겪자 2010년 한국대학스포츠총장협의회KUSF를 창립하고 지속적인 투자와 다양한 사업으로 대학 스포츠의 부활을 꿈꾸고 있다. 2018년 한국대학스포츠협의회로 명칭을 바꾼 후 대학스포츠 활성화를 위해 다양한 지원을 하고 있다.

2022년 한국대학스포츠협의회는 '2022 대학 운동부 평가 및 지원 사업'을 통해 전국에 있는 118개 대학 473개 운동부 학생선수 8,410명에 훈련비, 용품비, 출전비로 72억 원을 지원하였고, 24개 종목 28개의 운동부에 학생 선수 969명이 소속된 한국체육대학에 훈련비, 용품비, 출전비 명목으로 10억 원 등을 지원했다.[2] 2023년 126개의 대학 운동부 회원을 두고 있는 한국대학스포츠협의회는 대학스포츠의 새로운 도약을 위해 대학 운동부 지원뿐만 아니라 학생선수 선발 투명성 제고 및 학사 관리 지원, 대학리그 통합 마케팅, 대학스포츠 U-리그 운영 등 다양한 사업을 추진하고 있다.

그럼에도 불구하고 한국 대학스포츠의 한 단계 도약은 쉽지 않아 보인다. 바로 대학 운동부의 규모에 비해 지원금이 턱없이 부족하기 때문이다. 대학 운동부에 대한 관심 저하로 인해 미국처럼 독자적인 수익 구조를 갖추기도 불가능할 뿐만 아니라 대학 운동부도 수익 사업에 대한 관심과 의지도 없어 보인다. 전적으로 정부나 대학본부의 지원금을 바라보며 운영되는 운동부는 계륵의 신세로 몰린 것처럼 보인다.

대학 운동부를 평가해 산정해서 받는 지원금의 수준은 턱없이 부족하다. 지난 15년 간 등록금 동결로 인한 열악한 대학 재정상황은 대학 운동부를 더욱 고립시키는 결과를 가져왔다. 종목을 떠나 점점 더 많은 유망 고등학교 선수들이 대학 진학 대신 프로를 선언하는 현 상황은 이러한 열악한 대학 운동부의 상황을 대변하는 것 아닐까?

'쩐의 전쟁' 최대 수혜자, 대학 운동부 감독

스포츠 경제학자인 앤드루 짐벌리스트Andrew Zimbalist는 미국의 교육 방송사 웹사이트인 프런트라인Frontline과의 인터뷰에서 "일부 미국 대학 미식축구와 농구 감독이 수백만 달러의 연봉을 받는 것은 매우 불합리적"이라고 지적했다.[3] 수익 창출을 목적으로 하는 NFL리그에서 가장 많은 연봉을 받는 감독은 뉴잉글랜드 패이트리어츠New England Patriots 구단의 벨리칙Bill Belichick 감독인데 2023년 시즌 기준으로 약 2천 만 달러의 연봉을 받는다.[4] 물론 이 연봉액은 감독들에게 주어지는 다양한 특전(골프장 회원권, 자녀 학비, 최상위급 건강 보험, 전용자동차 및 운전기사 등)을 세외한 순수한 금액이다. 뉴잉글랜드 패트리어츠 구단이 2022-2023년 한 시즌 동안 벌어들이는 총 수입이 6억 5천 만 달러가 넘는다는 사실에 비추어보면 감독이 200억의 연봉(구단 총 매출의

약 3퍼센트)을 받는다는 사실이 그리 놀라운 일은 아니다.[5]

하지만 비영리 조직인 대학에서 수십 명이 넘는 대학 운동부 감독의 연봉이 수백만 달러가 넘는다는 사실은 쉽게 납득이 가지 않는다. 캘리포니아 주와 워싱턴 주에서 근무하는 공무원 중 가장 많은 연봉을 받는 사람이 바로 U. C. 버클리와 워싱턴대학 미식축구 감독이라는 사실을 알고 있는가? 상아탑을 이끌고 있는 대학총장보다 대학 운동부 감독이 더 많은 연봉을 받는다는 사실을 용납할 수 있는가?

미국 대학 운동부에서 가장 많은 연봉을 받는 감독은 테네시 대학의 남자 풋볼팀 후펠 감독으로 알려졌는데 2023-2024 시즌 기간 동안 그가 받기로 한 연봉은 9백만 달러에 달한다.[6] 앨라배마대학 감독인 닉 사반Nick Saban은 2030년 시즌까지 계약을 연장했는데 매년 30-40만 달러씩 상승해 계약이 끝나는 2030년에 그가 받을 연봉은 약 1,239만 달러에 이를 것으로 알려졌다.[7] 2021년 하버드대학 총장의 연봉이 130만 달러 정도라는 사실에 비하면 수백만 달러의 연봉을 받는 대학 감독들이 수십 명이 넘는다는 사실은 다소 충격적이다.[8] 약 2,000곳에 달하는 미국 대학(전문 대학 포함)에서 400만 달러 이상의 연봉을 받는 사람은 토머스 제퍼슨 대학과 사바다 예술·디자인 대학교 총장뿐이다.[9] 대학 운동부 상업화의 최대 수혜자는 대부분 운동부 감독이다. 대학 선수들이 아마추어라는 이유로 응당 받아야 할 금전 혜택을 받지 못하는 대신, 대학 미식축구와 농구 감독들은 프로리그에 맞먹는 엄청난 혜택을 받고 있다. 이러한 현재의 가치 분배 구조는 매우 불공정해 보인다.

대학 스포츠와
플루티 효과

대학 스포츠와 체육 특기생 문제

2017년 3월 말, 교육부는 체육 특기생이 100명이 넘는 17개 대학의 학사 관리 실태를 발표했다. 체육 특기생 부정 입학과 학사 관리 부실 등으로 관계자 수백 명이 적발되었다. 미국 대학 운동부 사례를 들며 우리도 '공부하는 학생 – 선수'를 육성해야 한다는 사람들도 있다. 한국대학스포츠협의회는 운영 규정을 개정 했다. 2023년 기준으로 직전 2개 학기 평균 C0학점 이상 취득하여야 협의회 주최(주관, 승인)대회에 참가할 수 있도록 새로운 규정을 정했다.[1] 대학 스포츠가 가장 성공적으로 운영되고 있는 미국의 경우 운동선수들이 학업에 미진한 경우 일정 기간 대회에 출전하지 못하도록 하고 있다. 선수들의 운동 역량을 발전시키는 것도 중요하지만 선수들의 본분인 학업 역시 결코 소홀히 해서는 안 된다는 NCAA의 규정 때문이다.

1906년에 설립된 NCAA(미국대학스포츠연맹)의 역사는 120년에 가까운 역사를 갖고 있다. 그동안 다양한 시행착오를 겪어 현재는 안정적이고 성공적으로 운영되고 있다. 120년에 가까운 기간 동안 NCAA는 그야 말로 폭발적인 성장과 발전을 거듭해왔다. NCAA에 등록된 선수는 2023년 기준으로 50만 명이 넘고, 회원 대학만 1,100개 가까이 된다.[2] NCAA는 CBS와 2024년까지 10억 8천만 달러의 계약을 맺어 스포츠계를 놀라게 했는데 계약을 2032년까지 연장하고 8억 8천만 달러를 추가로 지급하기로 결정했다.[3] 2023년에는 '3월의 광란March Madness(남자 농구 68강 토너먼트)' 광고 비용이 30초당 230만 달러에 달하면서 프로스포츠를 뛰어넘는 인기를 증명했다.[4]

대학 운동부 감독의 연봉 또한 프로스포츠와 비교해도 크게 뒤쳐지지 않는다. 2022년 미국 켄터키대학의 칼리파리 감독(8백 53만 달러)이 받은 연봉은 미국 50개 주 주지사의 연봉을 합친 690만 달러보다 많았다. 캔자스대학의 셀프감독(600만 달러)과 미시건주립대의 이조 감독(570만 달러) 역시 엄청난 연봉을 받았다.[5]

대학 운동부의 수입 구조를 보면 NFL, MLB, NBA, NHL 등의 프로스포츠 리그와 거의 차이가 없다. 경기장 규모를 보면 오히려 대학 미식축구 경기장이 NFL보다 크다. 미시간대학을 비롯한 8개 대학은 10만 명을 수용할 수 있는 대형 미식축구 경기장을 갖고 있다.[6]

미국 대학 스포츠는 전인교육이라는 원래의 설립 목적과 멀어진 '일종의 수익 사업' 혹은 '최고의 홍보 수단'이 되었다는 비난의 목소리도 나온다. 그런데도 미국 대학 스포츠계는 현재 상황에 매우 만족하고 있는 듯한데, 플루티 효과Flutie effect 때문이다. 대학의 운동부가 좋은 성적을 거두면 미디어의 관심이 증가하고 대외 이미지도 좋아진다. 또한 교수, 교직원, 졸업생의 자긍심이 높아지면서 기부금 모금 활동이 탄력을 받는다. 대학의 경쟁력이 올라가 우수한 신입생들의 지원이 이어지면 대학의 학업 경쟁력도 증대된다. 이처럼 운동부의 활약으로 파생되는 다양한 긍정적인 가치를 플루티 효과라고 부른다.[7]

변해버린 대학 운동부의 가치

미국 대학 스포츠는 역사나 규모로 볼 때 우리와 비교할 수 없을 만큼 발전했지만 나름의 고민이 있다. 대학 운동부가 발전할수록 대학 설립 이념과 운동부 위상 사이의 거리가 벌어진다는 것이다. 듀크 대학의 공공정책학과 교수인 찰스 T. 클롯펠터Charles T. Clotfelter는 규모가 큰 52개 대학교(미국에서는 규모가 큰 대학들을 흔히 'Big-Time Universities'라고 일컫는다) 웹사이트에서 설립 목적을 살펴보았더니 교육, 연구, 공공서비스 3가지가 공통적이었다고 한다. 하지만 운동부 설명에 학교 설립 목적이 함께 언급된 경우는 52개 대학교 중 5개뿐이었다.[8] 구글에서 대학을 검색해보면, 대학 총장 이름보다 미식축구나 농구팀 감독의 검색량이 훨씬 많았다. 12배 이상 차이가 나는 학교도 있었다.

과거 옥스퍼드대학과 케임브리지대학의 조정 경기는 순수 아마추어 성격이 강해 하버드대학 총장이었던 엘리엇이 말한 진취성과 협동심, 도전 정신 고양 등 '순수한' 대학 스포츠의 가치를 잘 대변했다.

세계 어디를 가도 미국과 같이 대학 운동부가 정치적으로나 경제적으로 큰 영향력을 발휘하는 국가는 없을 것이다. 각 대학을 대표하는 운동부(특히 미식축구와 농구)는 일종의 권력으로 묘사되고, 정치적 세력을 과시하는 유용한 도구로 발전했다. 하지만 대학 운동부의 설립 목적은 이와는 매우 다르다.

대학 스포츠의 시초는 약 150여 년 전에 열린 영국의 옥스퍼드대학과 케임브리지대학의 조정 경기라고 할 수 있다. 당시는 스포츠 대회로 대학이 수익을 창출한다는 것은 상상할 수 없는 일이었다. 수천 명이 넘는 관중을 불러 모을 수는 있었지만, 상업적인 의미보다는 대학의 자존심을 건 순수한 아마추어 대회의 성격이 강했다. 20세기 이전 하버드대학 총장이었고 대학 스포츠의 지지자이자 옹호자였던 찰스 엘리엇Charles Eliot은 대학 스포츠가 학생들에게 어려운 상황을 이겨 낼 수 있는 도전 정신을 배울 기회를 제공한다고 했다.

하지만 현재 이러한 가치는 규모가 작은 대학에서나 들을 수 있다. 대형화·고급화하는 미국 대학 스포츠(특히 1부 리그)에서 엘리엇 총장이 원했던 학생 - 선수의 진취성이나 협동심, 도전 정신을 배울 기회를 찾아보기는 어렵다. 이제는 대학의 영리 혹은 홍보 사업의 일부로 인식될 뿐이다.

'플루티 효과'의 기원

플루티 효과의 기원은 30여 년 전으로 거슬러 올라간다.[9] 1984년 11월 23일, 미국 플로리다주 마이애미에서 보스턴대학과 마이애미대학의 미식축구 경기가 열렸다. 1983년도 우승팀이었던 마이애미대학은 전통적인 미식축구 명가로 미국 최대 공중파 방송사인 CBS가 마이애미대학의 모든 경기를 생방송으로 중계하기도 했다. 마이애미대학은 4쿼터 후반까지 45대 41로 앞서며 우승을 눈앞에 두고 있었다. 하지만 경기 종료 6초를 남기고 보스턴대학의 쿼터백 더그 플루티Doug Flutie가 던진 48야드 패스를 와이드 리시버 제라드 펠란Gerard Phelan이 받아내며 보스턴대학이 기적 같은 역전승을 거두었다.

이 경기는 당시 엄청난 센세이션을 일으켰고, 『폭스 스포츠』 기자인 케빈 헨치Kevin Hench는 이 경기를 미국 스포츠 역사에서 가장 기억할 만한 명장면 중 하나라고 했다. 이날 이후 보스턴대학은 2년 동안 대학 지원자가 전년 대비 30퍼센트 이상 늘어나는 매우 특별하고 이

보스턴대학	대학 지원율이 전년도 대비 30퍼센트 이상 증가(1984~1986년)
조지타운대학	대학 지원율이 전년도 대비 45퍼센트 이상 증가(1983~1986년)
버지니아코먼웰스대학	운동부 발전 기금이 전년도 대비 376퍼센트 증가, 대학교 발전 기금은 약 46퍼센트 증가
버틀러대학	대학 지원율이 전년도 대비 약 41% 증가
노던아이오와대학	입학 문의 전화가 30퍼센트 증가하고 학교 홈페이지 방문자는 4배 증가
메릴랜드 대학 볼티모어 카운티(UMBC)	재학생 수 18퍼센트 증가
노스웨스트 미주리 주립대학	입학관련 문의 및 요청 91퍼센트 증가
밥슨 칼리지	입학관련 문의 및 요청 50퍼센트 증가

색적인 경험을 하게 된다. 마이애미대학과의 미식축구 경기가 조그마한 예수회 대학인 보스턴대학의 터닝 포인트가 된 것이다.

조지타운대학 역시 보스턴대학과 유사한 경험을 했다. 패트릭 유잉Patrick Ewing(NBA에서 17년 동안 좋은 활약을 펼친 조지타운대학 농구팀 전 감독)이 조지타운대학 재학 시절인 1982년부터 1985년까지 조지타운대학은 NCAA 우승을 포함해 순식간에 농구 명문 대열에 올랐다. 이 기간(1983~1986년)에 조지타운대학 지원자 수는 45퍼센트 이상 증가했다. 2010년 NCAA 챔피언 결정전에 출전한 버틀러대학은 이 경기로 얻은 노출 효과가 6억 3,900만 달러에 달하고 신입생 지원율도 전년도 대비 약 41퍼센트 증가했다.[10] 버지니아코먼웰스대학도 2011년 준결승전까지 올라간 덕분에 운동부에 들어온 기부금이 전년도 대비 약 376퍼센트 증가했고, 대학교 전체로도 약 46퍼센트 증가했다. 2018년 미국 대학 남자농구 토너먼트 1라운드에서 볼티모어 카운티에 있는 메릴랜드 대학 볼티모어 카운티UMBC라는 작은 대학이 1번 시드를 받고 대회 우승후보로 손꼽혔던 버지니아 대학을 누르고 이변을 일으켰다. 16번째 시드를 받아 가까스로 토너먼트에 진출한 이 대학이 2라운드에 진출했다는 소식은 온라인 커뮤니티에서도 많은 관심을 끌었다. 신입생 지원율이 3퍼센트밖에 되지 않았던 이 대학은 이번 토너먼트의 이변으로 재학생 수가 18퍼센트 증가하는 기염을 토했다.[11] 플루티 효과는 규모가 작은 2부 및 3부 리그에 있는 대학에서도 발생했다.

2017년 미국 대학농구 2부리그와 3부리그의 우승대학인 노스웨스트 미주리 주립대학과 밥슨 칼리지는 각각 입학관련 문의가 91퍼센트, 50퍼센트 증가하여 플루티 효과를 톡톡히 봤다.[12]

커리와 데이비슨대학

약 10여 년 전부터 NBA에서 일명 '커리 신드롬'을 일으킨 스테픈 커리Stephen Curry는 2006년부터 2009년까지 노스캐롤라이나 주에 있는 정원 약 3,000명 규모의 데이비슨대학Davidson College에서 가드로 활약했다. 당시 커리는 무명 선수였고, 규모가 작은 데이비슨대학도 농구와 거리가 멀게 느껴졌다. 데이비슨대학의 경기는 지역 신문과 방송을 제외하면 별로 주목을 받지 못했다. 하지만 폭풍처럼 등장한 커리의 대활약으로 이전에는 상상도 못하던 일이 벌어졌다. 2008년 커리가 이끄는 데이비슨대학이 서던 컨퍼런스에서 우승을 차지하며 3월의 광란에 돌풍을 일으킨 것이다.

1969년 이후 40년 동안 한 번도 출전 기회를 얻지 못한 데이비슨대학은 미국 전체에서 68개 대학에만 주어지는 토너먼트 대회에서 7번 시드를 받은 곤자가대학을 누르고 32강에 진출해 언론의 주목을 받았다. 특히 전반 11점이 뒤진 상황에서 후반에만 30점을 몰아넣으며 총 40득점을 한 커리는 일약 신데렐라가 되었다.

게다가 32강에서 만난 팀은 전년도인 2007년 4강에 진출했던 전체 랭킹 7위의 조지타운대학이었다. 농구 전문가와 도박사 대부분은 조지타운대학의 승리를 점쳤다. 전반에 17점 차로 뒤진 데이비슨대학은 후반에만 25득점을 한 커리의 활약으로 결국 역전승을 거두었다. 이후 16강에서는 위스콘신대학을 만나 73대 56으로 가볍게 승리했다. 8강에서는 이 대회 우승 후보였던 캔자스대학을 만났다. 결국 패배해 안타깝게 4강 진출에 실패했지만, 커리가 25점을 넣는 등 59대 57로 대등한 경기를 펼쳤다(결국 캔자스대학이 우승을 차지했다).[13]

이후 데이비슨대학의 인지도는 급격히 상승했을 뿐만 아니라 이 대학의 지원율과 졸업생·지역 주민의 기부금이 증가했다. 특히 2013~2014년과 2014~2015년 졸업생들의 기부금이 급격히 늘어 미국 내 5위를 기록하며 플루티 효과를 톡톡히 경험했다.

2013년 3월의 광란에서도 비슷한 사건이 발생했다. 언론의 주목

현재 NBA 골든스테이트 워리어스에서 활약 중인 커리는 규모가 작고 인지도도 낮았던 데이비
슨대학 농구팀을 이끌면서 돌풍을 일으켰다. '3월의 광란'에서 활약해 자신도 엄청난 인기를 얻
었지만, 데이비슨대학도 인지도 상승, 지원율과 기부금 증가 등 플루티 효과를 톡톡히 보았다.

을 받지 못했던 플로리다걸프코스트대학은 16강에 진출한 후 '올해
의 신데렐라 팀'으로 이름을 떨치며 인지도가 급격히 상승했다. 그 전
에는 이 대학이 어디에 있는지조차 모르는 사람이 많았다(플로리다걸
프코스트대학은 플로리다주 포트마이어스에 있다). 일부 언론에서는 플로
리다걸프코스트대학이 있는 도시를 '덩크 시티Dunk City'라고 불렀는
데, 이후 '덩크 시티'는 이 도시를 상징하는 말이 되었다.[14]

플루티 효과를 증명하라

대학 스포츠가 급격히 성장하면서 플루티 효과는 연구 주제로도 각광 받기 시작했다. 하버드대학의 정덕진Doug J. Chung 교수는 통계를 이용해 플루티 효과의 실제 가치를 연구했다. 그 연구를 요약하면 다음과 같다. 첫째, 대학 미식축구팀이 형편없던 수준mediocre에서 월등한 수준great으로 높아지면 신입생 지원율이 18.7퍼센트 높아진다. 둘째, 이와 같은 효과를 얻으려면 대학 등록금을 3.8퍼센트 내리거나 교수의 월급을 5.1퍼센트 높여 교육의 질을 높여야 한다. 셋째, 학업 성적이 중위권에 속하는 학생들 뿐 아니라 우수한 학생들도 명문 미식축구팀이나 농구팀이 있는 대학을 선호한다.[15]

2017년과 2021년 3월의 광란 결승전에서 각각 노스캐롤라이나대학과 베일러대학에 패배해 준우승을 거둔 곤자가대학 역시 플루티 효과를 톡톡히 보았다고 할 수 있다. 1996년에 2,106명이었던 대학 지원자 수는 급격히 증가해 2013년에 8,000명이 넘었다.[16] 이 기간 동안 학생수가 증가한 원인은 크게 두 가지로 꼽아볼 수 있는데, 우선 2013년 개교 125주년을 축하하기 위해 1월 25일 라이벌인 브리검영대학과의 농구 중계를 ESPN을 통해 전국으로 생중계했다.[17] 그리고 2013년에는 대학 역사상 처음으로 약 2주간 NCAA 랭킹 1위를 기록했다.[18] 1998~1999년부터 2021년까지 곤자가대학의 전체 등록 학생의 수(대학원생 포함)는 80퍼센트 넘게, 학부생 수는 72퍼센트 증가했다.[19]

물론 대학의 인지도가 올라가고 평판이 좋아진 데는 여러 이유가 있을 것이고, 플루티 효과를 모든 대학에 일반화하기에는 한계가 있다. 그러나 정덕진 교수가 통계로 증명한 것처럼 대학 운동부의 성공적인 운영이 대학 발전에 중요한 역할을 하는 것은 분명해 보인다. 오늘날 대학 운동부의 현실은 엘리엇 전 하버드대학 총장이 원하던 모습과는 현저히 다르다. 더는 운동부의 운영으로 학생들이 진취력이나 협동심, 도전 정신을 배우게 될 것이라고 기대해서는 안 된다. 대학 스포츠는 이미 상업적 성공을 거두었고, 이로 인해 대학 운동부는 좋든 싫든 '플루티 효과 창출'이라는 명분 아래 대학 홍보와 수익 창출이라는 임무를 해내고 있기 때문이다.

대통령보다 보기 힘든
하버드대학 출신 NBA 선수

하버드대학 출신 프로 선수가 드문 이유

하버드대학(대학원 포함)을 졸업한 미국 대통령은 총 8명이다. 반면 하버드대학 출신의 NBA 선수는 단 4명(윈돌 그레이, 제러미 린, 사울 마리아친, 에드 스미스)에 불과하다.[1] 하버드대학을 나와 NBA 선수가 되는 것보다 차라리 미국 대통령이 되는 것이 쉬워 보이기도 한다. 미국 북동부에 위치한 명문 사립대학들로 이루어진 아이비리그는 브라운대학, 컬럼비아대학, 코넬대학, 다트머스대학, 하버드대학, 프린스턴대학, 펜실베이니아대학, 예일대학 등 총 8개의 대학으로 구성되어 있다. 1954년에 만들어진 아이비리그는 미국 대학 리그 중 최상위권인 1부 리그에 속해 있다.[2]

하지만 아이비리그에 속한 대학이 미식축구와 농구 등 인기 있는 대학 스포츠 리그에서 두드러진 활약을 보인 적은 거의 없다. 가끔 대학 농구 최대의 이벤트인 '3월의 광란'에서 68개 대학에 포함될 뿐 이렇다 할 센세이션을 일으킨 적은 없다. 이와는 반대로 듀크대학이나 스탠퍼드대학과 같은 명문 사립대학은 각종 스포츠에서 두드러진 활약을 펼쳐 아이비리그와는 다른 행보를 보인다. 특히 마이클 시셰프스키Mike Krzyzewski 감독은 듀크대학에서 42년간 남자 농구팀을 이끌면서 다섯 번의 챔피언십 우승 트로피를 받았다.[3]

세계 최고의 명문 사립대학들로 이루어진 아이비리그가 유독 스포츠에서 두각을 드러내지 못하는 이유는 무엇일까? 그 이유는 바로 아이비리그에서는 운동선수들만을 위한 장학제도를 허용하지 않기 때문이다. 즉 미국 대학 스포츠 1부 리그에 속한 350여 대학 중 아이비리그에 속한 8곳은 운동을 잘한다고 해서 장학금을 주지 않는다.

2012년 뉴욕 닉스 소속의 아시아 선수로 '린세니티Linsanity'라는 돌풍을 일으킨 하버드대학 출신의 제러미 린Jeremy Lin은 미국 1부 리그에 있는 대학 350곳에서 체육 특기생에게 주는 장학금을 받지 못해 결국 하버드대학에 진학했다. 경제학을 전공한 그의 졸업 학점은 3.1이다.[4] 고등학교 때의 학점은 4.2로 알려져 있다. 그렇다면 다른 선수 – 학생들은 과연 공부와 운동이라는 두 마리 토끼를 잡을 수 있을까?

결론부터 말하자면 거의 불가능에 가깝다. 린의 사례는 기적에 가깝다. 하버드 출신 대통령이 8명이나 나왔음에도 NBA 선수는 4명밖에 없다는 것이 이를 증명한다. 오랫동안 대학들은 운동과 공부를 다 잘할 수 있는 프로그램을 개발했고, 이는 매우 성공적으로 운영되고

제러미 린(가운데)는 하버드대학 출신으로 더 유명했다. 하버드대학을 비롯한 아이비리그는 전인교육의 일환으로서만 스포츠의 가치를 인정하기 때문에, 체육 특기생에게 운동 장학금을 제공하지 않는다.

있다고 주장했다. 이는 대부분 사실이다. 클롯펠 터Clotfelter 교수가 조사한 것처럼 골프, 테니스, 수영, 라크로스 등의 종목에서 활약하는 많은 선수가 중산층 이상의 가정에서 자랐다. 이들이 대학에 진학한 목적은 해당 종목의 프로 선수가 되기보다는 전공을 살려 경력을 쌓고자 함이다. 대학에서 운동을 하는 이유는 운동 장학금을 받아 학비 부담 없이 공부를 하기 위해서다. 이들은 흔히 우리가 그토록 꿈꾸는 '공부 잘하는 선수'의 표상이다. 하지만 대학의 모든 운동선수가 공부를 잘하는 것은 아니다. 특히 소속 대학에 수백억 원에서 수천억 원의 수입을 안겨주는 종목의 운동선수들은 '공부 잘하는 선수'와는 한참 거리가 멀어 보인다. 이러한 사실은 2014년 노스캐롤라이나대학 운동부에서 선수들의 학업을 관리하는 임무를 맡은 메리 윌링햄Mary Willingham의 내부 고발로 세상에 알려졌다.[5] 이전에도 대학 운동부의 부실한 학사 관리가 문제가 된 적은 있었지만 이번처럼 커다란 사건은 없었다. 드디어 소문으로만 무성했던 운동선수의 학습 능력을 둘러싼 일부 대학 운동부의 민낯이 드러난 것이다.

운동부의 성공 뒤에 숨은 검은 그림자

노스캐롤라이나대학의 꼼수와 속임수는 우연한 기회로 드러났다. 2011년 이 대학 미식축구 선수였던 마이클 맥커부Michael McAboo는 수업 과제를 학업 도우미 학생에게 대신 부탁하는 등 부정행위를 한 대가로 미식축구 경기에 출전할 수 있는 권리를 상실했다. 하지만 그는 이를 인정하지 않고 NCAA를 상대로 소송을 제기했다. 이 과정에서 맥커부가 수업 시간에 제출했던 과제물이 공개되면서 문제는 걷잡을 수 없이 커졌다. 그의 과제물에서 여러 번의 표절이 발견되었을 뿐만 아니라 내용이 형편없었기 때문이다. 게다가 같은 대학 미식축구 선수였던 마빈 오스틴Marvin Austin은 대학 1학년 때 4학년 학생들을 대상으로 개설된 수업을 듣는 등 쉽게 납득할 수 없는 사례가 계속해서 적발되었다. 당시 운동선수들의 학업을 관리하던 윌링햄은 선수들의 성적과 수강 과목을 살펴보다가 이상한 점을 발견했다.

1990년대부터 2011년까지 15년이 넘는 기간 동안 여름마다 '아프리카학과African and Afro-American Studies'에서 미식축구와 농구 선수들을 위한 강의를 개설했는데, 문제는 이 과목을 가르친 교수가 없었던 것이다. 이 사실이 밝혀지면서 문제가 일파만파로 커졌다. 윌링햄은 이 사실을 외부 언론사에 고발했고, 결국 이 사건은 CNN을 통해 전국에 알려졌다. 노스캐롤라이나대학은 내부 고발자인 윌링햄을 즉각 해고했다. 이 사건을 조사한 결과, 실제로 개설되지 않았지만 성적표에는 나오는 일명 '유령 과목'이 총 200차례 이상 미식축구와 농구 선수들을 대상으로 여름마다 개설되어 선수들의 학점을 올리는 데 매우 중요한 역할을 한 것으로 나타났다. 더욱 가관인 것은 명목상 이 과목의 강사로 이름을 올린 교수는 강의료로 매년 1만 2,000달러를 챙겼다는 것이다. 이뿐만 아니라 윌링햄은 이 대학 미식축구와 농구 선수 183명 중 60퍼센트 이상이 대학 수업을 할 수 없을 정도로 읽기 능력 수준이 떨어졌다고 고백했다.

하지만 이는 노스캐롤라이나대학만의 문제는 아니었다. 오클라호마대학의 제럴드 거니Gerald Gurney 교수는 자신이 수행한 연구에 기초해 미식축구와 남자 농구 선수들의 7~18퍼센트가 초등학교 4학년 이하의 독해 능력을 갖고 있다고 주장했다.[6] 운동선수들의 학업 수준과 관련된 사건은 거의 매년 발생한다. NCAA는 매년 정기 조사로 대학 운동부의 학력 위조나 학업과 관련된 각종 부정행위를 감시한다. 2014년에는 총 5,000건이 넘는 부정행위를 적발했는데, 그중에서

22건은 매우 심각한 형태의 위법행위였다.[7] 2015년에는 20개 대학 운동부가 조사를 받았고, 2016년에는 10여 개 대학이 고발당했는데, 이 중에서 가장 큰 위법을 저지른 조지아서던대학의 운동부는 미식축구 선수들의 학력 사기로 미식축구 선수 3명을 비롯해 직원 2명이 해고당했다.[8] 또한 대학 운동선수들의 학습 보조교사로 활동한 노스캐롤라이나 학생이 실제로 운동선수들의 숙제를 대신 해주었다고 고백해 학력 위조와 부정행위가 일어난 구체적인 정황이 드러나기도 했다.[9]

2019년에는 미시시피 주립대학교에서 풋볼 선수들, 남자 농구 선수들의 학습을 도와주던 운동부 소속 학습 보조 교사가 11명의 풋볼 선수들과 남자 농구 선수들이 온라인으로 듣는 일반 화학 수업의 과제를 대신 하거나 심지어 시험을 대신 치르는 등의 부정행위가 적발되었다. 이로 인해 미시시피 대학 운동부는 5천 달러와 풋볼과 남자 농구 팀 총 예산의 1퍼센트를 벌금으로 내야 했고, 2020-2021년 시즌 동안 운동부 예산 삭감, 운동부 장학금 삭감 등의 패널티를 받았다.[10]

NCAA의 꾸준한 감시에도 대학 운동부의 학력 비리는 끊임없이 발생하고 있다. 그렇다면 선수의 학력 비리는 왜 없어지지 않는가? 공부하는 학생은 정말 가능한가? 대학 운동부가 당면한 문제점을 속속들이 파헤쳐보자.

대학 운동부의 정체성 문제

프로스포츠 구단은 수입 중 50퍼센트 이상을 선수의 연봉으로 지출하는 반면, 대학 운동부는 수입 대부분을 학교와 다른 운동부의 운영비로 사용한다. 대학 운동부가 이렇게 할 수 있는 명분은 무엇일까? 바로 대학 선수들은 아마추어 신분이라 연간 수백억 원에서 천억 원의 수입을 창출한다고 해도 대학 교육을 무료로 제공하기만 한다면 대학은 역할을 다하는 것이라는 게 그 명분이다. 이러한 명분 아래 NCAA와 하부 컨퍼런스, 그리고 1부 리그에 속한 대학 수백 곳이 수조 원에 달하는 돈 잔치를 벌이는 동안 막상 NCAA의 핵심 공로자인 대학 선수들은 어떠한 금전적 혜택을 받지 못했다. 대학은 프로급 실력을 가진 대학 선수들을 수익을 창출할 핵심 요원으로 길러내는 대신 아마추어라는 가면을 씌우고 그들의 진정한 정체성을 애써 감추고 있다. 일부 핵심 선수의 경우 성적 미달로 출전권이 박탈되는 것을 우려한 나머지 학교 측에서 학습 보조 교사를 여러 명 고용해 경기 출전에 필요한 최저 학점을 받게 하려는 노력은 감동적이기까지 하다. 학점 미달로 대학의 거대한 수입이 사라지는 일을 그냥 두고 볼 수 없는 것이다.

무늬만 아마추어인 대학 선수들은 서서히 그들이 처한 상황을 파악하고 그동안 놓치고 잃어버렸던 가치를 되찾으려 안간힘을 쓰고 있다. 특히 2014년 미국 노스웨스턴대학Northwestern University 미식축구 선수들은 선수들의 좀 더 나은 복지(건강보험, 연습 시간과 경기 시간, 장학금 혜택 등)를 위해 미국 연방노동관계위원회National Labor Relations Board 에 노동조합 결성을 신청하는 등 전보다 적극적으로 자신들의 권리를 주장하고 나섰다.[11]

블룸, NCAA를 고발하다

대학 선수의 자격 유지eligibility와 영리 목적의 과외 활동과 관련된 NCAA의 불평등하고 불합리한 처우를 정면으로 비판하고 NCAA를 상대로 법적 투쟁을 한 유명한 사건이 있다.[12] 당시 콜로라도대학 미식축구 선수였던 제러미 블룸Jeremy Bloom의 법적소송은 많은 사람의 이목을 집중시켰다.

블룸은 세 차례에 걸쳐 모굴스키mogul ski 부분 월드 챔피언에 올랐으며, 두 차례에 걸쳐 미국 대표로 올림픽에 출전했고, 월드컵 대회에서 금메달 11개를 획득한 미국스키협회 명예의 전당 회원이다. 그의 스키 경력이 보여주듯이 블룸의 꿈은 (미식축구 선수가 아닌) 세계 최고의 모굴스키 선수가 되는 것이었다. 하지만 안타깝게도 NCAA는 스키 종목을 후원하지 않았기에 블룸은 스키 선수로서 장학금과 생활보조를 하나도 받지 못했다. 콜로라도주에서 태어나고 자란 블룸은 콜로라도대학 미식축구 팀에서 전액 장학금을 제공하겠다는 제안을 받아들여 미식축구 선수로 활약했다. 그러던 중 그가 스키용품 업체의 후원 계약금 10만 달러를 받은 것이 문제가 되어 대학과 마찰이 생겄다. 결국 NCAA는 미식축구 선수 자격을 정지했다(사실 2002년 솔트레이크 시티 올림픽에 프리스타일 모굴스키 종목 미국 대표로 출전한 그는 2006년 토리노 올림픽 준비를 위해 많은 전지훈련 등에 참가해야 했는데, 후원 계약 없이 그 훈련 비용을 감당하는 것이 거의 불가능한 상황이었다). 이러한 NCAA와 콜로라도대학의 결정에 불복한 블룸은 결국 정식 소송을 통해 그가 당한 불합리한 처우를 세상에 알렸다.[13] 당시 이 법적 투쟁은 다윗과 골리앗의 싸움으로 비유되었는데, 비록 소송에서 이기지는 못했지만, 블룸의 주장은 많은 사람의 지지를 받았으며 NCAA의 위선을 고발하는 시발점이 되었다고 할 수 있다.

NCAA를 둘러싼 집단소송

2009년 7월 UCLA 전 농구 선수(주전 파워 포워드)이자 1995년 NBA 드래프트에서 전체 9번째로 뉴저지 네츠(현 브루클린 네츠)에 선발되어 NBA에서 활약한 에드 오배넌Ed O'Bannon은 NCAA와 미국 주요 대학들의 저작권과 상표를 대행하는 CLCCollegiate Licensing Company가 독점금지법을 위반하고 동시에 자신의 초상권을 침해했다는 이유로 소송을 제기했다. 다시 말하면 오배넌은 자신의 모교인 UCLA를 졸업한 지 20년 넘게 지났는데도 자신의 당시(1990년대 중반) 활약상이 담긴 경기 동영상이 여전히 ESPN 스포츠 클래식 등의 채널을 통해 방영되고 있고, 이를 통해 NCAA가 지속적으로 수익을 창출하고 있음에도 정작 당사자인 자신은 이러한 수익 분배에서 철저하게 외면당하고 있는 것이 부당하다고 주장했다. 비디오게임 공급사인 EA스포츠 역시 자신의 이미지를 통해 수익을 얻고 있는데, 자신의 초상권이 무차별적으로 그들의 수익 창출에 이용당하고 있다며 문제를 제기했다.[14] 이 소송이 한창 진행 중이던 2011년 1월에 이 사건의 공동 피고 측인 NCAA와 EA스포츠, CLC는 일찌감치 원고 측과 총 4,000만 달러에 최종 합의하며 이 사건을 마무리 짓고 소송에서 빠져나왔다.

이러한 문제가 비단 오배넌에게만 해당되는 것은 아니다. 2010년 3월 미국 네브라스카대학의 쿼터백으로 활약했던 샘 켈러Sam Keller 역시 자신의 초상권이 NCAA에 이양되어 그에 대한 어떤 금전적인 혜택도 받을 수 없다는 사실을 인지하고 자신의 초상권을 이용해 가장 큰 수익을 얻은 EA스포츠를 상대로 소송을 제기했다. NCAA 농구 경기 역사상 가장 인상 깊었던 경기 중 하나인 1979년 인디애나주립대학과 미시건주립대학의 경기에서 래리 버드Larry Bird가 뛴 인디애나주립대학이 매직 존슨이 이끈 미시건주립대학에 패했다. 이 경기에서 버드와 같은 팀 선수였던 알렉스 길버트Alex Gilbert 역시 자신의 초상권이 무차별적으로 이용되고 있는 상황을 비판하고 이에 대해 정당한 권리 행사를 해야 한다고 주장하며 오배넌과 함께 NCAA를 상대로 소송을 제기했다. 이 밖에 오스카 로버트슨Oscar Robertson과 빌 러셀 Bill Russell 등 20명이 넘는 유명 농구 선수들이 참여한 이 집단소송은 NCAA의 역사상 가장 중요한 소송 중 하나로 인식되고 있다.[15]

2014년 8월 8일에 윌킨Wilken 판사의 심리로 이루어진 결심 공판에서 오배넌은 NCAA를 상대로 원고 일부 승소 판결을 받아냈다. 이 소송이 지닌 상징적 의미는 다음과 같다.

첫째, 대학 선수 시절에는 아마추어 신분이라는 이유로 어떠한 금전적 혜택을 받지 못했지만, 대학을 졸업한 지금은 NCAA가 외치는 '아마추어리즘'이라는 주장이 더는 설득력을 얻지 못하게 되었다. 또한 이 소송을 통해 (그동안 공론화되지 않았던) 운동선수들과 유사한 조건에 있는 음악 대학과 미술 대학 학생들과의 형평성 문제를 제기했다는 것이다. 즉 운동선수들과 같이 장학금을 받는 음대·미대 학생들이 학기 중이나 방학 중에 그들의 전공을 이용한 (영리 목적의) 개인 과외나 기타 여러 창작 활동을 보장받는 반면, 운동선수들은 (단순히 장학금을 받는다는 이유로) 학기 중이나 방학 중 (영리 목적의) 어떠한 스포츠 활동도 할 수 없다는 것은 누가 봐도 형평성에 어긋난다.

둘째, 1972년 미국 메이저리그의 독점금지법에 관한 대법원 판결 이후 잠잠했던 다른 스포츠 리그의 독점 금지에 대한 논의가 이 소송을 기점으로 점점 더 다양하고 심도 있게 일어날 것으로 보인다.[16]

셋째, 오배넌이 이 소송에서 최종 승소할 경우, NCAA가 보상해야 할 금액이 수백억 원에서 수조 원에 이를 수 있어 NCAA의 재정에 적잖은 충격을 안길 수 있다는 것이다. 오배넌뿐만 아니라 이와 비슷한 처지에 놓인 수많은 과거와 현재의 대학 선수들(약 10만여 명으로 추산)이 자신의 권리를 주장할 것이 자명하기 때문이다.

대학 스포츠의 이상과 현실

미국 대학 스포츠는 외형적으로나 내면적으로나 상상할 수 없을 정도로 발전했다. 대학 스포츠가 그렇게 갈구하던 '공부하는 학생 – 선수'가 양성되었고, 이는 대학 운동부에 커다란 자긍심을 안겨주었다. 또한 외형적인 성장과 발전을 통해 미국 대학 스포츠는 프로스포츠와 견주어도 결코 뒤지지 않는 규모의 수입을 창출하는 거대한 수입원이 되었다. 이러한 바탕에는(1부 리그에 속한 거대 규모의 일부 대학을 중심으로 한) NCAA의 '상업주의 전략'이 있었다.

하지만 이러한 상업적 성공은 대학 운동부의 설립 목적에서 벗어난 것이고, 이러한 과정에서 다양한 문제점이 발생했다. '공부 잘 하는 학생 – 선수'는 주로 일부 종목에서만 나타났고, 정작 운동을 학업 기회를 얻을 유일한 수단으로 여기는 하위 계층에 속하는 미식축구 선수나 농구 선수들은 학업에 몰두하는 대신 학교에 엄청난 규모의 수입을 올려주는 데에만 앞장서고 있을 뿐이다. 각 대학 운동부는 '학력이 미달하는 특A급 선수'를 어떻게 해서든 경기에 뛸 수 있도록 만들려고 학습 보조교사를 여러 명 고용할 뿐 아니라 '학력 부정'이라는 무리수를 두는 일도 종종 발생하고 있다. 학교의 배를 불려주는 학생 – 선수들은 막상 아마추어 신분이라는 이유로 (장학금 명목으로) 무료 수업권과 매우 적은 규모의 기초 생활비만 지원받을 뿐이다. 더 물러설 곳이 없는 절박한 상황에 처한 학생 – 선수들이 기댈 수 있는 것은 오직 소송뿐이다. 듀크대학 출신의 NBA 선수인 J. J. 레딕J.J.Redick

은 2017년 4월 3일 '3월의 광란'이 끝나자마자 트위터에 다음과 같은 글을 올렸다. "노스캐롤라이나대학의 우승을 축하합니다. 오늘 결승전에서 활약한 모든 선수들은 금전적인 보상을 받아야 합니다. 장학금만으로는 부족합니다Congrats to UNC. Seriously. Also-every player on the court tonight should have been paid. Scholarships don't count." 그가 주장하는 것은 수십 명, 수백 명이 듣는 강의실에 의자 하나를 더 놓고는 이를 장학금이라는 명목으로 선수들에게 생색내지 말고, 그 대신 우승으로 학교가 벌어들인 수입 중 상당 부분을 선수들의 몫으로 돌려줘야 한다는 것이다.[17] 아마추어 선수니까 '열정 페이'에 만족하라고 해서는 안 된다는 깊은 뜻이 담겨 있다.

2021년 7월 1일은 미국 대학 스포츠 역사상 가장 중요한 변화가 생긴 날이다.[18] 대학 운동부 선수들이 소속 대학 및 후원 기업으로부터 장학금의 명목이 아닌 수익금 명목으로 돈을 벌 수 있는 기회를 얻은 것이다. 이를 NIL이라고 통칭해서 부르는데, 대학 의류 제조업체와 EA 스포츠와 같은 비디오 게임 회사에 선수들의 이름, 이미지, 유사성NIL: name, image, likeness의 사용권을 판매하고 이를 통해 엄청난 수익을 거뒀다. 하지만 대학 운동선수들은 종목, 인지도, 명성과는 상관없이 그들이 '학생-선수'라는 아마추어 신분을 가진 학생이라는 이유로 오랫동안 수익을 분배하지 않았다. 하지만, UCLA출신이나 전 NBA 선수인 에드 오베넌 선수가 NCAA를 상대로 한 소송에서 일부 승소를 하면서 분위기는 정반대로 바뀌었다. 이 소송 결과를 시작으로 대학 운동부는 소속 선수들이 개별 후원 계약을 맺고 얻은 수입에 대해서는 어떤 제재나 통제를 할 수 없게 되었다.

　이 규정이 생긴 첫 해에 미국 운동선수들이 NIL 명목으로 벌어들인 총 수입은 917억 달러에 달하는 것으로 알려졌다.[19] 2022년 5월 31일까지 NIL 명목으로 미국 대학 1부 리그에 속한 선수들은 평균 3,711달러의 수입을 올렸고 일부 유명 남자 농구 및 풋볼 선수들은 수십만 달러를 벌어들였다. 수입을 올린 선수들 중 67퍼센트는 남자 농구 선수들과 풋볼 선수들이었다. 알라바마 대학교 쿼터백 선수이자 하이즈맨 트로피(가장 우수한 대학 풋볼 선수에게 주는 상) 수상자인 브라이스 영 선수는 이미 대학생 신분으로 2022년에 1백만 달러를 벌어들였는데 Subway 샌드위치, 로건스 로드하우스, BMW와의 후원 계약을 통해 더욱 더 많은 수입을 올릴 것으로 알려졌다. 루이지애나 주립대학교 체조 선수인 19세 올리비아 던 선수는 2백만이 넘는 인스타그램 팔로워를 갖고 있다. 그녀는 EA Sports, TooFaced 화장품 회사 등과의 후원 계약을 통해 이미 2021년에 수백만 달러의 수익을 올렸다.[20] 대학 스포츠는 열렬한 지지자였던 엘리엇 전 하버드대학 총장이 기대했던 것과는 정반대 방향으로 가고 있다. 학생들에게 진취력, 협동심, 그리고 도전 정신을 배양할 목적으로 운동부를 운영하는 대학은 거의 없는 실정이다. 만약 엘리엇 총장이 지금의 대학 스포츠를 보면 어떤 반응을 보일지 매우 궁금하다.

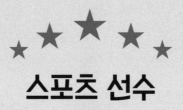

스포츠 선수
시장

프로야구 선수의 가치 평가는
왜 어려울까?

프로야구 선수 노동시장의 형성

일반적으로 노동시장은 노동력을 가진 사람과 노동력이 필요한 사람이 만날 때 형성되는데, 노동자는 노동 서비스를 고용자에게 제공하는 대가로 급여를 받는다. 일반적인 경쟁시장에서는 다수의 노동자와 고용자가 존재하기에 노동의 가치는 이들의 수요와 공급에 따라 합리적으로 그리고 공정하게 결정된다. 예를 들어, 야구 용품을 만드는 ABC공장에서 직원 1명을 고용하고자 할 때, 이 공장은 오직 신규 직원 1명이 새롭게 창출해내는 한계가치가 직원이 요구하는 임금(회사에서는 비용으로 인식)보다 클 경우에 직원을 고용하려 할 것이다. 이 가치를 경제학에서는 한계수입생산Marginal Revenue Product이라고 일컫는다. 한계수입생산은 한계생산Marginal Product과 한계수입Marginal Revenue

으로 구성된다. 한계생산은 새로운 직원이 생산해낸 야구 용품의 종류와 수로 측정할 수 있고, 한계수입은 새롭게 생산해낸 야구 용품을 시장에 판매해 얻을 수 있는 수입이라고 할 수 있다.

쉽게 말하면, ABC공장의 신규 직원이 한 달에 생산할 수 있는 야구 글러브가 500개고, 이 야구 글러브가 1만 원에 판매된다고 할 때, 한계생산(야구 글러브 500개)과 한계수입(1만 원)을 곱한 값이 이 신규 직원의 한계수입생산이라고 할 수 있다. 신규 직원의 한계수입생산이 약 한 달에 500만 원이고, 이 직원에게 들어가는 모든 제반 비용이 300만 원이라면, 이론상으로는 이 공장의 소유주는 신규 직원에게 (모든 제반 비용 300만 원을 제외한) 200만 원의 임금을 제공할 의향이 있을 것이다. 하지만 완전경쟁시장에서는 야구 용품 공장에서 원하는 노동 서비스를 가진 (잠재적) 직원들이 적지 않기 때문에 이들의 임금은 200만 원이 채 안 될 수도 있고, 고용이 되지 않을 수도 있다.

그렇다면 프로스포츠 선수의 적정 가치인 한계수입생산은 어떻게 결정되는가? 완전경쟁시장이라는 가정 하에서는 운동선수들의 임금 (혹은 연봉)은 그들의 한계수입생산의 가치와 일치하며, 오로지 다음과 같은 두 가지 조건만이 선수들의 임금을 증가시키는 합리적인 요인이 될 수 있다. 첫째는 프로스포츠 선수들이 새롭게 창출하는 한계생산의 증가이고, 둘째는 한계수입의 증가라고 할 수 있다. 다시 말해서 프로스포츠 리그에서 활동하는 선수의 경우, 한계생산의 증가는 구단의 승리에 (직접적으로 혹은 간접적으로) 기여한 선수 개개인의 내적 기여도라고 할 수 있고, 한계수입의 증가는 선수 개개인의 내적 기여도에 따른 구단의 수익[입장료 수입, 머천다이즈 수입, 기타 사업 수입(방송 중계권 수입, 용품 판매 수입 등), 기타 수입 등] 증가분이라고 해석할 수 있다.

프로 선수들의 생산성을 결정하는 근거가 될 수 있는 통계자료들이 최근 들어 비교적 풍부해졌기에 선수들의 한계생산가치를 측정하는 것이 불가능한 것은 아니다. 하지만 선수들의 한계생산가치를 판단하는 기준은 전문가마다(또는 구단마다) 다르고 스포츠 종목에 따라 그리고 스포츠 시장의 규모와 구조에 따라 차이가 있기에 우리가 기대하는 어떤 절대적인 법칙은 존재하지 않는다. 뿐만 아니라 위와 같은 프로스포츠 시장의 특수성으로 인해 일반 노동시장의 임금 결정 이론은 스포츠 선수 시장에 적용할 수 없고, 이로 인해 비시장적 가치와 불확실성이 증가하면서 프로스포츠 선수의 진정한 가치가 변형 혹은 왜곡되는 현상이 발생한다.

프로스포츠 노동시장의 특이성

프로스포츠 선수 시장은 일반 노동시장과는 그 본질이 매우 다른 양방 독점(소비자 독점+생산자 독점)의 불완전경쟁시장으로 분류되는데, 이러한 이유로 일반 노동시장의 경제 이론을 그대로 적용할 수 없는 어려움이 따른다. 따라서 프로스포츠 선수의 가치를 되도록 공정하게 결정하기 위해서는 반드시 프로스포츠 노동시장의 특이성을 이해해야 한다.

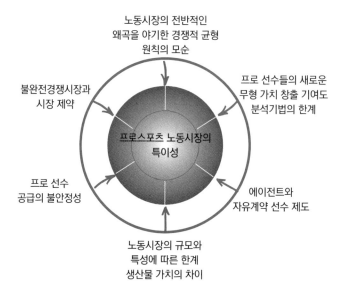

프로스포츠 노동시장의 특이성[1]

노동시장의 전반적인
왜곡을 야기한 경쟁적 균형
원칙의 모순

프로 선수들의 새로운
무형 가치 창출 기여도
분석기법의 한계

불완전경쟁시장과
시장 제약

프로스포츠 노동시장의
특이성

프로 선수
공급의 불안정성

에이전트와
자유계약 선수 제도

노동시장의 규모와
특성에 따른 한계
생산물 가치의 차이

　　프로스포츠 선수 시장은 다른 시장에서는 흔히 볼 수 없는 매우 독특한 형태의 불완전경쟁시장이다. 예를 들면, 겉으로 보기에 프로스포츠 선수들은 그들이 지닌 내재적인 시장가치와 구단의 필요와 선택에 따라 다른 구단으로 이동이 가능하기 때문에 마치 완전경쟁시장처럼 인식될 수 있지만, 실제로는 대부분 프로스포츠 시장은 양방 독점이라는 매우 독특한 구조로 된 불완전경쟁시장이다. 다시 말해서 프로야구의 경우 한국야구위원회KBO라는 수요 독점자와 한국프로야구선수협회라는 사단법인으로 구성되어 있어서, 전자는 수요 독점자로서 후자는 공급 독점자로서 절대적인 영향력을 행사한다. 따라서 프로야구 선수가 되고 싶어 하는 사람은 한국프로야구선수협회라는 법인체를 통해 (해외 리그로 진출하지 않을 경우) 한국야구위원회에서만 프로야구 선수로 활약할 수 있다. 이러한 양방 독점이라는 독특한 구조는 국내외 선수들의 경제적 가치를 변형 또는 왜곡할 수 있는 중대한 변인으로 작용한다. 한 예로, 대구 상원고 김성민 선수는 고등학교 2학년생 신분으로 볼티모어 오리올스와 50만달러에 마이너리그 입단 계약을 체결하였다. 김성민 선수와 오리올스 측 모두 한국야구협회(현 대한야구소프트볼협회) 및 KBO의 규정을 어기고 계약을 한 것이 발각되었다. 이 사건으로 인해 김성민 선수는 "대한야구협회 지도자 및 선수등록 규정 제10조 4항을 위반했다"는 이유로 대한야구협회로부터 영구 제명을 받고 사실상 한국에서는 야구 선수로 활약할 수 없게 되었다.[2]

만약 프로야구 선수 시장이 완전경쟁 그리고 완전개방시장이었다면 어떻게 되었을까? 미래가 아주 유망했던 김성민은 미국 메이저리그든 일본 프로야구 리그든 그의 가치를 최대한으로 보상 해줄 수 있는 리그와 구단을 선택했을 가능성이 아주 높다. 하지만 한국 고교 야구 리그에서 한국 국적을 가지고 활약했던 태생적인 한계로 말미암아 그는 앞으로 한국에서 야구 선수로 활약할 길이 막혀버린 것이다. 다시 말해서, 야구 선수로서 김성민의 정당한 시장가치는 양방 독점시장이라는 한계로 말미암아 왜곡될 수밖에 없었고, 최악의 경우 한국 프로야구 노동시장으로의 진입 자체가 어려울 수도 있는 것이다.[3] 과거 박찬호, 김병현, 조진호, 그리고 최희섭 등 한국을 대표하는 선수들이 대학을 중퇴하고 메이저리그 진출을 선언하면서 위기의식을 느낀 한국야구협회나 한국야구위원회가 한국 야구 발전을 위해 내린 극단적인 처방책은 (경제학적인 측면에서 볼 때) 한국 야구 선수의 노동시장을 왜곡하는 결과를 낳았다고 할 수 있다.

'경쟁적 균형' 원칙의 모순

글로벌 IT 업체인 애플, 구글, 인텔과 어도비는 다자간 협상을 통해 서로 우수한 직원들을 스카우트하지 말자는 담합을 했다. 이 사실이 밝혀지자 회사 직원들은 독점금지법에 따라 집단소송을 했고, 이 소송의 결과로 원고들은 총 4억 1,500만 달러의 배상금을 받을 수 있었다.[4]

하지만 이와 유사한 사건이 프로스포츠 리그에서 매년 한 해도 빠짐없이 벌어지고 있지만, 아무도 이에 법적인 이의를 제기하지 못하고 있다. 그것은 바로 다음과 같은 이유 때문이다.

프로스포츠는 대부분 여러 개의 개별구단으로 구성된 하나의 리그를 형성하고 있는데, 각각의 구단은 독립된 경영을 하는 개별 기업의 형태(혹은 구단)를 띠고 있지만, 프로스포츠 리그는 대부분 '경쟁적 균형competitive balance'이라는 구호 아래 '여러 구단'을 통한 '하나의 리그'라는 방식으로 운영되고 있다. 일반적으로 시장에서 경쟁력을 잃는 기업은 쉽게 도태되거나 심지어 파산하고 만다. 한때 카메라와 필름 분야에서 세계 1위를 차지했지만 디지털 카메라 시대에 적응하지 못하고 결국 파산하고 말았다. 비디오 대여 업체였던 블록버스터 역시 디지털 시대에 DVD를 고집하다 파산한 기업이 되었다.

하지만 프로스포츠시장은 '경쟁적 균형'이라는 명분으로 꼴찌팀에게 오히려 인센티브를 주면서 실력 상승을 돕는다. 예를 들면, 꼴찌팀에게 내년도 드래프트 1순위 지명권을 주거나 방송중계권으로 인한 수입을 1/N로 공평하게 나누어 갖는다. 꼴찌팀에게 인센티브를 주는 이유는 리그에 속한 모든 팀의 성적이 비슷비슷해야 팬들이 경기를 관람할 동기가 생기기 때문이다. 극단적인 예로 뉴욕 양키스와 고등학교 수준의 리그 꼴찌팀의 경기를 누가 비싼 입장권을 사서 보겠는가?

또한 대부분의 프로스포츠 리그는 프로 선수들의 독점 수요자 역할을 할 뿐만 아니라 동시에 특정 스포츠 경기 상품의 독점 생산자 역할을 한다. 이런 까닭에 다른 일반 시장에서는 불공정 거래로 인식되는 (신인 선수 최고 연봉 제한 제도, 신인 선수 드래프트 제도와 자유계약 선수 제도 등) 경쟁자 간의 가격이나 수요에 대한 담합이 프로스포츠 시장에서는 아무런 제재도 받지 않고 이루어지고 있다. 이로 인해서 프로스포츠 선수 노동시장이 왜곡되고 프로 선수들의 공정한 경제적 가치는 시장이론에 따라 형성되지 못하는 경우가 발생한다.

'무형 가치 창출 기여도' 분석 기법의 한계

여타 산업과 비교할 때 프로스포츠 구단은 극히 적은 인원으로 구성된 프런트 직원과 선수들이 엄청난 규모의 수입을 낸다. 미국의 뉴욕 양키스 구단은 구단주(가족)를 제외한 직원 수가 90명이 채 넘지 않고(2023년 기준), 선수들을 다 합쳐도 130명이 넘지 않는데, 2022년 구단의 총매출이 6억 5,700만 달러에 이른다.[5] 물론 애플이나 구글과 같은 글로벌 기업들의 총매출과는 비교가 안 되지만, 총 직원수 대비 수익으로 보면 상대가 되지 않는다. 이는 결국 총매출에 대한 프로 선수 개개인의 기여도가 일반 기업의 일반 직원보다는 의사결정권자와 유사하다는 것을 보여준다. 뉴욕 양키스 구단소속으로 2022년 아메리칸 리그 MVP로 뽑힌 애런 저지 선수의 연봉은 4,000만 달러였는데 이 선수가 팀 승리에 기여한 가치와 이 기여도를 통해 새로 창출한 구단의 한계수입(입장료 수입, 방송 중계권 수입, 광고 수입, 용품 수입 등)이 4,000만 달러가 넘는다는 의미로 해석할 수 있다.[6]

하지만 여기서 분명히 짚고 넘어가야 할 것은 "과연 선수들의 경기 성적만으로 얼마나 공정하고 정확하게 선수들의 한계생산가치를 측정할 수 있을까?"라는 점이다. 왜냐하면 투수라는 특정 포지션을 담당하는 선수들은 '선발투수 예고제'라는 제도를 통해 '선발투수가 팬들의 경기장 입장이나 텔레비전 시청률에 미치는 영향력과 같은 무형의 가치'를 어느 정도 예측, 짐작할 수 있겠지만 투수 이외의 포지션을 담당하는 다른 선수들의 경우에는 이들이 새로 창출한 가치에 어느 정도나 기여했는지를 판단하기는 그리 쉽지 않기 때문이다.

2003년 마이클 루이스Michael Lewis가 출간한 『머니볼』이라는 책이 베스트셀러가 되면서 스포츠 산업에 종사하는 경영자들뿐만 아니라 팬들까지도 1977년에 빌 제임스Bill James가 개발한 '세이버매트릭스Sabermetrics'라는 새로운 방식의 선수 평가 방식에 많은 관심을 갖기 시작했다. 이제는 빅데이터 없이 전통적인 방식만으로 선수들의 시장가치를 적절히 평가하기가 점점 더 어려워지고 있다. 이러한 현상은 비단 야구뿐만 아니라 유수의 다른 종목에서도 벌어지고 있다. 미국 프로농구 구단인 샌안토니오 스퍼스는 구단에 필요한 선수들을 드래프트하거나 트레이드할 경우 반드시 빅데이터를 분석하며, 선수들의 공격이나 수비의 효율성, 그리고 선수들의 경기 시간당 효율성 등을 측정하기 위해 경기장 바닥에 카메라 6대를 설치하고 코트에서 그들의 움직임을 세세하게 관찰한다.

이뿐만 아니라 미국의 몇몇 경제학자들은 야구 선수들의 공정한 몸값(한계생산가치)을 측정하고자 다양한 함수 모형을 개발했는데, 그중에서도 비교적 많은 사람의 관심을 끈 모델은 두 가지다. 하나는 숀 스미스Sean Smith가 2010년 발표한 대체 우위 승리Wins Above Replacement=WAR 측정법 수정 모형[7]이고 다른 하나는 크레이그 뎁켄Craig Depken과 데니스 윌슨Dennis Wilson 교수가 개발한 모형[8] 이다. 대체 우위 승리 모형은 계속해서 수정된 모형이 발표되고는 있지만, 선수 가치를 추정하는 계산법이 명확하지 않아 그 유효성에 문제가 있을 수 있다는 비판이 제기되고 있다. 반면 뎁켄과 윌슨 교수가 개발한 모형은 (비록 투수나 장타자 같은 특정 포지션을 맡는 선수들의 한계생산가치에 초점을 두었다는 한계가 있긴 하지만) 한계생산가치를 이해하기 위한 가장 편의적이고 단순화된 모형이라 실제로 일반화하기가 대체 우위 승리 모형보다 용이하다. 그들의 모형에 따르면 프로야구 선수들은 그들의 유보임금률[9] 이상의 보수를 받길 원하는 반면, 구단주는 선수들의 한계생산가치보다 적은 임금을 주고 싶어한다. 따라서 일반적으로 프로스포츠 선수들의 연봉 계약은 유보임금률과 선수들의 한계생산가치 금액 사이에서 성사된다고 할 수 있다. 이 모델에 따르면 구단의 승리winning는 선수들의 성적을 나타내는 여러 가지 통계자료들의 함수로 설명되고 다음과 같이 표시된다.

$$\text{Winning} = (\text{Hits}, \text{HR}, \text{BB}, \text{K}, \text{KP}, \text{HRA})$$

여기서 Hits는 총 안타 수, HR은 시즌 총 홈런 수, BB는 시즌 총 사구 수, K는 시즌 총 삼진아웃 수, KP는 투수의 시즌 총 삼진아웃 수, HRA는 투수의 시즌 총 홈런 허용 수를 나타낸다. 또한 구단의 총매출액은 승리와 팀 홈런 수에 주로 영향을 받는다고 가정할 때 다음과 같은 식으로 표시된다.

$$\text{총매출}_{\text{Total Revenues}} = (\text{Winning}, \text{Team HR})$$

Winning은 승리를 그리고 Team HR은 팀의 총 홈런 수를 나타낸다. 첫 번째 모델을 이용해 알아낸 독립변수들의 계수(안타 수, 시즌 총 홈런 수, 시즌 총 사구 수, 시즌 총 삼진아웃 수, 투수의 시즌 총 삼진아웃 수, 투수의 시즌 총 홈런 허용 수)는 바로 팀의 추가 1승을 위한 각각의 기여도를 나타낸다. 두 번째 함수 모델을 사용하면 팀 승리와 구단의 총 홈런 수에 대한 각각의 계수를 알 수 있는데, 이 계수는 각 구단이 1승을 추가할 때 그리고 홈런 1개를 추가할 때의 금전적 가치라고 이해할 수 있다. 따라서 이 두 모델을 교차 사용하면 안타 1개, 홈런 1개, 사구 1개, 삼진 아웃 1개, 홈런 허용 1개의 금전적 가치를 알 수 있고, 이 가치를 개개인의 성적에 대입하면 선수들의 한계생산가치를 알 수 있다.

프로야구 선수 공급의 불안정성

프로야구 선수의 수는 다른 직종의 근로자 수에 비해 현저히 적다. 이러한 야구 선수의 상대적인 희소가치로 인해 프로 구단들은 이 적은 선수 풀에서 그나마 실력 있는 선수들을 스카우트하기 위해 일종의 '구조적 또는 비자발적 선수 구매'[10]를 하게 되면서 프로스포츠의 노동시장은 불가피하게 과열·왜곡되는 현상이 생긴다. 프로야구 시장에서 선수들의 공급은 매우 제한적이라서 다른 노동시장에 비해 상대적으로 희소가치가 높으며, 따라서 신인 선수 드래프트 제도를 통해 (동호인으로서가 아닌 야구를 업으로 삼는) 프로야구 선수 시장에 성공적으로 진입하는 것 자체만으로도 의미가 있다. 2023년 기준으로 대한야구소프트볼협회에 등록된 선수는 초등학생이 1,640명, 중학생이 3,952명, 고등학생이 약 3,637명, 그리고 대학 선수가 약 1,437명으로 다른 산업 분야에 비해 그 수가 상대적으로 적음을 알 수 있다.[11]

생활 스포츠가 매우 발달한 미국은 좀 더 보편적인 의미의 '야구 종목' 선수로 등록된 사람의 수가 2021년 기준으로 약 1,560만 명이다.[12] 이러한 야구 선수 공급 시장의 풍요는 오히려 미국 마이너리그에서 활약하는 수많은 선수에게 경제적 어려움을 안겨주었는데, 대부분 선수들이 최저 연봉을 받으면서 생활하고 있다. 2022년 시즌 메이저리그 선수들의 평균 연봉은 440만 달러에 달했지만 쇼트시즌에서 활약하는 경우 경기가 열리는 3~4개월 동안 총 4,800~19,800 달러, 싱글 A리그에서 활약하는 경우 11,000~27,300 달러를 받았다. AA리그에서는 좀더 높은 13,800~27,300 달러를, AAA리그에서는 17,500~35,800 달러를 받았다.[13]

미국에 비해 매우 열악한 한국 야구 선수 공급 시장의 한계로 프로야구 선수들의 희소가치는 상승하게 된다. 이러한 불안정한 선수 공급 문제를 해결하는 방법으로는 프로야구 선수 시장을 해외에 개방해 좀 더 많은 외국 선수를 유치하는 것과 아마추어 야구 시장을 활성화해서 잠재적 선수 풀을 늘리는 것, 그리고 마지막으로 프로야구 선수에 대한 기대치를 낮추어 한국인 아마추어 선수들이 프로 리그에 좀 더 수월하게 진출할 수 있도록 진입 장벽을 낮추는 방법이 있다. 그렇지만 전자의 경우 국내야구 선수 시장과 국내 프로야구 시장의 정체성을 지키는 데 어려움이 따르기 때문에 그리 바람직해 보이지 않고,

후자를 선택할 경우 이미 세계적인 수준의 경기를 기대하는 프로야구 관중의 기대치에 미치지 못하기 때문에 해결책이 되기에는 부족하다.

노동시장의 규모와 특성에 따른 한계생산가치의 차이

1994년에 미국 메이저리그에 한국 선수로서 최초로 진출한 박찬호를 시작으로 김병현, 조진호, 이상훈, 김선우, 서재응, 최희섭, 구대성, 봉중근, 추신수, 강정호, 이대호, 박병호, 김현수, 최지만, 오승환, 황재균, 김광현, 류현진, 김하성까지 적잖은 한국 선수들이 메이저리그로 성공적인 진출을 하면서 한국 프로야구의 위상이 많이 높아진 것이 사실이다. 그뿐만 아니라 한국 프로야구 선수들은 일본 프로야구 리그에 진출해 일찍이 그들의 가치를 증명한 바 있는데, 선동열을 시작으로 이종범, 정민철, 정민태, 이승엽, 이병규, 김태균, 이범호, 오승환, 이대호가 일본 프로야구 리그에 진출함으로써 한국 프로야구 시장에서 받았던 것보다 높은 금전적인 가치를 인정받았다.

하지만 이러한 한국 선수들의 성공적인 활약은 하나의 의문점을 낳았다. 한 예로, 최근에는 부상으로 활약상을 많이 볼 수는 없지만, 2013년에 미국 LA 다저스에 입단한 류현진은 LA 다저스와 6년 간 3,600만 달러(매년 100만 달러 보너스 옵션) 계약을 체결했는데,[14] 그의 1년 평균 연봉은 대략 600만 달러에 이른다. 하지만 메이저리그에 진출하기 전에 한화 이글스에서 받았던 최고 연봉은 4억 3,000만 원 정도에 불과했다. 미국 메이저리그에 진출한 후 연봉이 약 15배 이상 상승한 것이다. 강정호 역시 미국 메이저리그에 진출한 후 연봉이 그 전년도에 한국 프로야구에서 받던 연봉에 비해 6배 이상 증가한 것을 알 수 있다. 미국 텍사스 레인저스에서 활약했던 추신수 선수가 2020년에 받았던 연봉이 2,100만 달러인데, 한국 프로야구 리그 SSG 랜더스로 이적하면서 그가 받은 연봉은 27억원으로 90퍼센트 가량 줄었다. 반면 시애틀 매리너스에서 100만 달러를 받던 이대호 선수는 롯데 자이언츠로 오면서 4년간 총 150억 원을 받았다. 이렇듯 선수의 가치는 노동시장의 규모와 특성에 따라 현저히 차이가 나기 때문에 시장 경제의 논리로만 접근하기에는 한계가 따른다.

에이전트와 자유계약 선수 제도

앞에서 언급한 것처럼 프로 선수들의 연봉은 유보임금률과 한계생산가치 사이에서 주로 결정되는데, 유보임금률은 선수들이 용납할 수 있는 연봉의 최저점이며, 반대로 한계생산가치는 구단주가 선수들에게 제안할 수 있는 연봉의 최고점이다. 다시 말해서 선수들은 최소한 유보임금률보다는 많이 받고 싶어하고, 반면에 구단주는 (각 구단 나름의 선수 가치 평가 방법에 따라 결정된) 선수들의 한계생산가치보다는 적은 연봉을 지급하려고 한다. 이러한 과정에서 중추적인 역할을 하는 것이 선수 에이전트라고 할 수 있고, 그들의 협상 능력에 따라 선

유보임금률과 한계생산가치

수들의 시장가치는 긍정적 또는 부정적인 방향으로 왜곡된다.

매년 미국의 스포츠 언론에서는 (연봉 대비) 고평가된 선수를 종목별로 선정하는데, 과거 박찬호가 야구 종목에서 이 명단에 올라간 적이 있다. 이는 에이전트의 협상 능력으로 박찬호의 시장 가치가 (연봉 대비) 상대적으로 고평가된 하나의 사례라고 생각할 수 있다. 또한 연봉 계약의 특성상 과거 성적을 바탕으로 미래 성적을 예측해 연봉 금액을 산정하기에(선지급 – 후평가 방식) 에이전트의 협상 능력은 선수들의 시장가치에 적잖은 영향을 미칠 수 있다.

자유계약 선수 제도 역시 프로야구 선수의 노동시장을 왜곡하는 역할을 하고 있다. 뎁켄과 윌슨은 다음과 같은 함수 공식을 바탕으로 미국 메이저리그 선수들의 실제 연봉과 그들의 추정 한계생산가치를 비교해보았다.[15]

$$\frac{\text{선수들의 추정 한계생산가치Estimated MRP} - \text{연봉}}{\text{연봉}}$$

그 결과, 자유계약 선수(미국 메이저리그는 6년 경력 이후)의 실제 연봉은 추정 한계생산가치보다 월등히 높았고, 이와는 반대로 자유 계약 선수 이전 혹은 선수보류조항에 영향을 받는 1~6년 차 선수들의 실제 연봉은 그들의 추정 한계생산가치보다 적었다. 다시 말해서 선수보류조항과 자유계약 선수 제도는 프로야구 선수들의 공정한 가치 평가에 적잖은 영향을 미치는 제도적·구조적 변인으로 생각할 수 있다. 특히 자유계약 선수 시장에서 이러한 '구조적 혹은 비자발적 선수 계약' 행태가 많이 보이는데, 자유계약 선수 시장에 생기는 불필요한 거품으로 인해 일부 자유계약 선수들은 엄청난 액수의 연봉 계약을 체결할 수 있다. 즉 (미국 메이저리그에서는 6년이지만) 한국 프로야구 리그에서는 8년(대학 졸업자의 경우 7년)이라는 프로 야구 선수로서는 아주 긴 구단 – 선수의 비대등한 관계로 이어진 터널을 힘겹게 빠져나온 선수들만이 누릴 수 있는 혜택이 바로 '구조적 또는 비자발적 선수 계약' 방식을 통한 금전적인 보상이라고 할 수 있다.

프로야구,
성장이냐 분배냐?

한국 프로야구의 전성기

한국 프로야구는 구단과 관중 수, 신축 구장, 자유계약 선수 연봉 규모 등 외형으로 볼 때 꾸준한 성장기를 경험하고 있다. 야구 관중 수를 살펴보면 개막 원년인 1982년 143만 명[1]을 기록한 이후 꾸준히 증가해, 2016~2018년 기간에는 연속으로 800만 명을 넘어섰다.[2] 안타깝게도 2020년과 2021년에는 코로나19로 인해 리그가 중단하거나 감염 확산을 막기 위해 제한된 수의 관중만 입장하는 등 비정상적인 리그 운영으로 인해 입장 관객수는 현저히 줄어들 수 밖에 없었다. 코로나19 상황이 조금씩 좋아지면서 2022년에는 607만 명에 달하는 팬들이 야구장을 찾았고 2023년 시즌 역시 많은 팬들이 경기장을 찾고 있어 관중 동원에는 전혀 무리가 없어 보인다. 관중 증가의 원인은 보는 시각에 따라 다양하다. 2000년대 중반 미국 메이저리그(박찬호, 김병현, 김선우, 최희섭, 봉중근 등)와 일본 프로야구 리그(이승엽, 이병규, 김태균, 이범호 등)에서 활약한 선수들이 국내로 대거 복귀하면서 한국 프로야구에 관심이 급증했다.

2008년 베이징 올림픽 금메달, 2009년 월드베이스볼클래식 준우승, 2010년, 2014년 아시안게임 금메달, 2015년, 2019년 WBSC 프리미어 12 우승·준우승 등 국제 대회에서 좋은 활약을 펼치면서 한국 프로야구에 대한 자부심 또한 높아졌다. 여러 국제 대회를 통해 국내 선수들이 해외 리그 관계자들에게 노출되었고, 오승환·이대호·강정호·김현수·황재균·김광현은 메이저리그의 러브콜을 받아 미국에 진출한 경험을 갖고 있다. 고척 스카이돔, 대구 삼성라이온즈파크, 광주 기아챔피언스필드, 창원 NC 파크가 신축되어 다양한 관람 경험을 할 수 있게 된 것도 관중 증가에 크게 기여했다. 고척 스카이돔은 실내 구장이라서 비가 와도 경기가 취소되는 일이 없어 관람객의 편의를 증진했다. 삼성라이온즈파크는 바비큐석, 패밀리석, 파티 플로어석, 잔디석 등 다양한 좌석을 만들어 야구 관람과 동시에 여가 활동의 편의를 높였다. 한국 프로야구의 성장은 자유계약 선수 자격을 얻은 선수들의 진로에도 영향을 미쳤다. 최근 자유계약 자격을 얻은 선수들을 보면, 해외 리그를 선택하는 대신 수십억 원의 연봉을 제시하는 국내 리그에 남는 사례가 급격히 많아졌다. 최형우와 차우찬은 각각 기아 타이거즈와 LG 트윈스로 이적하면서 4년간 100억 원과 95억 원에 계약했다. 일본 프로야구와 미국 메이저리그를 모두 경험한 이

대호(은퇴)는 롯데 자이언츠와 4년간 총 150억 원을 받는(지난 35년 동안 한국 프로야구에서는 상상할 수도 없는 규모의) 초대형 계약을 체결한 바 있으며 KIA 나성범 선수 역시 FA 계약 총액 150억 원을 받았다. LG 트윈스는 오지환 선수와 6년, 총액 124억 원 계약을 통해 '종신 LG맨'이 되었으며, 양의지는 '4+2년 총액 152억'으로 두산 베어스로 리턴했고, 김광현 선수는 SSG와 4년간 151억 원의 계약을 체결함으로써 역대 최고 금액을 갱신했다.[3]

국내야구선수 실력, 국제무대에서 냉정하게 평가받다

이런 프로야구 시장의 성장에도 2013, 2017, 2023 월드베이스볼클래식에서 한국 국가 대표 야구팀이 보여준 결과는 참으로 실망스러웠다. 세 번 연속으로 8강 진출에 실패한 것이다. 한국야구위원회는 2017년 아시아 지역 라운드를 개최하기 위해 월드베이스볼클래식 조직위원회에 약 200만 달러를 지불하며 그동안 대만과 일본이 가져갔던 아시아 지역 라운드 개최권을 획득했음에도 불구하고 이렇다 할 홈구장의 이점을 살리지 못한 채 탈락하는 수모를 겪었다.[4]

2017년 월드베이스볼 클래식은 정규 시즌이 개막하기 전에 초대형 FA 계약으로 구단을 옮긴 선수늘의 멋진 활약을 미리 볼 수 있는 절호의 찬스이기도 했다. 특히 일본과 미국을 거쳐 롯데 자이언츠와 4년간 총 150억 원 계약을 맺은 이대호(은퇴), 4년간 100억 원 계약으로 삼성 라이온즈에서 기아 타이거즈로 옮긴 최형우 등이 속 시원한 한 방을 날려, 정치적으로 지쳐 있던 국민들을 위로해주길 바랐다. 김인식 감독을 비롯해 선동열 코치 등 2015년 WBSC 프리미어 12 코치진이 그대로 복귀한 것도 팬들에게 믿음을 주었다. 당시 메이저리그에서 활약하던 오승환을 제외하고 메이저리그에서 활약하는 한국 선수들이 모두 불참한 탓에 다소 불안하긴 했지만, 대부분 해볼 만하다고 보았다. 하지만 결과는 충격적이었다. 이스라엘과 네덜란드에 연이어 패하면서 1라운드에서 탈락하고 말았다. 2013 월드베이스볼클래식에서 1라운드 탈락이라는 수모를 겪은 한국은 이번 대회에서 1대 2, 0대 5로 연속 패하면서 1라운드에서 또다시 탈락했다.[5]

2회 연속 월드베이스볼클래식 1라운드 탈락이라는 충격적인 결과 곧 국내 선수 시장의 거품 논란을 불러왔다. 이 당시 장원준(두산 베어스)은 4년간 84억 원, 이승엽(삼성 라이온즈)은 2년간 36억 원, 박석민(NC 다이노스)은 4년간 96억 원, 이택근(넥센 히어로즈)은 4년간 35억 원, 최정(SK 와이번스)은 4년간 90억 원, 김태균(한화 이글스)은 4년간 84억 원, 유한준(kt 위즈)은 4년간 60억 원을 받았다. 문제는 선수들의 연봉이 터무니없이 높다는 것 뿐만 아니라 최고 연봉자들의 연봉이 구단 전체 연봉에서 차지하는 비중이 지나치게 높다는 것이다. 그나마 넥센 히어로즈(현 키움 히어로즈)와 삼성 라이온즈가 각각 13퍼센트와 15퍼센트로 낮았다. NC 다이노스는 박석민 한 명이 받는 연봉이 구단 전체 연봉의 45퍼센트에 달하고(박석민은 4년간 96억 원에 계약을 했고, 이를 4년으로 나누면 올해 24억 원을 받는다고 할 수 있다. 단 계약금 96억 원을 4년에 걸쳐 나누어 받는다는 것을 가정한 금액이다), 롯데 자이언츠도 이대호의 연봉이 전체의 약 41퍼센트에 달했다. 두산 베어스의 장원준과 LG 트윈스의 차우찬은 30퍼센트, kt 위즈의 유한준은 39퍼센트, SK 와이번스의 최정은 23퍼센트, 기아 타이거즈의 최형우는 24퍼센트를 받는 것으로 알려졌다.[6]

한국 국가 대표 야구팀은 2023년 3월에 열린 제 5회 WBC 대회에서도 1라운드에 탈락하면서 3개 대회 연속 본선에 오르지 못했다. 한국은 대회 최약체로 꼽힌 중국과 체코가 포함된 조에 속해 있었음에도 불구하고 20개국이 참가한 이번 대회에서 8강 진출에 실패하면서 많은 팬을 실망시켰다.

한국 선수들이 국제 대회에서 연속으로 실망스런 성적을 보이자 다시 한 번 국내선수들의 몸값을 재평가해야 한다는 움직임이 일어났다. 한국 선수들의 몸값은 미국 메이저리그로 진출하는 과정에서 어느 정도 객관성을 갖게 된다. 일부에서는 '코리아 디스카운트'가 작용하여 미국메이저리그로 진출하는 한국 선수들의 몸값이 저평가되는 경향이 있다고 주장하기도 하지만 선수들의 실력과 가치가 증명된다면 이들의 몸값은 자연스럽게 올라가게 마련이다.

예상과 달리 미국 메이저리그에 진출한 후 이렇다 할 활약을 못하고 다시 한국 프로야구로 돌아온 KT 박병호, LG 김현수와 KT 황재균의 연봉이 10억 원 안팎으로 정해지면서 이것이 일종의 기준가격으로 인식되기 시작했다. 키움의 이정후처럼 미국 메이저리그에 도전하려는 굳은 의지를 보인 선수가 있지만 해외 진출대신 국내리그에서

안정적으로 활약하려는 선수들의 수가 점점 늘어나고 있다. 그 이유는 미국 메이저리그에 진출하더라도 성공할 확률이 그리 높지 않다는 것을 선배들의 경험을 통해서 잘 알고 있기 때문이다. 또한 메이저리그에 진출하더라도 받을 수 있는 몸값이 그리 높지 않고 국내리그에서도 대형 FA계약을 통해 메이저리그에 버금가는 엄청난 몸값을 받을 수 있을 것이라는 기대가 높아졌기 때문이다. 언어와 문화가 다른 미국으로 진출해서 처음부터 다시 적응해야 한다는 심리적 부담감도 이들의 국내리그 잔류에 영향을 준다.

2023년 구단별 최고 몸값을 받은 선수들의 연봉 금액이 선체 구단 연봉 총액에 차지하는 비율이 줄어들었다. 삼성의 구자욱(24퍼센트)과 한화의 채은성(25.5퍼센트)을 제외하면 대부분 FA선수들이 받은 연봉은 전체 연봉 금액의 20퍼센트 아래도 떨어졌다.[7] 그럼에도 불구하고 경험의 법칙으로 인식되는 '15퍼센트 미만 룰'에는 미치지 못하는 것을 알 수 있다. KBO는 2023년부터 역사상 처음으로 샐러리캡을 도입했다. 2021, 2022년 신인과 외국인 선수를 제외한 각 구단 소속 선수 중 상위 40명에게 지급하는 연봉을 합산한 후 이 금액의 120퍼센트에 해당하는 금액으로 결정했다. 다시 말해서 2023년부터 2025년까지 샐러리캡 상한액은 114억 2,638만 원인데 구단의 총 연봉 지급액이 이 상한선을 넘어갈 경우 1회 초과서 초과분의 50퍼센트를 2회 초과시 100퍼센트를 제재금으로 납부해야 한다. 또한 다음 연도 1라운드 지명권이 9단계 하락하고 3회 연속 초과할 경우 초과분의 150퍼센트를 제재금으로 납부하도록 하였다.[8] 샐러리캡 시행

KBO 프로야구 구단별 총연봉과 구단별 최고 연봉 선수

선수			구단 연봉 총액	구단 평균연봉
SSG	추신수	17억원(17.9%)	94억 8,200만원	1억 7,559만원
키움	이정후	11억원(17.6%)	62억 5,200만원	1억 2,408만원
LG	김현수	10억원(13.4%)	74억5,400만원	1억 4,616만원
KT	황재균	10억원(12.7%)	78억 5,000만원	1억 5,700만원
KIA	최형우	9억원(15%)	59억 9,100만원	1억 1,747만원
NC	박민우	11억원(11.9%)	92억 3,800만원	1억 4,185만원
삼성	구자욱	20억원(24%)	93억 3,400만원	1억 6,341만원
롯데	박세웅	15억원(20.8%)	72억 1,020만원	1억 4,138만원
두산	김재환	15억원(19.6%)	76억 2,100만원	1억 6,215만원
한화	채은성	18억원(25.5%)	70억 5,1700만원	1억 3,571만원

으로 인해 FA선수들의 거품 몸값 논쟁은 어느 정도 사라질 것으로 기대된다.

　메이저리그는 아무리 실력이 뛰어난 선수라고 해도 한 선수에게 지불하는 연봉이 구단 전체 연봉의 15퍼센트 이상을 넘지 않는다. 2022년 아메리칸 리그 MVP수상자이면서 메이저리그 최고 연봉을 받는 선수 중 한 명인 뉴욕 양키스의 애런 저지는 2023년 약 4,000만 달러의 연봉을 받는데, 이는 뉴욕 양키스가 선수들에게 지불하는 총 연봉 약 2억 6,795만 달러 중 약 14.9퍼센트이다.[9] 어떤 구단이든 선수들은 부상 위험에 항상 노출되어 있어 선수 한 명에게 전체 연봉의 15퍼센트 이상을 투자하면 구단 운영 리스크가 급격히 커진다.

불평등한 소득 구조

미국 『포브스Forbes』가 발표한 2022년 연예인 수입 순위를 보면 미국 제네시스가 2억 3,000만 달러로 1위에 올랐고, 스팅이 2억 1,000만 달러로 2위에 올랐다.[10] 운동선수로는 1억 3,000만 달러를 벌어들인 인터 마이애미의 리오넬 메시가 1위, LA 레이커스의 르브론 제임스 선수가 1억 2,120만 달러로 2위, 그리고 알나스르에서 뛰고 있는 크리스티아누 호날두 선수가 1억 1,500만 달러로 3위를 차지했다.[11]

한국 선수로는 토론토 블루베이스의 류현진 선수가 2,000만 달러로 1위, 토트넘의 손흥민 선수가 9.984 파운드(약 165억 원)로 2위, 샌디에고 파드리스의 김하성 선수가 700만 달러를 받아 3위를 기록했다. 2023년 7월 이탈리아 세리에 우승컵을 들어 올리며 멋진 활약을 보인 김민재 선수가 FC 바이에른 뮌헨으로 이적하면서 그의 연봉은 1700만 유로(약 239억원)에 달할 것으로 알려졌다. 또한, 이강인 선수가 파리생제르맹으로 이적하면서 그의 연봉은 400만유로(약 57억원)으로 높아져 한국인 선수 연봉 랭킹 톱 5안에 포함되었다.

한국 선수가 해외 리그에 진출해 엄청난 연봉을 받으며 멋진 활약을 펼치면 국내 팬들은 그들을 열렬히 지지하며 대리 만족을 느낀다. 미국 메이저리그나 영국 프리미어리그는 연봉 규모가 국내보다 월등히 높기 때문에 해외 리그에 진출한 선수들이 고액 연봉을 받는 것이 당연하게 여겨진다. 가령 한국인 스포츠 선수 중에서 가장 많은 연봉을 받는 류현진 선수의 연봉은 2,000만 달러에 달한다. 하지만 MLB 선발 투수 연봉의 중간 값인 520만 달러와 비교할 때 3.8배 많은데 이를 두고 엄청난 차이가 난다고 말하기는 어렵다. 하지만 한국의 경우 선수들 간의 연봉 격차는 (과거에 비해 줄어들기는 했지만) 여전히 심한 편이다. 한국야구위원회에서 발표한 2023년 10개 구단 소속 선수 506명(신인과 외국인 선수 제외)의 평균 연봉은 1억 4,648만원이다. 국내 프로야구 선수 중 가장 많은 연봉을 받는 구자욱 선수의 연봉이 20억 원임을 감안할 때 구자욱 선수는 프로야구 1군 선수의 평균 연봉보다 약 13.7배 이상 많은 것이다.[12] 선수들 간에 연봉 차이가 이렇게 많이 나는 이유를 명확히 설명하기는 어렵다. 하지만 분명한 것은 선수들의 연봉에 가장 커다란 영향을 끼치는 것은 선수들의 경기력이 아닌 FA, 신인 선수, 외국인 선수 등과 같은 제도로부터 나온 선수 신분이다.

양극화의 그림자

1997년부터 2023년까지 약 27년 동안 한국 프로야구 선수들의 연봉에 어떤 변화가 있었는지 살펴보자. 선수들의 연봉을 상위 1퍼센트(슈퍼 리치 그룹), 상위 5퍼센트(상류층 그룹), 하위 30퍼센트(하위층 그룹)로 구분해 연봉 변화 추세를 비교했다.[13] 아래 그래프에서 볼 수 있는 것처럼 지난 21년간 하위 30퍼센트 선수들의 연봉은 2,000만 원에서 3,044만 원으로 약 1.5배 상승에 그쳤지만, 상위 1퍼센트 선수들의 연봉은 1억 2,000만 원에서 16억 5,000만 원으로 13.75배나 올랐다. 엄청난 상승폭이다. 상위 5퍼센트 선수들의 연봉 또한 지속적으로 상승해 2023년에는 7억 3,000만 원을 넘어섰다.

프로야구 선수 연봉의 부익부 빈익빈 현상을 비율로 표현하면 이들의 격차가 더 쉽게 눈에 들어온다. 상위 1퍼센트와 하위 30퍼센트 선수들의 연봉 변화를 비율로 환산하면, 1997년 6대 1에서 2023년 54대 1로 차이가 9배 이상 벌어졌다. 상위 1퍼센트 선수들의 연봉 상승률에 비해 하위 30퍼센트 선수들의 연봉 상승률은 터무니없이 낮다는 것을 알 수 있다. 1997년에 상위 1퍼센트에 해당하는 선수는 4명이었지만 2023년에는 11명으로 늘어났다. 반면 하위 30퍼센트에 해당하는 선수는 1997년 146명에서 2023년 152명으로 거의 변화가 없었다.

걱정스러운 것은 매년 FA 자격을 얻은 선수의 수가 증가하기 때문에 구단들은 더 큰 비용을 지불해야 하는 상황에 직면하게 되었다는 점이다. 구단 수입 구조의 획기적인 변화가 생기지 않으면 모기업에 재정 의존도가 높은 국내 프로야구 구단의 특성상 전체 연봉 규모가 확대될 가능성이 높지 않다. 이러한 이유로 상위 1퍼센트 선수들의 평균 연봉은 계속 높아질 전망인 반면, 하위 30퍼센트 선수들의 연봉이 상승할 가능성은 별로 없어 보인다. 앞에서 설명했듯이 구단의 전체 연봉 지출금액을 제한하는 샐러리캡 규정이 2023년에 처음으로 도입되었다. 제한된 예산 내에서 선수단의 총 연봉을 결정해야 하는 상황으로 변한 것이다. 마치 선수들끼리 제로섬 게임을 하듯 고액

KBO 선수 연봉 격차 추세(금액)

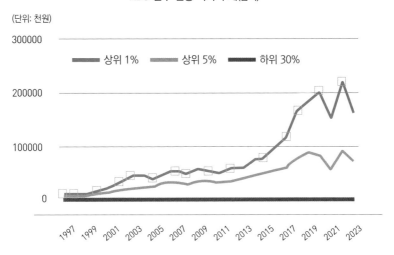

KBO 선수 연봉 격차 추세(인원)

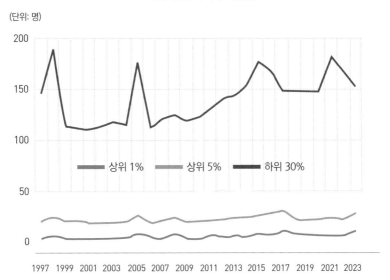

연봉자가 양보를 해야 다른 선수들의 연봉이 올라갈 여지가 생기는 것이다. 추신수 선수가 SSG 랜더스에 들어올 때 받았던 27억 원의 연봉에서 10억 원을 자진 삭감해 2023년에는 17억 원에 계약을 체결했다. SSG 랜더스는 추신수 선수로부터 나온 10억 원을 다른 선수들의 연봉으로 채울 수 있는 여유가 생긴 것이다. 한동안 일부 선수들은 FA 계약을 통해 엄청난 부를 이룰 수 있었다. 하지만 새로 도입된 샐러리캡 및 FA 등급제 등의 규정으로 인해 연봉협상 과정에서 구단의 영향력이 더 높아질 것으로 보인다.

프로야구에서 느끼는 미시감

애덤 그랜트Adam Grant는 『오리지널스』에서 미시감vuja de의 중요성을 설명했다. 미시감이란 데자뷔dejavu로 잘 알려진 기시감의 반대말로 "기시감은 우리가 새로운 것을 접했을 때 전에 본 적이 있는 듯한 느낌이 드는 현상"[14]인 반면 미시감은 "늘 봐온 익숙한 것이지만 그것을 새로운 시각으로 바라봄으로써 기존 문제를 새로운 방식으로 해결함"을 뜻한다.[11] 이미 일어난 현상에 의구심을 품고 새로운 방식으로 문제를 해결하려는 의지를 키워야 한다는 것이다. 41년째를 맞이하는 한국 프로야구는 외형적인 잣대로 보면 매우 성공적으로 발전해왔다. 구단 수, 관중 규모, 경기장 건설, 성숙한 응원 문화, 다수의 해외리그 경험 선수들, 외국인 선수 제도, FA 제도의 도입 등이 증거다.

하지만 그랜트가 제시한 미시감으로 한국 프로야구를 자세히 들여다보면 매우 불합리한 점이 보이기 시작한다. 첫째, 수십억 원이 오가는 부동산 계약을 할 때는 공인중개사나 변호사 같은 전문가의 도움을 받는다. 각종 사건 사고가 끊임없이 일어나는 요즘 같은 험난한 세상에 혹시라도 계약에 문제가 생기면 엄청난 손해를 볼 수 있기 때문이다. 한국프로야구의 경우 에이전트 제도 공인선수 대리인제도를 도입했지만, 실제로 에이전트를 통해 구단과 계약한 선수는 2018년 7.05퍼센트, 2019년 7.7퍼센트, 2020년 3.9퍼센트로 매우 저조한 편이다.[15] 농구,배구의 경우는 에이전트를 통한 계약이 전무하다. 둘째, 선수들의 연봉을 산정하는 방법에 일관성이 없을 뿐만 아니라 표준화된 평가 기준도 없다. 한국 프로야구 모 구단의 연봉 고과 산출 기준을 보면 구단 고과(50퍼센트), 정규 시즌 성적(20퍼 센트), 타석 수 또는 투구 이닝(10퍼센트), 1군 등록 일수(10퍼센트), 코치 고과(10퍼센트) 등의 항목으로 구성된다. 그럴듯해 보이지만 자세히 살펴보면 쉽게 이해되지 않는 부분이 있다. 바로 모기업에서 일하는 근로자 대부분과 달리 프로야구 선수는 개인 사업자 자격으로 구단과 계약한다는 점이다. 이 말은 월급을 받으며 비교적 장기간 기업을 위해 일하고 퇴직금을 받는 근로자와 달리 프로야구 선수의 고과는 전적으로 운동 실력과 시즌 성적에 따라 정해져야 한다는 것이다. 안타깝게도 모기업의 고과 평가가 50퍼센트나 차지하는 반면, 정규 시즌 성적은 단 20퍼센트밖에 적용되지 않는다. 상식적으로 선수의 성적을 바탕으로 연봉을 산정하기보다는, 일명 '모방 효과'라 일컫는 방식으로 비슷한 포지션의 선수들과 연봉을 단순 비교해 자신의 몸값을 주장하는 불합리한 방식이 통용되고 있다. 앞으로는 "A 선수가 얼마를 받으니 나는 얼마를 받아야 한다"는 식의 근거 없는 주장이 통하지 않도록 평가 방식이 조속히 개선되어야 한다.

셋째, 한국 프로야구는 FA 자격에 대한 근거와 명분이 없다. 선수들은 미국이나 일본보다 긴 기간 동안 '계약직 개인 사업자'로 분류되어 구단의 눈치를 보아야 한다. 그 기간은 2022년에 자격 요건 개정으로 1년씩 단축되어 현재 고졸 선수는 8년, 대졸 선수는 7년이다. 물론 이 기간 리그에서 정한 규정 이닝(총 경기수의 2/3 이상 투구)과 타석(총 경기수의 2/3이상 출전)을 채워야 1년으로 카운트되고, 부상이나 실력 부족으로 조건을 채우지 못하면 그 해는 제외된다. 이 외에 군 복무 기간을 따로 채워야 한다. 왜 한국 프로야구 선수만 이렇게 긴 기간을 채워야 FA 자격을 받을 수 있는지 쉽게 이해되지 않는다. FA 제도와 자격 조건에 대한 심도 있는 논의가 필요해 보인다.

넷째, 선수들의 복지 후생을 위한 제도가 거의 없다. 장래 경제적·사회적 위험에 대비하기 위해 사회 다양한 분야의 구성원들은 각자 소액의 금액을 출자해 공동의 재산을 형성하고 있다. 공제회가 대표적인 형태다. 한국교직원공제회, 경찰공제회, 군인공제회 등이 좋은 사례다. 한국프로야구 선수로 활동한 후 은퇴한 선수들의 수가 3천 명이 넘는 현실에 맞게 은퇴선수들의 권익을 보호할 수 있도록 2013년에 (사)한국프로야구 은퇴선수협회가 설립되었지만 아직 이렇다 할 역할을 한다고 보기는 어렵다.[16]

한류, 한국인 그리고
한국 스타 선수들

한류와 스타 선수들

구글에 한국을 대표하는 '김치'의 영문 표기인 'kimchi'를 치면 0.50초 만에 7,600만 개라는 어마어마한 규모의 관련 자료가 뜬다. '한류'의 영문 표기인 'hallyu'를 치면 0.32초 만에 800만 개의 결과가 나오고 'Korean wave'라고 정의가 내려진다. 한류는 김치에 이어 한국을 상징하는 또 하나의 대표적인 단어임이 틀림없다.

김치가 오랜 역사를 갖고 있는 것에 반해 한류의 시작은 고작 20여 년 밖에 되지 않았다. 2002년 배용준과 최지우가 주연한 〈겨울연가〉가 일본에 방영되면시 본격적인 한류의 서막이 시작되었다. 〈겨울연가〉의 대대적인 인기에 힘입어 NHK에서 한국어 강좌를 만들었고 이 드라마의 촬영지였던 남이섬을 직접 찾는 일본인 관광객이 눈에 띄게 늘어났다. 하지만 독도와 위안부 문제로 한일 간의 관계에 금이 가면서 일본에서 한류의 자취를 찾기는 어려워졌다. 다행스럽게도 한류는 중국으로 건너갔다. 〈별에서 온 그대〉와 〈태양의 후예〉의 연이은 흥행에 힘입어 수많은 중국 팬은 한국 드라마에 열광하며 한국을 방문해 주인공들의 발자취를 찾기에 여념이 없었다.

드라마뿐만 아니라 한국 가요 역시 K-POP으로 불리며 동남아시아를 필두로 유럽과 남미에까지 영향력을 발휘했다. 특히 가수 싸이의 〈강남 스타일〉은 47억 뷰를 돌파하는 대기록을 세웠고 전 세계에 '말춤' 붐을 일으켰다.[1]

싸이가 본격적으로 시작한 K-POP 붐을 만들었다면 방탄소년단과 블랙핑크는 세계 음악계의 중심에 섰다. 방탄소년단은 총 14개의 앨범을 통해 2,032만 장의 누적 판매를 기록했고, 아메리칸 뮤직 어워드에서 올해의 아티스트로 수상, 그래미 최고 팝 듀오·그룹 수상, 노래부문 골든디스크 수상, 그래미 어워드 베스트 뮤직 비디오 등 수많은 상을 휩쓸었다.[2] 블랙핑크는 유튜브 아이돌 그룹 뮤직비디오 최고 조회수 1~2위를 모두 보유하고 있으며, 2022년 타임지 선정 올해의 엔터테이너로 뽑혔으며, 2023년 기네스 월드 레코드는 블랙핑크를 현 음악 시장에서 가장 큰 성공을 거둔 자타공인 세계 최고 걸그룹이라고 극찬을 한 바 있다.[3]

K-food 역시 한류의 한 축이 되어 전 세계에 한국을 알리는 데 앞장섰다. K-food 열풍은 이영애가 주연한 〈대장금〉이라는 드라마를 통해 시작되었다. 그녀가 드라마에서 한국 전통의 궁중음식을 알

리는 데 일조했다면, 전지현은 〈별에서 온 그대〉에서 일명 '치맥'으로 불리는 젊은 청춘들의 먹거리 문화를 소개하는 데 큰 영향을 끼쳤다.

그 외에도 한국을 대표하는 자랑스러운 한국인은 또 있다. 바로 국제무대에서 활약하는 한국 스포츠 스타 선수들이다. 해외에서 멋진 활약을 하는 한국 스포츠 선수들은 국내 팬들뿐만 아니라 해외에 거주하는 교민들에게 엄청난 힘이 될 것이다. 혹자들은 한국 스포츠 스타 선수들이 한류 붐을 일으키는 데 적잖은 역할을 한다고 주장하기도 한다. 과연 일부에서 주장하는 것처럼 그들의 국제무대에서의 멋진 활약이 K-드라마, K - POP, K - 음식, K-뷰티처럼 한류 붐을 일으키는 데 큰 도움이 될 것인가?

한국 선수들의 맹활약

한국은 1984년 아시안게임을 시작으로, 1988년 올림픽, 2002년 FIFA 월드컵, 2011년 세계육상선수권대회, 2010년부터 2013년까지 4년간 열린 영암 F1 그랑프리, 2017 월드베이스볼클래식 1라운드, 2017 FIFA U - 20 월드컵, 2018 평창동계올림픽을 개최했고 2024년에는 강원동계청소년 올림픽이 개최될 예정이다. 한국이 IMF로 많은 경제적 어려움을 겪고 있을 때, MLB에서 멋진 활약을 펼친 박찬호와 LPGA 메이저 대회 중 하나인 US 오픈에서 양말을 벗고 맨발의 투혼을 펼친 박세리 역시 한국인에게 많은 희망을 안겼다. 2002년

FIFA 월드컵에서 누구도 예상하지 못한 4강을 달성한 후 박지성을 시작으로 이천수, 설기현, 이영표, 송종국, 김남일 등이 꿈에 그리던 유럽 리그에 발을 들였고, 그중에서도 박지성은 세계 최고의 클럽인 맨체스터 유나이티드에서 등번호 13번을 받고 2005년에서 2012년까지 활약했다. 2021-22 시즌 아시아 최초로 EPL 최고 득점왕 타이틀을 차지한 손흥민(토트넘 홋스퍼 FC 소속)을 비롯해 황희찬(울버햄튼 원더러스 소속)이 프리미어리그에서 좋은 활약을 펼치고 있다. 마라도나 이후 33년 만에 우승컵을 들어올린 SSC 나폴리에서 최고의 수비수로 활약하고 FC 바이에른 뮌헨으로 이적한 김민재와 이강인(현 PSG)도 해외리그에서 한국인의 자부심을 높이는 데 일조를 하고 있다.

2022년 카타르 월드컵에서 한국대표팀이 포르투갈을 상대로 2-1 역전승을 거두면서 12년 만에 16강에 진출했다. 전반 27분 당시 마요로카 소속이었던 이강인 선수의 코너킥으로 김영권 선수가 동점골을 만들고 후반 46분 토트넘의 손흥민 선수가 역습찬스를 만들고 울버햄프턴의 황희찬 선수가 결승골을 터뜨린 것이다. 일명 해외파 선수들의 활약은 대한민국이 16강에 진출하는 데 핵심 역할을 했다.

1994년 박찬호가 LA 다저스에 입단한 후 적잖은 한국 선수들이 미국 메이저리그와 일본 프로야구에 진출해 야구 강국의 면모를 보여주었다. 현재 메이저리그에서 멋진 활약을 펼치고 있는 류현진, 최지만, 김하성, 배지환 등 네 명의 한국 선수가 국제무대에서 한국인의 위상을 떨치고 있다.

신장이 221센티미터인 하승진은 2004년 NBA 신인 드래프트 2라운드에 16번째(전체 46번째)로 포틀랜드 트레일블레이저스에 지명된 후 2년 동안 활약한바 있다.[4] 스테판 커리 선수의 대학 후배로 현재 호주 농구 리그인 NBL 일라와라 호크스에서 활약하고 있는 이현중 선수는 NBA 진출을 목표로 도전을 이어가고 있고, 한국 농구의 미래로 불리는 여준석 선수는 2022년 미국 대학 농구 명문 대학인 곤자가 대학에 진학했는데 미국 대학농구 선수 규정에 따라 2023년 가을부터 선수로 활동할 수 있다. 그동안 불가능한 것처럼 보였던 미국 프로 농구에 한국인 선수의 도전은 계속 이어지고 있다.

LPGA에서는 일명 '태극 낭자'라고 불리는 한국 선수들의 활약이 대단하다.[5] 1988년 구옥희가 스탠더드 레지스터컵에서 한국인으로는 처음으로 우승한 뒤 고우순이 1994년과 1995년에 우승 트로피를 받았다. 한국 선수의 활약이 본격적으로 두드러진 것은 1998년 박세리가 등장하면서부터다. 한국계 선수를 포함해 지난 1998년부터 2022년까지 한국 선수가 LPGA 대회에서 우승한 횟수는 총 233회에 이른다.[6] 박세리와 박인비는 LPGA 명예의 전당에 당당히 이름을 올려 한국인의 긍지를 높였다. 2016년 리우데자네이루 올림픽에서는 112년 만에 골프가 올림픽 종목으로 채택되었는데, 박세리 감독의 지휘 아래 박인비가 금메달을 획득해 여자 골프 종목에서 세계 최강임을 다시 한 번 입증했다.

한국인으로서 긍지와 자부심

　그렇다면 그 대상을 달리해 국제 대회에서 우수한 성적을 거둔 선수들이나 해외 프로 리그에서 맹활약을 펼치는 한국 선수들이 대한민국의 브랜드 위상을 높일 수 있을 것인가?

　한국의 국가 브랜드 이미지를 높일 수 있는 방법은 여러 가지가 있다. 가장 흔하게 사용되는 국가 브랜드 이미지 평가 요인으로는 정치, 경제, 과학, 기술, 혁신, 원산지, 헤리티지heritage, 문화, 시민 의식, 유명인 등이 있다. 이 중 에서 한국은 K-POP, K-음식, K-뷰티나 한국 드라마 등으로 국가 브랜드 이미지가 좋아졌으며, 최근에는 한국 음식과 한국 예능 프로그램이 인기를 끌면서 유명 스타를 통한 국가 브랜드 가치를 높이려는 노력을 많이 하고 있다.

　그렇다면 과연 해외에서 멋진 활약을 하고 있는 한국 스포츠 스타들도 한국 브랜드 이미지 제고에 큰 공헌을 할까? 우리가 한국인이라서 한국 선수들의 활약에 더 열광하는 것은 아닐까? 이를 알아보기 위해 재미있는 실험을 했다. 미국 공영방송에서 약 50분 분량으로 한국 스포츠 선수의 뛰어난 활약상을 방송한 적이 있다. 제목은 〈한국 스포츠의 탁월함South Korea: Focused on Excellence〉이라는 다큐멘터리 프로그램으로, 한국 스포츠의 발전한 모습을 담은 방송이었다. 특히 관람 스포츠로서 프로야구 산업의 성장(응원 문화), FIFA 월드컵 4강 신화(박지성), LPGA 한국 선수의 활약(박세리), 한국인 프리미어리거(박지성), 밴쿠버 올림픽에서 한국 선수들의 활약(김연아, 이승훈, 이상화)을 자세

유명 스포츠 스타 선수들의 이미지 인식. 선수, 아시아인, 경기, 자부심, 스케이팅 등의 단어가 두드러졌다. 미국인을 대상으로 한 실험에서 선수의 국적은 크게 주목받지 못했다.

히 묘사했다. 선수들의 인터뷰뿐만 아니라 스포츠 전문 기자의 설명을 곁들여 어떻게 한국 선수들이 국제무대에서 활약할 수 있었는지를 생생하게 설명했다.

이 프로그램 중 한국 스포츠 선수의 유명한 활약상이 담긴 부분을 요약해 10분 정도 분량으로 편집한 후 실험을 했다. 미국 서부에 있는 대학에서 미국 학생 55명을 대상으로 10분 분량의 편집한 비디오를 보여준 후 각자 떠오르는 단어를 7개에서 10개까지 쓰도록 했다. 물론 한국이나 한국 선수들이라는 단어를 전혀 사용하지 않은 상태로 학생들에게 선입견을 주지 않도록 비디오나 연구에 대한 구체적인 설명을 하지 않았다. 55명의 실험 참가자에게서 총 532개의 단어·어구·문장을 도출했는데, 한 번만 언급된 156개의 단어들을 제외하고 단어·어구·문장을 분석했더니 다음과 같은 6가지 주제로 구분할 수 있었다.

인종·국가(가령 아시아 선수, 한국, 한국인 선수, 국가 영웅 등), 스포츠 종목(스케이트, 축구, 골프, 야구, PGA 등), 감정을 담은 단어들(흥분된, 행복한, 자부심, 희망, 실패, 멋진 등), 퍼포먼스를 연상시키는 단어들(클러치, 완벽, 놀람, 전설 등), 스포츠 선수의 특징을 담은 단어들(인내력, 준비, 재능, 결정력, 희생, 열정, 성실한, 장애를 극복한, 집중하는 등), 경기 결과를 나타내는 단어들(승리, 챔피언, 골인, 성공 등)로 구분할 수 있었다. 결과는 예상을 빗나갔다. 이 비디오를 본 미국 학생들은 대부분 한국 혹은 한국인이라는 생각을 떠올리지 못했다. 55명 중 단 8명만 한국이나 한국인 스포츠 선수라는 단어를 나열했다. 국제무대에서 좋은 활약을 펼치고 있는 한국 선수들의 활약이 적어도 미국에 사는 실험 참가자들에게는 한국인 선수라는 인식을 심어주기 어려웠다는 점이 특이하다.

그렇다면 왜 이러한 결과가 나왔을까? 우선 이 실험에 참가한 대학생들은 선수들의 국적에 별로 관심이 없었다. 미국 프로스포츠 리그에서 활약하는 외국 선수들이 워낙 많고 이러한 환경에 익숙해 선수들이 어느 국가 출신이든 별로 개의치 않았다. 박찬호를 LA 다저스에서 활약했던 투수로, 박지성을 맨체스터 유나이티드에서 활약한 축구선수로, 박세리를 LPGA 명예의 전당에 오른 전설적 골퍼 정도로 기억할 뿐이었다. 이 말은 박찬호나 박지성의 성공을 개인의 성공과 그들이 속한 구단의 성공으로 여길 뿐 구태여 이들의 모국인 '한국 브랜드'와 연관 지어 생각하지 않는다는 의미로 해석된다.

주목할 만한 사실은 대부분 학생들이 (국적과 상관없이) 이들이 모두 아시아인이라는 사실을 인지했다. 다시 말해서, 미국 대학생들의 눈에 비친 한국 선수들은 모두 '아시안'이라고 인식되었다. 박찬호나 박지성, 그리고 LPGA에서 좋은 활약을 펼친 박세리 등은 국적과는 관계없이 메이저리그 선수, 맨체스터 유나이티드에서 뛰었던 동양계 축구 선수, 그리고 LPGA를 빛내고 명예의 전당에 오른 선수 정도로 인식되는 듯싶다.

한국 대표팀의 가치를 느낄 수 있어야 진정한 팬이다

2014년 브라질 월드컵에서 당시 홍명보 감독이 이끄는 대표팀은 16강에 들지 못했다. 이에 책임을 지고 홍명보 감독이 물러나고 또다시 외국인 감독 체제로 되돌아가 슈틸리케 감독이 부임했다. 슈틸리케 감독의 첫 임무는 2015년 아시안컵이었다. 당시 월드컵의 부진으로 축구팬에게 많은 실망을 안긴 대표팀에 새로운 활력이 필요했다. 슈틸리케 감독은 선수들에게 왜 아시안컵에서 열심히 뛰어야 하는지를 잘 나타낼 수 있는 '비디오 리더십'을 보여 주었다. 아시안컵 결승이 열리기 전날 슈틸리케 감독은 파티시에, 통신사 판매원, 미용관리사 등 다양한 분야에서 열심히 일하고 있는 호주 교민들의 사연이 담긴 3분 15초짜리 동영상을 선수들에게 보여주었다. "대한민국은 지금 여러분을 자랑스러워하고 있습니다"라는 문구로 끝이 난 비디오를 본 선수들은 왜 그들이 젖 먹던 힘까지 다해야 하는지를 깨달았다.

바로 먼 타국에서 고생하며 열심히 살고 있는 교민들이 응원하고 있기 때문이란 것을 말이다.

K‑POP, 한국 드라마, 한국 음식 등 한국을 대표하는 한국 문화는 '한류'라는 이름으로 한국 브랜드의 가치를 높이고 한국의 이미지에 긍정적인 영향을 끼친다. '한류'를 직접 보고 느끼려는 팬들은 한국을 방문해 한국 경제에 도움이 되기도 한다. 하지만 스포츠는 사뭇 다른 현상을 보인다. 한류를 이끌어 가는 한국 드라마, 한국 음식, K‑POP이 '국제시장'에 수출할 수 있는 서비스 상품의 요건을 다 갖춘 반면 국제무대에서 활약하는 한국 선수들이 지닌 가치는 시장에서 사고 팔 수 있는 성격의 상품이 아닌 것이다. 국제무대에서 활약하는 한국 선수들을 목청 터지듯 응원하는 사람들은 '한류 팬'이 아니라 국내에 있는 한국인과 해외에 거주하는 교민이다. 그들은 한국 사람이라면 공통적으로 느낄 수 있는 '정情'이라는 가치를 경험한 사람들이다. 프리미어리그에서 활약하는 손흥민을 응원하는 팬은 토트넘 팬이고, 손흥민이 토트넘이 아니라 다른 팀으로 옮기면 이들은 더는 손흥민을 응원하지 않을 가능성이 높다. 김하성 역시 마찬가지다. 김하성을 응원하는 팬들은 샌디에고 지역 팬들이지만 그것은 김하성이 파드리스 선수로 있을 때에 한해서만 그렇다. 하지만 그들이 어느 팀에 속하든 열렬히 응원하는 팬들은 다름 아닌 국내 팬들이고 해외에 거주하는 교민들이다. 국제무대에서 활약하는 한국 선수들이 주는 위로와 기쁨은 진정 한국 사람들만이 교감할 수 있는 가치임이 틀림없다.

스포츠에 대한
오해와 진실

운동선수는 머리가 나쁘다?

2015년부터 2020년까지 방송되었던 텔레비전 프로그램 〈뇌섹 시대: 문제적 남자〉에는 다양한 출연진이 등장해 퍼즐 등을 풀며 지능을 자랑했다. '뇌섹'이란 '뇌가 섹시하다'라는 말을 줄인 것인데, 다양한 분야 에서 지능이 높다고 알려진 사람들을 초대해 함께 문제를 푸는 형식으로 프로그램이 진행된다.

프로그램 진행자와 출연자는 남들이 부러워할 만한 학력에, 해외 유학과 멘사 회원증이 출연 조건으로 느껴질 정도로 뛰어난 지능을 검증받은 사람들이다. IT 전문가, 창의력 전문가, 입시 전문가, 범죄심 리학자, IQ 190으로 세계 4위에 오른 천재도 이 프로그램에 출연한 바 있다. 하지만 운동선수가 출연했다는 소식은 듣지 못했다. 왜 그럴까? 운동선수는 머리가 나쁘다는 편견 때문일까? 아니면 운동선수는 진짜 머리가 나쁘기 때문일까? 그것도 아니라면 이 프로그램에 적합한 운동선수를 섭외하지 못해서일까?

운동선수 대부분은 운동을 본격적으로 시작한 유소년 시절부터 일반 학생과는 매우 다른 환경에서 교육과 훈련을 받는다. 최소 의무교육 시간이 끝나면 곧바로 운동장에 나가 앞으로 직업이 될 스포츠 종목에 많은 시간을 할애한다. 선수 자신뿐만 아니라 동급생들, 학부모, 학교 선생님 역시 이러한 일상을 당연하게 여기고 별다른 요구나 간섭을 하지 않는다. 운동선수를 꿈꾸며 하루 대부분을 운동에 투자하는 엘리트 운동선수를 억지로 교실에 앉혀놓고 미적분을 가르치는 것은 별 의미가 없으며 이들의 인생에 별 도움이 되지 않는다는 사실을 많은 사람이 인지하고 있다. 이러한 환경에서 학업 성적이 좋은 운동선수가 나오는 것은 기대하기 힘들고, 자연스럽게 운동선수는 공부와 멀어지게 된다.

하지만 학업 성적이 좋지 않다고 운동선수의 머리가 나쁘다고 섣불리 판단해서는 안 된다. 운동선수의 학업 성적이 좋지 않은 가장 큰 이유는 학업에 투자하는 절대적인 시간이 다른 학생에 비해 부족하기 때문이다. 운동선수가 생각하는 진정한 배움의 공간은 교실이 아니라 학교 운동장, 라커룸, 경기장이다. 지능을 판단하는 기준으로 흔히 사용하는 IQ 테스트도 운동선수에게 불리하다. IQ 테스트는 학교와 학원을 오가며 하루 대부분을 책상에 앉아 문제 풀이를 하는 학생에게 더 수월한 형태이기 때문이다. 만약 반대로 하루 종일 책상에 앉아 공부만 하는 학생에게 야구공을 던지게 해서 구속球速을 재서 우열을 가른다면 이런 테스트에 익숙한 야구 선수가 월등한 실력을 보일 것이다. 미국 MLS 인터 마이애미의 리오넬 메시가 활약하는 것을 보면 스포츠 경기에 빠른 상황 판단 능력이 필요하다는 것을 느낄 수 있다. 수비수 여러 명이 동시에 접근해올 때 공을 빼앗기지 않기 위해 반대쪽에 있는 같은 팀 선수의 움직임을 예상해 절묘한 타이밍으로 적절한 위치에 패스하는 장면을 보면, 과연 운동선수의 지능 훈련은 교실이 아닌 운동장에서 이루어진다는 생각이 든다.

한국과 달리 운동과 학업의 병행을 중요시하는 선진국에서도 IQ가 높은 운동선수는 종종 화젯거리가 된다. 개빈 뉴샴Gavin Newsham은 『스포토노믹스Sportonomic$』에서 운동선수의 지능과 관련한 다양한 사례를 소개했는데, 그중 일부를 정리하면 다음과 같다.[1]

프리미어리그 구단 첼시와 영국 대표 팀에서 미드필더로 활약한 프랭크 램퍼드Frank Lampard는 브라이언 잉글리시Brian English 박사의 주도로 첼시에서 진행된 IQ 테스트에서 150점 이상을 기록했다. 이 점수는 전체 인구의 상위 0.1퍼센트 내에 드는 점수로 알베르트 아인슈타인과 마이크로소프트의 창시자 빌 게이츠(160)와도 큰 차이가 나지 않는 점수였다. 램퍼드는 높은 IQ 점수로 '교수professor'라는 별명이 붙었다.

IQ 테스트에서 상위 2퍼센트에 들어야 가입할 수 있는 멘사 회원으로 등록된 선수도 여럿 있다. 수영에서 영국에 금메달을 안긴 에이드리언 무어하우스Adrian Moorhouse와 복싱 선수 니키 파이퍼Nicky Piper

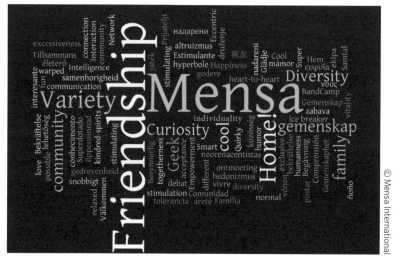

© Mensa International

멘사는 지능 상위 2퍼센트 이상이어야 가입할 수 있는 세계 최대, 최고의 고지능자 모임이다. 보비 치즈, 에이드리언 무어하우스, 니키 파이퍼 등 멘사 회원인 운동선수도 어렵지 않게 찾을 수 있다

역시 멘사 회원으로 알려져 있다. 멘사 회원으로 알려진 전 WBA 크루저 웨이트 챔피언 보비 치즈는 1996년 홀리필드와의 시합에 멘사 로고가 그려진 티셔츠를 입고 출전해 많은 팬의 환호와 갈채를 받기도 했다.

2016년 9월 아시아 출신으로는 처음으로 NBA 명예의 전당에 이름을 올린 야오밍은 2009년 IQ 테스트에서 132점을 받았는데, 소속 팀 휴스턴 로키츠 선수들의 평균 점수 98점보다 월등히 높은 점수였다. 빌 클린턴 전 미국 대통령의 IQ 137점과 비교해도 별 차이가 없다. LPGA에서 활약하는 신지애는 IQ가 148점으로 알려져 있고, 2016년

신인상과 최저타상을 받은 전인지의 IQ는 138로 알려져 있다.[2]

많은 시간을 운동에 할애하는 운동선수의 지능지수를 IQ 테스트에 의존하는 것은 문제가 있다고 생각하는 사람들은 다른 테스트가 필요하다고 주장한다. NFL은 드래프트를 신청하는 모든 선수에게 원더릭 인지능력 테스트wonderlic cognitive ability test를 요구한다. 이 테스트는 12분 동안 최대 50개의 선다형 문제를 풀게 되어 있다. 이 테스트는 NFL뿐만 아니라 일반 기업에서도 업무 적성 검사용으로 사용한다.[3] 원더릭 인지능력 테스트 점수로 운동선수와 일반 직장인의 인지능력 정도 차이를 비교해볼 수 있다. 일반적으로 원더릭 인지능력 테스트 20점은 IQ 테스트 100점과 유사하다고 한다. 지난 몇 년 동안 NFL 선수의 평균 원더릭 인지능력 테스트 점수는 21점 이상으로, 일반 사무직에 종사하는 사람들의 평균 점수와 같았다.

하버드대학 출신으로 NFL 신시내티 벵골스에서 와이드 리시버로 활약한 팻 매키낼리Pat McInally는 원더릭 인지능력 테스트에서 50점 만점을 받기도 했다. 매키낼리는 2007년 다시 테스트를 받아 거의 만점에 가까운 49점을 받았다.[4] 반대로 오번대학에서 활약한 주니어 로즈그린Junior Rosegreen은 고작 2점에 그쳐 다른 분야의 최하 평균보다도 13점이나 낮았다.[5] 중요한 사실은 원더릭 인지능력 테스트 점수가 선수의 포지션에 따라 큰 차이를 보인다는 것이다. 미식축구 경기에서 가장 중요한 역할을 하는 쿼터백 선수의 평균은 24점으로 상당히 높았다. 이러한 사실은 "왜 쿼터 백 선수가 은퇴 후에 감독이나 코치로 많이 기용되는가?"라는 질문에 답이 된다.

농구 감독 중에는 경기 중 전략·전술의 컨트롤 타워 역할을 하는 가드 출신이 많다. 2022~23 시즌 KBL 구단 10개 중 절반인 5개 구단 감독(조동현, 김승기, 유도훈, 은희석, 전창진)이 포인트 가드 출신이고, 안양 KGC의 김상식 감독은 슈팅 가드 출신이다. 나머지 4개 구단 감독(조상현, 전희철, 김주성, 송영진)이 포워드 출신으로 전체 구단 중 센터 출신 감독은 한 명도 없었다.

헤딩하면 뇌진탕에 걸린다?

각종 여론의 예상을 뒤집고 미국의 45대 대통령으로 당선된 도널드 트럼프는 대선 유세 중 다양하고 예민한 정치·사회 문제에 정제되지 않은 '막말'을 쏟아내 많은 야유와 질타를 받았다. 트럼프가 한 '막말' 중 하나는 NFL 선수들의 '뇌진탕 방지 규정' 비하 발언이었다. 미식축구 은퇴 선수 3명 중 1명이 뇌 관련 부상으로 후유증을 호소하고 있는 상황에서 트럼프의 발언은 미식축구 선수들의 심기를 건드렸다.

이 사건은 지난 2016년 10월 12일에 벌어졌다. 플로리다 주 레이클랜드 유세 도중 한 여성이 쓰러졌다. 이 여성은 쓰러진 뒤에 바로 치료를 받고 유세장으로 돌아와 트럼프 지지자들에게 열렬한 갈채를 받았다. 트럼프는 이 여성이 미식축구 선수들보다 훨씬 강하다고 칭찬하면서 NFL의 뇌진탕 방지 규정을 비판했다.[6] NFL 사무국에 따르면, 2014년에 206건이었던 뇌진탕 발생 건수가 2015년에는 271건

2016년 10월 12일 레이클랜드 유세장에서 트럼프는 "심한 감기에 걸려 쓰러진 여성도 이렇게 다시 돌아왔다. 우리는 이보다 훨씬 나약한 NFL 뇌진탕 방지 규정을 따를 필요 없다.……그들은 '어, 머리가 띵하다고? 그라운드에 돌아오지 말고 푹 쉬어'라고 한다. 내 지지자들은 그들보다 훨씬 굳세다"라고 말해 물의를 일으켰다.

으로 약 35퍼센트 늘었다.[7] 트럼프가 이 사실을 알았다면 NFL의 뇌
진탕 방지 규정을 근거 없이 비하하지는 않았을지도 모르겠다.

　　NFL은 1990년대 중반부터 미식축구 선수들의 뇌진탕에 대해 연
구해왔다. 주로 은퇴 선수들이 겪는 뇌 손상에 관한 연구였는데, 루게
릭병부터 조기 노인성치매까지 다양한 연구가 이루어졌다. 이 연구는
미식축구 선수들이 지속해서 뇌진탕을 경험하는 데서 시작했다. 골
프, 수영, 테니스, 배구처럼 상대 선수와 접촉하지 않는 종목과 달리
축구나 미식축구같이 다른 선수와 계속 접촉하는 스포츠 종목 선수들
은 뇌진탕 후유증에 시달린다. 그동안 NFL은 미식축구가 뇌진탕에
직접적인 영향을 미치지 않는다고 주장하며 뇌 질환으로 고생하는 은

퇴 선수에게 의료비를 지원하지 않았다. 그러다가 1,000명이나 되는 NFL 은퇴 선수들이 집단소송을 걸자, 사건이 더 커지기 전에 마무리 짓고자 총 8억 7,000만 달러에 재빨리 합의했다.

8억 7,000만 달러 중 6억 7,500만 달러는 뇌 손상으로 고통 받는 선수들에게 금전적 보상을 하는 데 쓰이고, 7,500만 달러는 뇌 손상 검사 비용으로, 나머지 1,000만 달러는 의료 연구와 뇌진탕에 대한 교육에 사용된다고 한다. 1억 1,000만 달러는 변호사 비용으로 책정 되었다. 루게릭병에 걸린 선수는 추가로 500만 달러의 보상금을 받 고, 50세에 알츠하이머로 진단받은 경우 160만 달러를, 80세부터 조 기 치매로 고생하게 될 경우 2만 5,000 달러를 추가로 보상하기로 합 의했다.[8]

미식축구 선수들의 잇따른 자살로 뇌진탕의 위험성이 수면 위로 드러났다. NFL은 결국 미식축구라는 종목의 특성상 선수들이 겪게 되 는 뇌 손상 가능성을 인정하고, 뇌 손상을 입은 선수들에게 보상하는 것뿐 아니라 선수들의 뇌를 보호하기 위한 정책을 고민하게 되었다.

2010년 4월, 펜실베이니아대학 미식축구 선수인 오언 토머스 Owen Thomas가 자살했다. 토머스는 만성 외상성 뇌 병변증CTE을 앓고 있었던 것으로 나타났다.[9] 총기 사용이 허용된 미국에서는 총으로 자 살할 때 머리를 겨누는 일이 많은데, 만성 외상성 뇌병 변증을 앓고 있는 운동선수들은 총구를 가슴으로 향한다. 죽은 후에 뇌를 연구용 으로 기증하기 위해서다. 이들이 기증한 뇌에는 뇌 손상으로 엄청난 고통 속에서 살아가는 선수가 더는 나타나지 않기를 바라는 간절한 마음이 담겨 있을 것이다.

1960년대 영국 축구 선수 제프 애슬Jeff Astle 역시 헤딩으로 인한 뇌 손상이 사인死因으로 지목되었다.[10] 애슬이 활약한 1960년대에는 물에 젖은 가죽 공을 자주 사용했는데, 이 공을 지속해서 헤딩한 결과 퇴행성 뇌 질환이 생긴 것이다. 축구 선수들의 뇌 손상을 연구한 결과, 일부 선수는 헤딩으로 한 시즌에 많게는 1,500번의 충격을 받는다고 한다. 연습 경기에서는 경기당 평균 6번, 실제 경기에서는 14번 충격을 받는다.

다른 연구에서 뇌진탕으로 인한 징후가 사라지더라도 뇌가 완전히 치료되는 것은 아니라는 사실이 밝혀졌다. 인지기능과 균형감각 저하 같은 대표적 징후들은 뇌진탕 발생 일주일 안에 정상으로 돌아왔지만, 뇌의 전기신호는 짧게는 8일에서 길게는 한 달 가까이 비정상적이었다. 헤딩으로 받은 충격은 약한 뇌진탕을 반복적으로 불러올 수 있고, 영구적인 장애를 가져오기에 충분하다는 사실이 밝혀진 것이다. 또 다른 문제는, 선수들이 출전 정지 등 불이익을 받지 않으려고 보고를 피한다는 사실이다. 선수들이 뇌 손상을 감지하지 못하는 경우도 있다. 이러한 이유로 은퇴 후에 눈에 보이지 않는 곳에서 외롭고 비참한 투병 생활을 하는 선수는 알려진 것보다 많을 것으로 추정된다.

미식축구나 축구 같은 경기에서는 선수들끼리 충돌을 피할 수 없다. 특히 축구는 헤딩이 뇌진탕에 직접적인 영향을 미친다고 해도 기술의 가치상 완전히 금지하기는 불가능하다. 축구 경기가 없어지지 않는 한 원천적으로 선수들의 머리를 보호할 방법이 없다. 하지만 선수들을 뇌진탕의 위험에 그대로 노출시킬 수도 없는 일이다. 아직 이렇다 할 뾰족한 해결책은 보이지 않지만, 미식축구와 축구 협회는 선수들의 뇌를 보호하기 위해 다양한 정책을 고안하고 있다.

그중 몇 가지를 소개하면 다음과 같다.

2014년 FIFA 월드컵 결승전, 아르헨티나와 독일의 경기에서 독일의 크리스토프 크라머Christoph Kramer가 뇌진탕 증세를 보이며 쓰러졌다. 크라머는 의료진의 부축을 받아 경기장 밖으로 나가 휴식을 취한 후 경기장으로 돌아왔지만, 휘청거리며 심각한 뇌진탕 증세를 보였다. 결국 크라머는 전문적인 진료를 받기 위해 경기장을 떠났다. 이 사건으로 FIFA 의료 위원회는 경기 중 뇌진탕이 발생하면 효과적으로 대처하기 위해 새로운 제안서를 제출했다. 이 제안서에 따르면, 경기 도중 선수가 뇌진탕 증세를 보이면 심판은 3분 동안 경기를 정지시키고, 의료진이 들어와 선수의 상태를 살펴야 한다. 다친 선수가 경기에 복귀하는 것은 의료진의 판단에 따르고, 의료진의 판단이 없으면 경기에 복귀할 수 없다.[11]

미국축구협회는 사후 약방문식의 수동적인 처방에 만족하지 않고 능동적으로 뇌진탕을 예방할 정책을 내놓았다. 2015년 11월, 15여 개월간의 법적 다툼 끝에 미국축구협회는 만 10세 이하의 선수는 연습 경기를 포함한 모든 경기에서 헤딩하지 못하게 했을 뿐 아니라, 만 11~13세에게는 연습 과정에서만 부분적으로 헤딩을 허용했다. 모든 유소년 축구 클럽은 이 규정을 적용하고 경기에 참여하는 심판과 감

독, 학부모에게도 규정을 공지했다.[12]

뇌 손상을 방지하기 위한 또 다른 방법은 첨단 기술이 집약된 안전 장치를 사용하는 것이다. 'IQ 히트'는 헬멧 속에 장치된 가속도 측정기로 선수가 받는 충격의 크기를 계산해 실시간으로 경기장 밖의 의료진이 선수의 뇌 건강을 체크할 수 있는 시스템이다. 일정 강도 이상의 충격이 머리에 가해질 경우 자동으로 경고 장치를 보내는 헬멧도 있다.[13]

감독은 심장마비에 잘 걸린다?

2016년 10월 초 화성시청 배구단 김갑제 감독이 대한민국배구협회 이사회 참석 직후 쓰러져 병원으로 후송되었지만 안타깝게도 숨지는 사건이 발생했다.[14] 김갑제 감독의 나이는 58세였다. 이 전에도 황현주 전 현대건설 감독이 향년 48세의 나이에 심장마비로 별세했다.[15] 사인은 과로로 인한 심장마비로 밝혀졌다. 감독의 돌연사는 해외에서도 발생한다. 2016년 6월에는 나이지리아 축구 대표팀을 이끌었던 스티븐 케시Stephen Keshi 전 감독이 심장마비로 세상을 떠났다.[16] 케시 감독은 과거 나이지리아 국가 대표팀 주장을 맡기도 했다. 선수와 감독으로서 아프리카 네이션스컵 ACN 우승을 경험한 유일한 인물이었다.

젊고 유망한 감독들이 이른 나이에 심장마비로 세상을 떠나는 안타까운 일이 끊이지 않고 일어나는데, 과연 우연의 일치일까? 아니면 업무 특성과 관련이 있는 것일까? 일각에서는 심장마비로 인한 사망 비율이 늘어나는 추세라서 감독들의 심장마비 사망 비율도 높아지는 것뿐이라고 주장한다. 하지만 감독의 심장마비와 일반인의 심장마비는 차이가 있다.

우선 심장마비를 일으키는 감독 중 많은 수가 경기 중 갑자기 쓰러진다.[17] 1996년 텍사스대학 농구팀의 돈 해스킨스Don Haskins 감독은 하프타임에 심장마비를 일으켜 병원으로 후송되었다. 다행히 세 군데의 심장우회수술을 받은 후 생명을 건졌다. 1998년에는 마이애미대학 농구 감독 찰리 콜스Charlie Coles가 웨스턴 미시건대학과의 경기 도중 심장마비를 일으켜 현장에서 쓰러졌다. 당시 콜스 감독의 나이는 46세였다. 같은 해 NBA 새크라멘토 킹스의 제리 레이놀즈Jerry Reynolds 감독은 포틀랜드 트레일블레이저스와의 경기 도중 의식을 잃고 쓰려져서 병원으로 후송되었다. 당시 그의 나이는 44세였다. 레이놀즈 감독은 경기에 집중한 나머지 호흡곤란과 같은 사전 증세를 전혀 느끼지 못했다고 한다. 현재 오하이오주립대학 미식축구 감독인 어번 마이어Urban Meyer는 2009년 플로리다대학 감독 시절 심장에 이상 증세를 느끼고 감독직을 내려놓았다. 당시 그의 나이는 불과 45세였다. 2010년에는 미시간주립대학 미식축구 감독 마크 단토니오Mark Dantonio는 노터데임대학과 연장전까지 가는 접전 끝에 승리를 거두고 집으로 가는 도중 심장에 통증을 느끼고 병원으로 후송되었다. 심장마비가 발생하기 직전 단계로, 하마터면 큰일이 벌어질 뻔한 상황이었다.

다른 직업에 비해 유독 감독들이 높은 확률로 심장마비를 경험하는 것은 어떻게 설명할 수 있을까? 업무의 특성상 감독들의 흥분 지수는 급격히 올라간다. 스포츠 경기의 본질은 '승리'다. 이기는 팀이 있으면 반드시 지는 팀이 있다. 감독은 시즌 내내 승패의 결과에 따라 때로는 미소를 짓고 때로는 성을 내는 생활을 반복한다. 경기가 없는 날에도 수없이 많은 경기 비디오를 일일이 돌려 보며 상대 팀의 장단점을 파악하고 승부 전략과 전술을 구상해야 한다. 경기마다 희비가 달라지는 팬들에 대응하는 것도 주요 업무 중 하나다. 감독마다 성격이 다르지만, 다혈질 감독은 선수가 실수하면 쉽게 용납하지 못하고 고함을 지르거나 심판에게도 버럭 화를 내기도 한다. 화를 낼 수밖에 없는 상황도 있지만, 일부는 의도적으로 그런 상황을 연출하기도 한다. 경기에 직접 참여할 수 없는 감독이 할 수 있는 유일한 일이 바로 고함을 지르거나 화를 내는 일종의 '보이지 않는 개입'이기 때문이다.

또한 감독의 임기는 유한하다. 대학 스포츠 팀의 감독은 짧게는 3년에서 길게는 5년 정도의 계약을 체결한다. 감독은 이 길지 않은 시간 동안 실력을 입증해야 살아남을 수 있다. 신입생 유치부터 선수가 졸업할 때까지, 선수 선발부터 훈련까지 전권을 부여 받지만 구단(또는 학교)이 기대한 결과에 미치지 못하면 끝이다. 하루라도 빨리 구단(또는 학교)과 팬의 기대에 부응해야 한다는 심리적 부담은 상당히 크다. 3~4년의 계약을 맺었지만, 1년 이내에 감독이 바뀌기도 한다. 감독은 자신에게 주어진 3~4년 동안 팀을 우승시켜야 한다는 처절한 사명감을 느낀다. 24시간 365일 '우승'과 '챔피언'이라는 단어가 그들의 뇌를 억누른다. 홈경기와 원정 경기를 반복해야 하는 종목의 감독은 선수들과 함께 매주 두세 번씩 비행기를 타야 한다. 시즌 동안 매주 비행기를 타야 하는 것에 스트레스를 받는 감독들도 있다. 시차에서 오는 피곤함은 물론이고 선수 수십 명과 함께 타지를 돌아다니며 경기를 치르기는 쉽지 않다. 게다가 이런 불규칙한 생활 방식은 쉽게 건강을 해칠 수 있다.

마지막으로, 공인이라는 데서 오는 스트레스가 있다. 선수들뿐 아니라 감독도 공인이다. 유명세를 치르는 감독뿐 아니라 지역에서 작은 팀을 지도하는 감독도 사생활이 쉽게 노출된다. 이들의 일거수일투족은 언론에 노출되기 쉬우며, 특히 부정적 행위와 태도는 쉽게 언론에 포착되어 곤경에 처한다. 경기장 안에서뿐만 아니라 일상생활에서도 사람들의 관심을 받아야 하는 삶은 매우 피곤할 수밖에 없다.

이러한 이유로 감독들의 스트레스 지수는 점점 높아질 수밖에 없다. 결국 이들에게 중요한 것은 운동 감독이라는 특수한 직업이 주는 다양한 형태의 막중한 스트레스를 견디고 극복할 내적 역량이 아닐까 한다.

스포츠베팅 산업은
왜 커지는가?

2018년 5월 미국에서 스포츠베팅이 합법화되자마자 오랫동안 사행산업 시장을 이끌었던 글로벌 카지노 업체들은 너나할 것 없이 매우 공격적으로 스포츠베팅 시장에 침투하기 시작했다. 이들이 주로 사용하는 전략은 매우 빠르고 강력하다. 첫째, 스포츠베팅업체들과 스포츠리그 및 구단과의 업무 협약이다. 스포츠베팅업체들은 스포츠베팅에 필요한 공식 스포츠데이터가 필요하고, 스포츠리그 및 구단은 스포츠베팅에 전문성을 갖춘 카지노 업체들에게 스포츠베팅 업무를 대행시킴으로써 상호보완적 관계를 구축할 수 있다. 예를 들면, 세계적 카지노 업체인 시저스 엔터테인먼트사가 영국의 스포츠베팅전문 업체인 윌리엄 힐William Hill을 인수합병하였고, MGM은 미시건 주의 인디언 카지노업체들과 업무 제약을 맺고 스포츠베팅 시장 점유율을 높였다. 또한, 윌리엄 힐은 NHL 뉴저지 데블스 구단New Jersey Devils과 스포츠베팅 사업 관련 독점계약을 체결하였고, 미국 프로축구리그인 MLS는 MGM 카지노 기업에게 스포츠베팅 관련 전반의 업무를 대행하도록 했으며[1] NFL은 시저스 엔터테인먼트사Caesars Entertainment와 스포츠베팅 후원계약을 맺는 등 시장 선점을 위해 발 빠른 움직임을 보이고 있다. 스포츠베팅 업체들은 경기장과 같은 스포츠 시설에도 스포츠베팅 룸을 설치하는 등 적극적인 투자에 나섰다. 라스베가스에 기반을 둔 NHL 경기장에 MGM은 여러 대의 스포츠베팅 키오스크를 설치하여 경기장을 찾는 팬들에게 편의를 제공하는 한편, 스포츠 전용 술집 및 일부 레스토랑에 스포츠베팅 키오스크를 설치해 식당을 찾는 스포츠팬들이 스포츠베팅에 직접 참여할 수 있는 시범 사업을 벌이기도 했다.

스포츠베팅업체들의 시장 침투에 대한 두 번째 전략은 바로 "스포츠를 좋아하는 누구라도 철저한 연구와 분석을 통해 충분히 돈을 벌 수 있다"고 현혹하는 것이다. 즉, 스포츠에 해박한 지식과 분석 능력을 갖고 있는 스포츠팬들은 스포츠베팅에서 우위를 보이고 결국 손쉽게 돈을 벌 수 있다는 것을 강조하는가 하면 경기 결과에 영향을 미치는 운은 생각보다 그리 중요하지 않다고 끊임없이 강조하여 팬들을 혼란스럽게 만든다. (해외 유튜브 사이트에는 카지노에서 제작한 "왜 스포츠베팅을 해야만 하는가?"와 관련된 홍보 동영상들이 많이 올라와 있다) 스포츠베팅을 즐기는 팬들로 하여금 스포츠베팅이 갖는 위험성을 의도적으로 축소하는 동시에 스포츠베팅에서 이길 수 있는 가능성이 꽤나 높다는 것을 강조하는 홍보·프로모션을 진행한다.[2] 일명 '더닝 크루거 효과(Dunning-Kruger effect)'라고 부르는 방법을 통해 팬들을 유혹한다. 더닝 크루거 효과는 '어떤 분야에 대한 지식이 얕을수록 많이 알고 있는 것 같다고 느끼는 경향'이라고 정의할 수 있다. 다시 말해서, 스포츠베팅 전문가가 아니지만 스포츠를 즐겨보고 경기에 대한 기본적인 지식이 있으면 돈을 벌 수 있다는 뉘앙스의 홍보·마케팅에 집중한다. 거기에 온라인에 돌아다니는 수많은 정보(구단 성적 및 경기 결과 예측 등)를 잘 이용할 수 있다면 스포츠베팅에서 이길 수 있는 가능성은 좀 더 올라간다는 꿀팁까지 제공한다. 결국 스포츠팬들로 하여금 '누구라도 스포츠베팅에서 이길 수 있다는 잘못된 자기 확신'에 빠지게 하도록 유도하고 스포츠베팅에 더욱 깊숙이 관여하기를 원한다.

스포츠베팅업체들의 세 번째 전략은 바로 스포츠베팅을 하는 사람들의 동기를 철저히 분석한 후 이러한 동기요인을 역으로 이용해 팬들에게 접근한다. 아직까지 스포츠베팅을 해보지 않은 팬들로 하여금 스포츠베팅 시장에 발을 들여놓게 하여 신규 유입을 늘리거나 스포츠베팅 경험을 해 본 팬들에게는 고액 베팅을 하도록 유인한다. Bruce(2013)[3]의 연구에 따르면, 스포츠베팅을 하는 동기는 금전적 소득, 친목 교류, 지적 능력 도전, 욕망이다. 이 중에서 가장 큰 동기는 금전적 소득이라고 할 수 있는데, 많은 노력을 하지 않고도 소득을 얻을 수 있는 점과 자신이 잘 알고 좋아하는 스포츠 경기를 대상으로 한다는 점이 많은 사람에게 매력적으로 보일 수 있다. Bulboaca와 Tierean(2021)[4]의 연구에 따르면 스포츠베팅에 참가한 사람들 중 약 68.9퍼센트가 금전적 요인을 스포츠베팅을 하는 가장 강력한 이

유라고 답한 바 있다. 스포츠베팅업체들은 이러한 스포츠팬들의 심리를 이용하여 스포츠베팅을 크게 홍보하고 있다. 특히, 스포츠경기를 시청하면서 10~20달러 정도의 베팅을 참여하는 것은 너무나도 자연스러운 행위라는 메시지를 꾸준히 전달한다. (마치 맥주 회사들이 스포츠경기를 시청하면서 많은 사람이 맥주를 마시는데 이것은 매우 자연스러운 현상이라는 프레임을 만들어 광고하는 것과 유사한 방식이다.)

두 번째 동기 요인인 친목 교류는 스포츠베팅과 관련하여 다른 사람들과 스포츠베팅에 대한 정보와 지식을 주고받아 같은 취미를 가진 사람들과 함께 즐길 수 있는 기회를 제공함을 의미한다. 스포츠베팅이 금지된 국가에서 주변에 보이지 않는 곳에서 불안하게 숨어서 하는 불법 행위가 아닌 다양한 SNS 플랫폼을 통해 즐길 수 있는 합법적인 취미와 여가활동이라는 사실을 강조한다. 예를 들면, 트위터와 같은 소셜 미디어는 스포츠베팅에 참여하는 팬들에게 경기가 시작하기 전에 경기와 관련된 다양한 통계 수치, 선수 정보 및 관련 뉴스를 제공하면서 많은 스포츠베팅 팬들을 끌어 모으고 있다. 온라인 플랫폼의 등장으로 스포츠베팅부터 정산에 이르기까지 원스톱으로 진행되고 있다는 것도 영향을 미친다. 스포츠베팅의 디지털화 및 온라인화는 스포츠베팅 행위를 동료들과 함께 쉽고 간편하게 즐길 수 있는 취미와 여가 활동으로 인식하게 만들었다. 이를 증명이나 하듯 미국의 뉴저지 주에서 벌어지는 스포츠베팅의 약 80퍼센트이상이 스포츠베팅 앱을 통한 온라인상에서 진행되었다.[5] 더 나아가 가상 화폐 계좌와의 연동을 통해 스포츠베팅을 더 쉽고 간편하게 만들고 있다.[6]

세 번째 동기인 지적 도전은 앞서 설명한 더닝-크루거 효과와 깊은 관련이 있다. 오랫동안 즐겨온 스포츠에 대한 많은 지식을 지니고 있어 스포츠베팅에 자신있어하는 스포츠팬들을 대상으로 '스포츠베팅 토너먼트' 등 다양한 행사를 통해 그들을 자극하는 것이다. 대부분의 경우 그들의 승부 예측에 적잖은 오류가 있음을 발견할 것이며, 일부 예측에 성공한 스포츠베팅 팬들은 자신의 능력에 더욱 확신을 갖게 되어 스포츠베팅에 더욱 깊이 빠지게 될 것이다. 어떤 이는 소위 '초심자의 행운 오류'에 빠져 자신의 능력을 과대평가하여 더 많은 손실을 입을 것이다. 정확한 지식과 정보가 없음에도 불구하고 스포츠베팅에 성공할 수 있는 가능성이 존재한다는 것을 잊지 말아야 한다. 이러한 극단적인 행운에 따른 성공이 마치 자신이 스포츠베팅에 숨은 실력을 지니고 있는 전문가라고 착각하는 일이 없어야 한다. 스포츠베팅업체들은 스포츠베팅 팬들에게 어떠한 주의나 경고의 메시지를 전달하지 않는다는 사실을 반드시 염두에 두어야 할 것이다.

네 번째 요인인 열광·열정enthusiasm이야말로 스포츠베팅 참가자들이 정신적으로 느끼는 쾌락의 정수인 동시에 자칫 잘못하면 도박 중독에 늪에 빠지게 하는 매우 치명적인 독이 될 수 있다. 스포츠베팅업자들은 스포츠베팅 팬들의 이러한 열광·열정이 식지 않도록 다양한 형태의 베팅 프로그램을 제공한다. 라이브 액션live action 혹은 경기중 베팅in-game betting이라고 부르는데, 단순한 경기 결과 및 스코어를 맞추는 데 그치지 않고 경기 진행 중에도 끊임없이 베팅할 수 있는 기회를 만들어 팬들을 현혹시킨다. 축구 경기의 경우, 승부 예측이나 최종 스코어를 맞추는 단순 베팅뿐만 아니라 어시스트를 하는 선수 맞추기, 경기 득점 시간 맞추기, 코너킥 수 맞추기 등 경기가 끝날 때까지 벌어질 수 있는 다양한 이벤트 및 퍼포먼스에 대해 베팅할 수 있는 기회를 제공해 팬들의 베팅 열정이 식지 않도록 한다.

스포츠베팅업체들은 이용자들이 정신적으로 느끼는 자극-보상으로 연결되는 쾌락의 간격feedback loop을 줄이려는 시도를 많이 하고 있다. 프로야구의 경우 한 경기에 수 백 번 이상의 베팅 옵션을 만들 수 있다. 가령, 1회 첫 주자는 누가인가? 투수의 10번째 공은 스트라이크인가 아니면 볼인가? 등등 경기가 진행되는 동안 끊임없이 나오는 경기 상황에 베팅을 할 수 있는 옵션을 만들어 팬들의 중추신경을 자극한다.

문제는 바로 수많은 잠재적 스포츠베팅 팬들이 스포츠베팅의 잠재적 위험성을 제대로 인식하지 못한 채 스포츠베팅 업체들의 고도전략에 그대로 노출되어 있다는 사실이다. 도박이 미치는 부정적 영향과 자기 통제가 없는 사람들의 경우 특히 스포츠베팅을 경계해야 함에도 불구하고 스포츠베팅이 지나치게 긍정적이고 재미있는 레저 활동 정도로 묘사되고 있다는 것에 대해 경각심을 가져야 한다.[7]

기술혁신은 스포츠 산업을 어떻게 발전시키는가?

최근 스포츠 산업은 4차 산업혁명이라고 불리는 기술 혁신을 통해 많은 발전을 이뤘다. 스포츠 산업은 빅데이터, 인공지능, AR/VR/ MR, 5G/6G 통신망, 로보틱스, 메타버스, NFT, 드론, 4D 카메라, 가상화폐, 3D 프린팅, 블록체인, 클라우드 컴퓨팅 등 기술 혁신의 혜택을 가장 많이 본 산업군 중 하나로 손꼽힌다. 이러한 기술 발전은 과학적이고 체계적인 플랫폼을 통해 팀 성적과 선수의 기량을 향상시킬 수 있는 환경을 만들었으며, 무선 방송·통신·4D 카메라 기술은 전통적인 방송국 중심에서 휴대폰 등 모바일 기기를 통한 무선 방송ott으로의 급격한 전환을 가져왔다. 스포츠리그, 구단과 선수는 다양한 SNS를 통해 팬들과의 쌍방향 소통을 할 수 있게 되었으며 4D 카메라와 같은 영상 기술은 양질의 콘텐츠를 만드는데 일조했다. 센서 및 스캐닝 기술의 발전, 그리고 스마트 앱을 기반으로 한 스마트 경기장의 등장으로 팬들로 하여금 구단 및 경기장 직원들과의 어떠한 물리적 접촉 없이도 입장권, 식음료, 기념품 구매 등의 소비활동을 영위할 수 있게 하였다.

메타버스의 등장은 스포츠 산업에 새로운 흐름과 방향성을 제시하였다. 메타버스 기술의 발전을 통해 스포츠대회와 이벤트를 실제 경기장이 아닌 가상공간에서 개최할 수 있게 된 것이다. 예고 없이 찾아온 코로나19로 인해 각종 스포츠대회와 이벤트들이 우후죽순으로 취소되어 코로나가 빨리 사라지기만을 기다리고 있을 2020년에 NASCAR와 같은 자동차경주대회는 비디오 게임과 유사한 형식으로 가상공간에서 실제 대회를 성공적으로 개최하였다. iRacing과 iNASCAR로 불리는 자동차 경주 대회에 참가한 레이서들은 각자 집에 설치된 레이싱 시뮬레이션 운전석(이를 'Racing Cockpit Kits'라고 부름)에서 실제 경주와 동일하게 자신의 경주용 시뮬레이션 자동차를 운전하였고 수많은 팬들은 가상공간에서 이를 시청하고 응원했다. 그동안 NASCAR경기를 중계하려면 수백 명의 관계자가 경기장에 모여 많은 준비를 해야만 했다. (대회마다 차이는 있겠지만) 일반적으로 수만 명에서 많게는 10만 명이 넘는 팬들이 경기장을 찾아 관람하고 경주용 차량마다 설치된 카메라와 경기장내 설치된 수백 대가 넘는 카메라를 통해 중계되던 전통적인 방식에 새로운 변화가 생긴 것이다. (그동안 상상만 했듯이) 대회 주최자들과 참가자들이 현장에 가지 않고 가상공간에서 스포츠대회와 이벤트를 개최하고 운영할 수 있는 첨단 시스템이 만들어졌다.

빅데이터 산업의 발전은 그동안 일반인들의 시각에서는 다소 이해하기 어려웠던 각종 통계·정보 데이터를 시각화 프로그램을 통해 훨씬 더 이해하기 쉽게 만들었다. 더 나아가 빅데이터 분석 기술은 스포츠의 가장 기본적이고 핵심적인 본질 중 하나인 '경기 결과 예측의 불확실성'에 도전장을 내밀었다. 다시 말해서, 스포츠 경기를 매력적이게 만드는 관람하는 가장 큰 요인은 '어떤 팀이 승리할지', 혹은 '어떤 선수가 우승할지 모른다'는 경기 결과의 불확실성인데 각종 응용 통계 프로그램 및 머신 러닝을 통해 경기 결과를 맞추려는 다양한 시도가 벌어지고 있다. 예를 들면, 8년 전부터 미국 대학 농구 토너먼트인 '3월의 광란March Madness'을 앞두고 글로벌 IT기업 중 대표주자인 구글은 대회가 열리기 전 또 하나의 이벤트 구글 클라우드&NCAA 대회Google Clould&NCAA Competition를 개최했다. 전공과 학벌에 상관없이 이 대회에 참가하는 68개 대학 농구팀의 결과를 실제 경기 결과와 가장 가깝게 맞춘 지원자에게 총 10만 달러(1등: 25만 달러, 2등: 15만 달러, 3 등: 1만 달러 등)에 달하는 상금을 내걸고 관심 있는 사람이라면 전공과 학벌에 상관없이 참여할 수 있다.[8] 지원자들은 경제학, 수학, 통계학, 컴퓨터공학, 소프트웨어 개발 관련 학과 등 다양한 분야에서 지원했 으며 지난 80여 년에 걸쳐 수집한 4천만 개가 넘는 경기 결과 데이터 를 분석해야 했다. 종이와 펜을 사용하여 직접 경기 결과를 예측할 수 도 있고, SQL, Pandas, R, Apps Script, 파이썬, 모델러 등의 머신 러닝을 할 수 있는 시뮬레이션 프로그래밍 도구를 사용할 수 있다. 스 포츠경기 결과를 정확하게 맞추는 것은 신의 영역이라 완벽하게 예측 하는 것은 불가능하다. 아무리 훌륭한 선수라도 어제의 컨디션과 오 늘의 컨디션이 같을 수도 없을 뿐만 아니라 기계처럼 매번 같은 수준 의 기량을 선보일 수 없기 때문이다. 그럼에도 불구하고 빅데이터와 머신 러닝, 신경망 기술의 발전은 그동안 범접할 수 없는 영역을 달성 가능한 것처럼 만들고 있다. 기술혁신이 스포츠 산업을 어떻게 변화 시키는지에 대한 AWS의 사례를 살펴보자.[9]

IT 혁신 사례 : 포뮬러원FI 레이싱

AWS는 FI 자동차 경주에서 팬 경험을 증가시키기 다양한 노력을 기울이고 있다. F1 팬들은 경기를 지켜보면서 후발 그룹에 속한 선수가 선두 그룹을 쉽게 따라잡지 못하는 경우를 종종 목격한다. 물론 드라이버가 선두를 유지하기 위해 코스마다 다양한 전략과 전술을 구사하기 때문이다. 하지만 더 중요한 기술적 이유가 있다. 선두 차량이 순간적으로 가속할 경우, 선두 차량 배기가스가 상당량 후발 차량에게 그대로 전달된다. 후발 차량이 아무리 가속해서 선두를 따라잡으려고 해도 산소 부족으로 인해 폭발적인 가속을 하기 어렵다.

이러한 문제를 해결하기 위해 AWS는 혁신과 실험에 대한 지속적인 노력을 기울였다. AWS는 F1 경주 차량을 재설계하는 과정에 참여했다. AWS 고성능 컴퓨팅 서비스를 적용해 선두차량이 배기가스가 후발 차량에 영향을 덜 주는 식으로 머신을 새로 설계하는데 결정적인 도움을 제공했다. F1 경주용 차량 가격은 일반적으로 200억원(1500만 달러)에 달한다. F1 그랑프리 대회의 경우 경주팀 한 팀당 20세트 타이어를 교체할 수 있다. 과거에는 타이어 마모 상태를 정확히 측정할

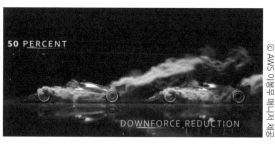

AWS가 F1 머신 매연 분출 방향을 위쪽으로 바꾼 뒤 뒤쪽 차량에 미치는 영향 등을 공기역학적으로 분석한 장면.

수 없었기 때문에 각 레이싱 팀은 10~15바퀴 등 일정 바퀴수 만큼 돈 뒤 타이어를 교체했다. 0.1초를 다투는 레이싱 경기 특성을 고려하면 매우 비효율적인 방식이다. AWS는 F1 경주용 차량을 대상으로 머신러닝 기법을 활용했다. 컴퓨팅 유체 역학 Computational Fluid Dynamics 을 통해 타이어 마모상태를 실시간으로 측정해 최적의 교체 시점을 알 수 있도록 했다.

F1은 모든 개별 차량에 센서 최대 300개를 탑재하고 있으며 트랙에는 더 많은 센서들이 깔려 있다. 이 센서는 초당 1.1백만 개 이상 데이터 포인트 또는 3GB 이상 데이터를 생성한다. F1은 완전히 새로운 F1 Insights팀을 구축하여 해당 데이터를 수집 및 분석하고 팬에게 찰나의 결정이 내려지는 상황에 대한 정보를 제공하고 있다. 팬들은 이 같은 F1 Insights팀 분석을 통해 머신러닝 이전에 알기 힘든 레이스 전략에 접근할 수 있다.

스마트 경기장 구축 : 스마트 경기장

AWS는 스마트 경기장을 '단일 유리창single pane of glass'으로 인식하고 관리한다. AWS는 구체적으로 아래 일곱 가지 방식을 통해 고객 만족을 실현한다. 첫째, 마찰 없는 경험이다. 경기장에 무리 없이 입장하는 것을 시작으로 주차, 경기장 내 매점 이용, 머천다이즈 상품 소비 등 전 과정에 걸쳐 팬들의 불만을 줄이고 구매 성향을 높인다. 둘째,

초개인화된 경험hyper-personalized experience 제공이다. 경기장을 찾는 팬들이 경기장 내외에서 과거 활동에 기반하여 개별 팬에 특화된 정보와 다양한 혜택을 제공함으로써 팬들로 하여금 경기장 내에서 상품과 서비스 소비 경험의 질을 높일 수 있도록 돕는다. 셋째, 최적화된 길 안내 및 경기장 내 동선 확보optimized way finding and transportation를 통해 고객들이 매점, 기념품 가게, 화장실 등을 이용할 때 얼마나 붐비는지 혹은 대기 시간이 얼마인지 등에 대한 정보를 제공해 불필요한 시간 및 에너지 낭비를 줄일 수 있도록 돕는다. 넷째, 스마트 경기장은 몰입형 경험 및 AR 관람이 가능하도록 한다. AR · VR 기술, 다이내믹한 티켓 가격 전략 및 디지털 기념품 판매는 팬 경험을 높이는 데 필요하다. 다섯째, 지속 가능한 경기장 운영이다. 물, 에너지, 실내 공기 정화, 전체 탄소 배출량 조절 등 경기장 운영에 필요한 에너지 최적화를 통해 친환경 경기장으로서 면모를 유지하는 것이다. 여섯째, 경기장을 사용하지 않는 날을 대비해 다양한 인구통계학적 분석을 근거로 콘서트, 이벤트 행사, 다양한 스포츠 대회를 유치하는 등 경기장 활용도를 높인다. 마지막으로 장소를 넘는 확장extending beyond venue이라고 할 수 있다. 이는 경기장을 스마트 캠퍼스와 같은 개념으로 인식하고 상업지구 및 쇼핑센터와 연계하여 새로운 커뮤니티를 형성하는 것이다. 궁극적으로 팬들에게 'gameday' 경험을 최대한 편안하고 친숙하게 즐길 수 있도록 클라우드 기술을 활용해 시설에 있는 사람들과 마찰점friction points을 줄이거나 제거하고 있다.

경기력 분석Performance analytics

일반적으로 경기력 분석이란 스포츠리그와 팀이 실시간으로 통계를 생성하고 이를 기반으로 한 빅데이터 기반 의사결정을 가능하게 하는 예측 머신러닝 모델predictive ML model을 구축, 교육 및 실행함을 의미한다. AWS 경기력 분석에는 경기력 데이터, 선수 데이터, 경쟁, 심판, 소비자 피트니스 테크consumer fitness tech라는 다섯 가지 워크로드가 포함된다. 경기력 데이터는 경기 영상 및 데이터 캡처, 저장, 관리, 분석 영역이다. 선수 워크로드는 훈련 분석, 건강 및 안전 분석 등이다. 경쟁에는 전략, 득점 가능성, 추월 예측 분석 등이 속한다. 심판 영역에는 선수 추적, 공인구 추적, 차량 추적 등이다. 소비자 피트니스 기술은 가민, Zwift, Strava, Peleton과 같은 플랫폼을 의미한다. AWS에서는 아마존 세이지메이커SageMaker를 활용하여 실시간 통계를 위한 예측 모델을 구축, 교육 및 실행하고 결과치를 아마존 S3Amazon Simple Storage Service에 저장하고 아마존 레코그니션Rekognition 기술을 활용해 구단이 선수들에게 경기 장면을 보여주고 보강이 필요한 훈련 내용까지 제공한다.

Next-Gen(차세대) 미디어

클라우드 기반 기계 학습 플랫폼인 Amazon SageMaker는

Amazon의 20년 경험을 바탕으로 구축됐다. 하키 대결에서 누가 이길지 예측하거나, 축구에서 골 확률을 계산하거나, 미식 축구에서 볼을 잡아낼 가능성을 계산한다. SageMaker는 수십만 개 선례를 분석한 결과를 근거로 최소 시간에 다양한 예측 데이터를 제공한다. 철저하게 관리되는 인프라, 도구 및 워크플로를 제공한다는 게 최대 장점이다. 따라서 이를 운영하는 수많은 직원이나 머신 러닝 전문가가 필요하지 않다. 인프라를 관리할 필요 없이 비즈니스에 바로 집중할 수 있다는 뜻이다.

NFL의 경우를 예를 들어보자. Next Gen Stats은 경기장에서 펼쳐지는 모든 플레이에 대한 실시간 위치, 속도 및 가속도 데이터를 캡처한다. 경기장 센서는 속도와 위치 데이터를 인치 단위로 기록하기 위해 모든 선수, 공, 심판의 RFID 태그를 추적하여 매초 3GB 데이터를 캡처한다. 이렇게 모인 데이터를 분석해 새로운 인사이트를 발굴하고 팬이 더 널리 사용할 수 있는 방식으로 상품을 제작한다. 또한 부상 발생 시기, 부상과 관련된 추세, 패턴 등을 식별하는 데도 도움이 된다.

Fan360

Fan360은 서로 다른 팬들의 데이터를 중앙 집중화한 뒤 머신 러닝 모델을 통해 팬을 흥미롭게 만들고 팀, 운영자 수익을 높이는 데

중점을 둔다. 장소와 기기에 상관없이 멀티 플랫폼에서 경험을 홍보하고 수익을 창출하고 개인화하는 데 팬 데이터를 활용하는 것이다. Fan360 기능은 쉽게 다음과 같은 영역으로 나눠서 설명할 수 있다. 첫째, 모든 데이터 수집 및 저장이 중앙 집중화된다. 둘째, 이러한 데이터는 판촉 활동 강화 및 티켓 판매 등에 적용된다. 셋째, 입장권, 머천다이즈 상품, 콘텐츠 등 관련 상품과 서비스에 대한 정보는 개인화 과정을 통해 맞춤형으로 정리된다. 넷째, 팬들의 요구에 부응하기 위해 선수들의 경기력 관련 통계 자료를 제공하여 방송의 질을 향상한다. 마지막으로, 스폰서 기업들과 팬들을 좀더 직접적으로 연결하여 스포츠 기업들의 목표를 달성할 수 있도록 돕는다.

1장 스포츠는 산업이다

스포츠 파생상품 시장

1 문화체육관광부,『2021 스포츠 산업 백서』(문화체육관광부, 2021), 27쪽.

2 Bernard J. Mullin·Stephen Hardy·William Sutton,『Sport Marketing』(Human Kinetics, 2001), p.13.

3 Daniel Tepfer,「Brit selling Yankee dirt sentenced to 18 months」,『Stamford Advocate』, July 25, 2013.

4 IOC Annual Report (2022년 5월 22일)

5 Sports Business Journal (2022년 9월 24일). NFL, StatusPro Virtual Reality Game Pro Era Launches.

6 Sports Business Journal (2022년 5월 22일). NBA, Meta partner to create an interactive NBA Lane.

7 Yanan Wang,「How Yao Ming subverted stereotypes and brought basketball to millions」,『Washington Post』, April 5, 2016.

8 Isao Okada·Stephen A. Greyser,「How Major League Baseball Clubs Have Commercialized Their Investment in Japanese Top Stars」, Harvard Business School Working Paper 14-029, September 18, 2013.

9 CNN (2023년 5월 4일). Shohei Ohtani joins Babe Ruth in the MLB history books after latest feat.

10 FIFA.com (https://www.fifa.com/fifaplus/en/watch/43Do27Etp3IapH 0xwzbXOg)

11 www.ESPN.com (https://www.espn.com/soccer/match/_/gameId/498161)

12 유정선,「한국 vs 스페인 1-6 경기 종료…후반 38분 주세종'만회골'」,『이투데이』, 2016년 6월 2일.

13 주영민,「조지아에 망신당한 스페인…1대 0'충격패'」,『SBS 뉴스』, 2016년 6월 9일.

14 Vintage Market Research. Sports Betting Market – Global Industry Assessment & Forecast

15 Bernard, J. Mulline – Stephen, Hardy – William Sutton,『Sport Marketing』(Human Kinetics, 2001), p.13.

16 http://www.shmoop.com/california-gold-rush/levi-strauss.html

17 http://www.shmoop.com/california-gold-rush/leland-stanford.html

18 Mike Ozanian,「Manning Lawsuit Could Rattle $1.5 Billion Sports Memorabilia Business」,『Forbes』, January 30, 2014.

19 마이클 샌델, 안기순 옮김,『돈으로 살 수 없는 것들』(와이즈베리, 2012).

20 동아일보 (2023년 4월 12일자). 마이클 조던이 신었던 신발, 소더비 경매서 29억 '사상최고'

21 Associated Prese (2006년 9월 18일). Rose-signed balls: 'I'm sorry I bet on baseball'

22 NJ.com (2018년 6월 19일). Bobby Czyz: The boxer who became a bagger.

23 MLB.com (2023년 4월 27일). Ohtani almost completes cycle.

24 Paul Sullivan,「From Honus to Derek, Memorabilia Is More Than Signed Bats」, 『New York Times』, July 15, 2011.

25 Richard Sandomir,「After 3,000, Even Dirt Will Sell」,『New York Times』, June 21, 2011.

26 서울경제신문 (2023년 4월 25일자). 한국야구 명예의 전당·전국 최초 야구박물관 건립 본격 추진

27 Dennis R. Howard · John L. Crompton,『Financing Sport』(FIT Publishing, 2013).

28 www.sportcal.com (2023년 2월 10일). Understanding the prominence of stadium naming rights deals in North America.

29 Kurt Badenhausen,「Warriors, Chase Bank Tie-Up Ranks Among Biggest Stadium Naming Rights Deals Ever」,『Forbes』, January 28, 2016.

30 『Sports Business Journal』, 2021년 6월 11일자. SoFi Stadium naming-rights deal to total $625M by end of contract.

31 마이클 샌델, 안기순 옮김,『돈으로 살 수 없는 것들』(와이즈베리, 2012).

32 Scott Boeck,「Bryce Harper's minor league at-bats sponsored by Miss Utility」,『USA Today』, March 16, 2011.

33 Michael Hiestand,「Baseball sells'Spider-Man'ads on bases, but Yanks

balk」, 『USA Today』, May 5, 2004.

경기장의 현재와 미래

1   문화체육관광부, 『2021 스포츠 산업 백서』.
2   http://futureof.org/sports/the-stadium
3   최수문, 「'혈세 먹는 하마'국제경기대회」, 『서울경제』, 2015년 9월 11일.
4   KBS 뉴스 (2018년 12월 3일). 평창동계올림픽 (1) '잔치는 끝났고, 경기장은 애물
     단지'
5   박흥서, 「인천문학경기장 민간위탁 수탁자 SK 와이번스로 최종 선정」, 『아주경제』,
     2013년 11월 7일.
6   문화체육관광부, 『2021 스포츠 산업 백서』.
7   월간조선 (2022년 11월 19일자). 한국프로야구 출범 40주년 40명장면
8   홍준기·김효인, 「"21세기 최악 돔구장"…7년간 8번 바뀐 고척돔」, 『조선일보』,
     2015년 11월 27일.
9   김종백, 「삼성·기아차, 신축 야구장 특혜 논란'닮은꼴'」, 『시사포커스』, 2015년 8월
     10일.
10   한경 집코노미 (2023년 3월 10일자). 잠실경기장 5월부터 싹 바꾼다…3.5만석 돔
     야구장도
11   http://populous.com; http://www.aecom.com/projects; http://www.rossetti.
     com/work
12   University Campus of Football Business (UCFB) 홈페이지. UCFB.ac.kr
13   Sports Business Journal (2023년 4월 3일). Startup wants fans to hear, and
     feel, the game experience.
14   Sports Business Journal (2023년 4월 3일). NPB Hokkaido club opens new
     stadium.
15   Samsung Newsroom (2016년 4월 4일). '세계최대 LED 사이니지' 문학구장 전
     광판…수주부터 완공까지 90일의 기록
16   Digital Sport. NBA team up with NextVR to bring Cleveland Cavaliers v
     Golden State Warriors Highlights to Virtual Reality (2018년 6월 5일)
17   Mike Prada, 「NBA to announce 9-year, $24 billion TV deal with ESPN,
     Turner」, 『SB Nation』, October 5, 2014.
18   Top Tech Pal (2021년 4월 11일). The importance of LED wall screens in
     sporting events – 2021

구단은 왜 떠날까?

1 「Relocation of professional sports teams」,『Wikipedia』.

2 Bleacher Report (2017년 7월 13일). Rams, Chargers to Pay $645M, Raiders $378M in Relocation Fees to Rest of NFL

3 Frank P. Jozsa Jr.,『Major league baseball expansions and relocations: A history, 1876~2008』(McFarland, 2008).

4 「NBA History」(http://www.nba.com/history/team-win-loss-records /#records).

5 Dennis R. Howard·John L. Crompton,『Financing Sport』(FIT Publishing, 2013).

6 Dennis R. Howard·John L. Crompton, 앞의 책.

7 https://www.forbes.com/profile/paul-allen

8 https://www.forbes.com/profile/rob-walton/?sh=1e703c2f270b

9 https://www.forbes.com/profile/masayoshi-son/?sh=dc217573818c

10 Isabel Reynolds·Maiko Takahashi,「Japan to Scrap $2 Billion Olympic Stadium Plan as Costs Soar」,『Bloomberg』, July 17, 2015.

11 Dennis R. Howard·John L. Crompton, 앞의 책.

12 「U.S. Bank Stadium」,『Wikipedia』.

13 Greater Greater Washington (2013년 8월 27일). Was Nationals Park worth it for DC?

14 Rachel Whittaker,「Atlanta Falcons'new stadium cost soars to $1.5 billion, report says」,『The Times-Picayune』, April 13, 2015.

15 Cobb 카운티 공식 홈페이지. Cobbcounty.org

16 http://www.cobbcounty.org/index.php?option=com_content&view =article&id= 2713&Itemid=698

17 The Guardian (2023년 4월 20일). Oakland A's close in on move to Las Vegas after signing land deal for stadium.

18 The Forbes Magazine (2023년 4월 27일). New $2.1 billion Tennessee Titans stadium plan moves forward after passing $760 million in bonds.

19 Wikipedia. Climate Pledge Arena.

20 지역 호텔이나 모텔에 숙박하는 사람들에게 부여하는 일명'숙박 세금'이라고 할 수 있다.

21 10년 전이었다면 이 제안은 의회에서 통과되었을지 모른다. 이 제안이 부결된 것은 1990년 대 후반 세이프코 필드와 센추리 필드 구장이 대부분 국민 세금으로 지어 졌기 때문에 더는 공적 자금을 프로스포츠 구단이 사용할 경기장 건설에 쓸 수 없

다는 보이지 않는 공감대가 형성되었기 때문이다.

22 Seattle Times (2008년 3월 26일). NBA commissioner David Stern says KeyArena renovation not an option for Sonics

23 Payments In Lieu of Taxes(PILOTs)라고 불렸는데, 재산세와 성격이 유사하다.

24 『포브스』, 2008년 3월 24일.

경기보다 치열한 스포츠 소송

1 http://webhost.bridgew.edu/jhuber/readings/golf_cart_use_and_individuals. html

2 Casey Martin vs PGA Tour, Case Number 9835309, March 6, 2000.

3 Mark Mueller,「Paralyzed girl and mom get $25M settlement from beer vendor」, NJ.COM, December 4, 2008.

4 "to ensure hearing-impaired sports enthusiasts can enjoy themselves at stadiums."Joshua Axelrod,「Deaf Advocates Sue University of Maryland Over Stadium Design」,『Capital News Service』, October 22, 2013.

5 Joshua Axelrod,「Deaf advocates suing University of Maryland for access have track record for success」,『Capital Gazette』, October 21, 2013.

6 Steve Almasy • Holly Yan,「Atlanta Braves fan dies after falling from upper deck at Turner Field」,『CNN』, August 31, 2015.

7 『Athletic Business』, April 2016.

8 「Fan dies after fall at Coors Field」,『ESPN』, May 27, 2011.

9 Paul Steinbach,「One on One: Baseball Fan Hollye Minter Recalls Fall from Stands」,『Athletic Business』, July 2010.

10 John Stevens,「'Please check on my son': Fireman's final words as he lay dying after falling in front of six-year-old son as he tried to catch ball at baseball game」,『Daily Mail』, July 8, 2011.

11 우연찮게도 타일러 모리스 또한 소방관이었다.

12 「Fan Dies in a Fall at Pacific Bell Park」,『Associated Press』, September 18, 2003.

13 Adam McCalvy,「Fan dies from Miller Park fall」,『brewers.com』, July 7, 2004.

14 Ryan Haggerty,「Fan who fell at Miller Park dies」,『Journal Sentinel』, May 14, 2010.

15 Alexis Stevens,「Fan's fatal fall at Turner Field ruled suicide」,『The Atlanta Journal-Constitution』, September 19, 2013.

16 http://www.athleticbusiness.com/spectator-safety/ballparks-slow-to-

react-to- danger-in-stands-br.html

17 http://www.bloomberg.com/news/articles/2014-09-09/baseball-caught-looking- as-fouls-injure-1750-fans-a-year

18 Bill Rankin,「Lawsuit filed for girl injured by foul ball at Braves game」,『The Atlanta Journal-Constitution』, July 18, 2012.

19 Carroll Rogers Walton,「Local Braves fan, just like Salazar, knows dangers of foul balls」,『The Atlanta Journal-Constitution』, May 3, 2011.

20 Sean Gregory,「The Rangers'Best Move: How Texas Remembers Shannon Stone」,『Time』, October 21, 2011.

21 Amanda Guerra,「Rangers Dedicate Statue of Shannon Stone」, NBC 5 Dallas-Fort Worth, April 5, 2012.

그린 스포츠 시대를 향해

1 김도현,「프로스포츠'온실가스 줄이기'동참 땐 대박」,『스포츠동아』, 2010년 12월 29일.

2 김동환,「SK의'페트병 유니폼'」,『일간스포츠』, 2010년 5월 25일.

3 「한화 이글스 활약과 함께 보는 야구장과 태양광의 상관관계! 그린 스포츠」, 한화사회봉사단 블로그(http://blog.naver.com/hanwhablog/220367439420).

4 앞의 글.

5 서울시 보도자료,「국내 최초 돔야구장'고척스카이돔'베일 벗는다」, 2015년 9월 16일.

6 환경부 소셜기자단. 2022년 그린스포츠 캠페인을 다녀오다!

7 Green Sports Alliance. 홈페이지(http://greensportsalliance.org).

8 Pennsylvania Department of Conservation and Natural Resources,「Eagles forest takes root at Neshaminy State Park」,『PR Newswire』, May 2, 2008.

9 필라델피아 이글스 홈페이지(http://www.philadelphiaeagles.com/community/gogreen. html).

10 Green Sports Alliance (2022년 10월 4일). Target Field Becomes First Major League Baseball Stadium to achieve LEED Platinum Certification via New Rating System

11 Bill King,「Seeds of opportunity」,『Sports Business Journal』, November 10, 2008.

12 시애틀 매리너스 홈페이지(http://seattle.mariners.mlb.com/sea/ballpark/information/ index.jsp?content=sustainability).

13 AWS 이봉무 매니저 인터뷰 (2023년 4월 11일)

14 포뮬러 E 공식 홈페이지(http://www.fiaformulae.com).

15 Paul Radley,「The challenge of going green in sport」,『The National』, April 16, 2011.

16 조현열,「의령 친환경 골프장 화려한 부활」,『경남도민일보』, 2015년 1월 15일.

17 레저신문 (2023년 3월 29일). 2023 '레저신문 선정 친환경 골프장 베스트 TOP20'선정 발표

18 박철홍,「"야구장에 판사가 왜?"…소음·빛피해 손배소 재판부 현장감정」,『연합뉴스』, 2016년 10월 6일.

19 2016년 10월 27일, 선콥 경기장을 직접 디자인한 파퓰러스의 디자이너 데이비드 존슨(David Johnson)에게 직접 들은 설명이다.

2장 올림픽과 FIFA 월드컵

올림픽과 스포츠 마케팅

1 http://www.olympic.org/sponsors/coca-cola

2 『BBC』뉴스(http://news.bbc.co.uk/onthisday/hi/dates/stories/september/ 6/ newsid_2500000/2500769.stm).

3 IOC 공식 자료(http://www.olympic.org/Documents/Reference_documents_ Factsheets/The_Olympic_Summer_Games.pdf).

4 『CBC』뉴스, 2006년 12월 19일(http://www.cbc.ca/news/canada/montreal/ quebec- s-big-owe-stadium-debt-is-over-1.602530).

5 http://boycottlondonolympics.com/The-1984-Olympic-Games-Cold-War-Boycott.html

6 http://www.megasportingevents.org/sponsorship.html#merchandise

7 Sally Bedell Smith,「NBC wins tv rights for olympics」,『The New York Times』, October 4, 1985.

8 Dennis McLellan,「Professor helped allot funds from'84 Olympics」,『Los Angeles Times』, December 11, 2007.

9 「Total revenue generated through the Olympic partner program(TOP) from 1985 to 2012(in million U.S. dollars)」(http://www.statista.com/ statistics/274459/total- revenue-from-the-olympic-partner-programme).

10 「The Original Dream Team」(http://www.nba.com/history/dreamT_moments. html).

11 Bernard J. Mullin·Stephen Hardy·William Sutton,『Sport Marketing』(Human Kinetics, 2014).

12 David K. Stotlar, 『Developing successful sport sponsorship plans』(Fitness Information Technology, 2001).

13 David K. Stotlar, 앞의 책.

14 http://news.nike.com/earnings

15 http://www.statista.com/topics/1257/adidas

16 William Chipps,「FIFA Secures $1.6 Billion in World Cup Sponsorship Revenue」,『IEG』, June 3, 2010.

17 「World Cup Ads Of Non-Official Partners Raise Sponsorship Questions」,『Sports Business Daily』, July 7, 2014.

18 Chi-Chu Tschang, 「Olympic Ambush Heats Up Li Ning-Adidas Rivalry」,『Bloomberg』, August 11, 2008.

19 Steve McKelvey • John Grady,「Sponsorship Program Protection Strategies for Special Sport Events: Are Event Organizers Outmaneuvering Ambush Marketers?」,『Journal of Sport Management』22(2008), pp.550~586.

20 Wang Rui,「Anti-ambush Marketing Measures for the Beijing 2008 Olympic Games」,『China Law Insight』, August 2, 2008.

21 http://www.czm360.com/ncaa-final-four

22 http://www.sportsbusinessdaily.com/Global/Issues/2014/09/24/Marketing-and- Sponsorship/Nike-marketing.aspx?hl=Nike%20gains%20ground%20on% 20adidas%20in%20terms&sc=0.

23 「Will official sponsorships surrender to ambushers?」,『Sports Business Daily』, June 30, 2014.

24 이경운,「평창올림픽 최대수혜·연12퍼센트 임대수익'강원라마다호텔·리조트'화제」,『국토 일보』, 2015년 5월 27일.

25 「평창특별법 시행령 제10조 개정안」중「붙임 3: 유치약속 및 개최도시계약상 의무」.

IOC의 성장과 위기

1 「Quebec's Big Owe stadium debt is over」,『CBC』, December 19, 2006.

2 Andrew Zimbalist,『Circus Maximus: The Economic Gamble Behind Hosting the Olympics and the World Cup』(Brookings Institution Press, 2015), p.1.

3 Andrew Zimbalist, 앞의 책, p.21.

4 ennis McLellan,「Professor helped allot funds from'84 Olympics」,『Los Angeles Times』, December 11, 2007.

5 Lisa Dillman,「Tennis: Pro Players Want to Compete in 1988 Olympics」,『Los Angeles Times』, February 22, 1987.

6   http://espn.go.com/otl/world/timeline.html

7   http://www.basketball-reference.com/olympics/teams/USA/1992

8   Dorian Facey,「Why Were the Olympics Split Into Summer and Winter?」,
    『Livestrong』, November 14, 2015.

9   「2014 Olympic Marketing Fact File」, p.6.

10 Andrew Zimbalist, 앞의 책, p.24.

11 Elmer Sterken,「Economic Impact of Organizing Large Sporting Events」, ed.
    Wolfgang Maennig · Andrew S. Zimbalist,『International Handbook on the
    Economics of Mega Sporting Events』(Cheltenham, U.K., Edward Elgar,
    2012), p.340.

12 http://ajrarchive.org/article.asp?id=505

13 Mary Jordan · Kevin Sullivan,「Nagano Burned Documents Tracing '98
    Olympics Bid」,『Washington Post』, January 21, 1999.

14 Richard Phillips,「Sydney revelations deepen Olympics corruption scandal」,
    『World Socialist Web Site』, January 30, 1999.

15 Elmer Sterken, 앞의 글, p.22.

16 Andrew Zimbalist, 앞의 책, p.44, Table 3-2.

17 Dan Roan,「Bach orchestrating change as Olympic's great reformer」,『BBC』,
    December 2, 2014.

18 「Continents May Be Rotated To Host Olympics IOC President」,『Games
    Bids』, August 6, 2007.

19 Alan Abrahamson,「It's Tokyo for 2020」,『3wiresports』, September 7, 2013.

20 Tom McGowan,「2020 Olympics: Cities vie for Games golden ticket」,『CNN』,
    September 7, 2013.

21 로이터 통신 (2017년 9월 14일). Olympics: IOC crowns Paris 2024, Los
    Angeles 2028 in unique double.

22 Future Host Election (IOC 공식 웹사이트)

23 IOC Website (2021년 7월 21일). IOC elects Brisbane 2032 as Olympic and
    Paralympic host.

IOC와 올림픽 개최국의 부익부 빈익빈

1   Vicki Michaelis,「Obama heading to Copenhagen to back Chicago's Olympic
    bid」,『ABC News』.

2   「Bids for the 2016 Summer Olympics」,『Wikipedia』.

3   Gerald P. Schaus · Stephen R. Wenn,『Onward to the Olympics: Historical

Perspectives on the Olympic Games』(Wilfrid Laurier University Press, 2009), pp.313~314.

4 「IOC awards olympic games broadcast rights to nbcuniversal through to 2032」, 『IOC News』, May 7, 2014.

5 http://www.nordicity.com/media/20141118hruhvuqv.pdf

6 Mason Levinson, 「USOC Ends Revenue Dispute With IOC, Paving Way for Olympic Bid」, 『Bloomberg』, May 25, 2012.

7 「Olympic Marketing Fact File 2015」, p.6.

8 Mason Levinson, 앞의 글.

9 「IOC의 평창2018 TV 방영권료 수입금 분배 총액 산출(Position Paper No. 58)」

10 『IOC Marketing Report Tokyo 2020』,

11 Arch Daily (2019년 6월 25일). 3XN's Olympic House Opens in Lausanne.

용병을 국가 대표로 받아들일 수 있을까?

1 경향신문 (2019년 2월 7일). 귀화 선수 19명 엇갈린 행보.

2 국가법령정보센터(http://www.korealaw.go.kr/lsInfoP.do?lsiSeq=1 04818&ancYd= 20100504&ancNo=10275&efYd=20110101&nwJoYnInfo= N&efGubun=Y&chrClsCd=01 0202#0000).

3 이보배·김경윤, 「검, '귀화서류 위조 의혹'농구 선수 첼시 리 수사」, 『연합뉴스』, 2016년 4월 26일.

4 제주 메일 (2021년 8월 17일). 특별귀화제도 10년…韓 국적얻은 우수인재 200여명

5 하남직, 「스포츠 메기효과?…외국인'특별귀화 10호'임박」, 『연합뉴스』, 2015년 6월 24일.

6 머니투데이 (2023년 3월 13일). '中 귀화' 린샤오쥔 계주 금메달…"힘들었다, 많은 한국팬감사"

7 김승욱, 「'귀화'프리쉐, 태극마크 첫 루지 월드컵서 12위」, 『연합뉴스』, 2017년 1월 6일.

8 김경호, 「오일 머니 앞세운 중동 국가들의'메달 구매'」, 『경향신문』, 2016년 8월 18일.

9 「Players seeking naturalisation with no clear connection to country-ineligible to represent national teams」, FIFA.com(http://www.fifa.com/media/news/y=2004/m= 3/news=players-seeking-naturalisation-with-clear-connection-country-ineligibl- 91082.html).

10 FIFA 규정집「(III. Eligibility to play for representative teams」), pp.63~64.

11 Insider Games. (2021년 5월 13일). IOC approve change of nationality for figure skater James from France to Canada.

12 VOA News (2022년 2월 11일). Exclusive: Olympic Websites scrub conflicting citizenship info on China's star winter athlete.

13 Kelly Whiteside,「U.S. Olympian questions eligibility rules」,『USA Today』, September 27, 2013.

14 Matt Vasilogambros,「Why some olympians compete against their home country」,『The Atlantic』, August 5, 2016.

FIFA의 위기와 개혁

1 「Sepp Blatter: Coca-Cola among sponsors saying FIFA boss must go」, 『BBC』, October 2, 2015.

2 「FIFA's marketing partners and top sponsors」(http://www.espnfc.com/fifa-world-cup/story/2644478/fifas-marketing-partners-and-top-sponsors).

3 「FIFA President Infantino unveils "FIFA 2.0: The Vision for the Future"」 (http://www.fifa.com/about-fifa/news/y=2016/m=10/news=fifa-president-infantino-unveils-fifa-2-0-the-vision-for-the-future-2843428.html).

4 The Vision 2020-2023 (FIFA 공식 웹사이트)

5 「FIFA World Cup」,『Wikipedia』.

6 The New York Times (2023년 3월 14일). 2026 World Cup Will have four-team groups and 24 more games.

7 「Soccer FIFA World Cup Format」(http://news.naver.com/main/read. nhn?mode= LSD&mid =sec&sid1=104&oid=077&aid=0003270820).

8 이은혜,「FIFA 인판티노 회장 "2026 월드컵부터 공동 개최 권장"」,『SBS』, 2017년 2월 17일.

9 The Athletic (2022년 10월 5일). 2030 World Cup bidders: The full list of countries trying to host the tournament.

10 Roger Gonzalez,「Argentina and Uruguay set sights on co-hosting 2030 FIFA World Cup」,『CBS Sports』, October 25, 2016.

11 「Wanda Group becomes new FIFA Partner」, FIFA 홈페이지(http://www.fifa. com/ about-fifa/news/y=2016/m=3/news=wanda-group-becomes-new-fifa-partner- 2771032.html).

12 차상엽,「테세이라, 이적료 670억 원 지불한 장수 수닝행…수닝, 하미레스+테세이라 보유」,『포커스뉴스』, 2016년 2월 5일.

13 김다솔,「헐크, 상하이 상강 이적 공식 완료」,『스포탈코리아』, 2016년 6월 30일.

14 송치훈,「첼시 미드필더 오스카, 중국 상하이 상강 이적 확정」,『스포츠동아』, 2016년 12월 23일.

15 박대성,「'벨기에 대표'비첼, 중 텐진 이적 확정」,『스포탈코리아』, 2017년 1월 4일.
16 송치훈,「테베즈, 중국 상하이 선화 이적 공식 발표」,『스포츠동아』, 2016년 12월 29일.

3장 대학 스포츠

대학 스포츠는 부활할 수 있을까?

1 DataBaseball. (2022년 9월 15일). 2023 KBO 신인드래프트 지명결과
2 한국대학스포츠협의회 2022 연감 (2023년 3월 3일)
3 「Interview: Andrew Zimbalist」,『Frontline』(http://www.pbs.org/wgbh/pages/frontline/money-and-march-madness/interviews/andrew-zimbalist.html).
4 NBC Sports (2023년 2월 14일). Who are the highest paid coaches in the NFL this season?
5 Forbes Magazine. www.forbes.com/teams/new-england-patriots
6 Rocky Top Talk (2023년 1월 25일). Where Josh Heupel ranks among SEC coaches in salary.
7 Front Office Sports (2022년 10월 14일). Saban leads pack of highest-paid college football coaches.
8 The Harvard Crimson (2023년 5월 14일). Outgoing Harvard president Lawrence Bacow earned $1.3 million in 2021, Financial disclosures show.
9 Best Colleges (2022년 8월 26일). Who are the highest-paid university presidents?

대학 스포츠와 플루티 효과

1 한국대학스포츠협의회,「대학스포츠 운영 규정 제25조
2 http://www.ncaa.org/about
3 Rodger Sherman,「The NCAA's new March Madness TV deal will make them a billion dollars a year」,『SBNation』, April 12, 2016.
4 S&P Global Market Intelligence (2022년 3월 9일). 'Earlist' March Madness sellout will yield record ad revenues for CBS, Turner.
5 Front Office Sports (2023년 3월 22일). Who is the highest-paid men's college basketball coach?
6 「List of American football stadiums by capacity」,『Wikipedia』.

7   Dana O'Neil,「How the basketball program helped Gonzaga University flourish」,『ESPN』, March 30, 2017.

8   Charles T. Clotfelter,『Big-time sports in American universities』(Cambridge University Press, 2011).

9   Sean Silverthorne,「The Flutie Effect: How Athletic Success Boosts College Applications」,『Forbes』, April 29, 2013.

10 Campus Sonar (2019년 7월 31일). The Flutie Effect: Capturing athletic success in college admissions.

11 Sports Illustrated (2018년 3월 17일). The Flutie Effect: How UMBC can benefit from a historic NCAA tournament upset.

12 Campus Sonar (2019년 7월 31일). The Flutie Effect: Capturing athletic success in college admissions.

13 Robert Weintraub,「When Stephen Curry Became Stephen Curry」,『Slate』, March 25, 2016.

14 Anthony Chiusano,「WATCH: Florida Gulf Coast basketball brings back'Dunk City'by dunking on unsuspecting students」,『NCAA』, February 2, 2017.

15 Doug J. Chung,「The Dynamic Advertising Effect of Collegiate Athletics」,『Marketing Science』32(2012), : pp.679~698.

16 Gonzaga University Admission's Office.

17 Wash Spokane,「Kelly Olynyk leads Gonzaga Bulldogs'rout of BYU Cougars」,『USA Today』, January 25, 2013.

18 「2012-13 NCAA Division I men's basketball rankings」,『Wikipedia』.

19 KHQ (2021년 3월 26일). Gonzaga and 'The Flutie Effect'

대통령보다 보기 힘든 하버드대학 출신 NBA 선수

1   「NBA & ABA Players Who Attended Harvard University」(http://www.basketball- reference.com/friv/colleges.fcgi?college=harvard).

2   「The History Of The Ivy League」(http://www.bestcollegereviews.org/history-ivy- league).

3   K: 42 Seasons, Five Championships, One Unmatched Legacy by McClatchy.

4   「Jeremy Lin」,『Wikipedia』.

5   Sara Ganim,「UNC'fake classes'whistleblower to get $335K in settlement」,『CNN』, March 17, 2015.

6   「University of North Carolina academic-athletic scandal」,『Wikipedia』.

7   http://www.ibtimes.com/ncaa-investigating-20-schools-academic-fraud-1790870

8   Max Willens ,「NCAA Investigating 20 Schools For Academic Fraud」, 『International Business Times』, January 21, 2015.

9   Mike Abu,「I Helped Division I Athletes Cheat in College」,『VICE』, June 11, 2014.

10 NCAA Media Center (2019년 8월 23일). Mississippi State tutor committed academic misconduct to aid 11 student-athletes.

11 The New York Times (2015년 8월 17일). NLRB rejects Northwestern football players' union bid.

12 이 소송에서는 후원 계약(endorsement contract)이 영리 목적의 과외 활동으로 인지되었다.

13 Laura Freedman,「Pay or Play? The Jeremy Bloom Decision and NCAA Amateurism Rules」,『Fordham Intellectual Property, Media and Entertainment Law Journal』13(2)(2013), pp.673~711.

14 흔히 NIL(Names, Images, Likeness)로 통칭되어 사용되는데, 오배넌의 경우 비디오게임에 등장하는 캐릭터의 여러 가지 특성(키, 몸무게, 피부색, 머리 스타일, 등 번호, 그리고 왼손잡이)이 오배넌과 똑같다.

15 자칫 NCAA가 이 소송에서 패할 경우 원고들에게 지불해야 할 금액이 최소 수천억 원에서 수조 원에 이를 수 있다는 절박함에 이 소송 직후 NCAA는 불공정거래법 전문가 수십 명을 고용한다는 채용 공고를 내보냈다(www.chronicle.com).

16 「Flood v. Kuhn, 407 U.S. 258」(1972)(https://supreme.justia.com/cases/federal/us /407/258/case.html).

17 Bleacher Report (2017년 4월 4일). JJ Redick says college athletes should be paid and 'scholarships don't count'

18 NCSA College Recruiting (2021년 6월 30일). NCAA Name, Image, Likeness Rule.

19 Icon Source. The Top NIL Earners for the NCAA

20 Icon Source. The Top NIL Earners for the NCAA

4장   스포츠 선수 시장

프로야구 선수의 가치 평가는 왜 어려울까?

1   그림 1은 저자 고유의 '콘셉트 플로'.

2 고동욱,「대한야구협, MLB 볼티모어 입단 김성민 중징계」,『연합뉴스』, 2012년 2월 8일.

3 한국야구협회로부터 영구 제명 통지를 받은 후 볼티모어 오리올스에서 계약을 취소하는 바람에 김성민 선수는 한동안 무적 선수로 있었지만, 다행히도 우여곡절 끝에 오클랜드 애슬레틱 스와 입단 계약을 할 수 있었다.

4 Joe Rossignol,「Apple-Google Anti-Poaching Lawsuit Nearing \$415 Million Settlement」,『Macrumors』, March 3, 2015.

5 「Revenue of the New York Yankees (MLB) from 2001 to 2016 (in million U.S. dollars)」(https://www.statista.com/statistics/196673/revenue-of-the-new-york- yankees-since-2006).

6 https://www.usatoday.com/sports/mlb/salaries

7 http://www.baseball-reference.com/about/war_explained(2013년 2.2 버전까지 출시됨).

8 Craig A. Depken·Dennis P. Wilson,「Labor Markets in the classroom: Marginal Revenue Product in Major League Baseball」,『Journal of Economics and Finance Education』3(1)(2004), pp.12~24.

9 일반적으로 근로자가 "어느 수준 이상의 임금을 받을 수 있으면 취업하겠다"고 할 경우 이들이 생각하는 최저임금을 일컫는데, 야구 선수의 경우 "야구 선수로서 활약하고 싶은 의지가 사라지기 바로 전의 보수 금액" 정도로 이해할 수 있다.

10 구단에서 원하는 최고의 조건을 가진 선수가 아니더라도 시장에 나온 선수들 중 가장 우수한 능력을 지닌 선수를 영입하는'구조적 또는 비자발적 거래'라고 인식할 수 있다.

11 「2016년 선수등록현황」, 대한야구소프트볼협회 미디어 센터.

12 「2012 Sports, Fitness and Leisure Activities Topline Participation Report」, 『Sporting Goods Manufacturers Association』.

13 Patrick OKennedy,「Minor league baseball players deserve a fair salary」, 『SBNation』, December 5, 2016.

14 Jeff Blank,「Minor League Salary」, Jeff Blank sports law blog(http://www. jeffblankbaseball.com/salary-information/minor-league-salary).

15 Craig A. Depken·Dennis P. Wilson, 앞의 글.

프로야구, 성장이냐 분배냐?

1 『2021 스포츠 산업 백서』(문화체육관광부, 2021).

2 신화섭,「[WBC]'안방 참사'…'800만-150억'에 취한 한국 야구의'민낯'」,『한국스포츠경제』, 2017년 3월 9일.

3   KBO FA제도. 나무위키 [https://namu.wiki/w/KBO%20FA%EC%A0%9C%EB%8F%84]

4   한용섭, 「[WBC]'탈락 후폭풍'KBO, "2021년 WBC 개최 무리"」, 『OSEN』, 2017년 3월 11일.

5   Baseball Reference. H[ttps://www.baseball-reference.com/bullpen/2017_World_Baseball_Classic]

6   박성배, 권태근, 전종환 (2018). 한국프로야구 선수들의 연봉 산정모델 개발. 체육과학연구.

7   스포츠한국 (2023년 3월 8일). 2023 KBO 평균 연봉 1억 4648만원…채은성 최고 인상액

8   한겨레 신문 (2022년 11월 14일). 부자구단 '선수 싹쓸이'차단…프로야구 샐러리 캡, 114억 첫 적용.

9   SNY.tv (2022년 11월 12일). Analyzing the Yankees' payroll situation for 2023 and beyond.

10 The Forbes Magazine (2023년 2월 13일). The World's 10 Highest-Paid Entertainers.

11 The Forbes Magazine (2023년 5월 16일). The World's Highest-Paid Athletes.

12 한국야구위원회, 「2023 KBO 소속 선수 등록 현황 발표」(http://www.koreabaseball.com/

13 한국야구위원회, 「2023 KBO 소속 선수 등록 현황 발표」(http://www.koreabaseball.com/

14 애덤 그랜트, 홍지수 옮김, 『오리지널스』(한국경제신문, 2016), 29쪽.

15 선데이뉴스 (2020년 10월 27일). "에이전트 통한 계약률, 약 3.9%, 축구 7.7%, 농구/배구는 0%, 유정주 의원"

16 사단법인 한국프로야구 은퇴선수협회 [kpbas.co.kr]

한류, 한국인 그리고 한국 스타 선수들

1   〈강남스타일〉 뮤직비디오(https://www.youtube.com/results?search_query=kangnamstyle).

2   방탄소년단/기록. 나무위키 (2023년 5월 19일). [https://namu.wiki/w/방탄소년단/기록]

3   블랙핑크/기록. 나무위키 (2023년 4월 24일). [https://namu.wiki/w/BLACKPINK/기록]

4   「NBA Draft history: 2004 Draft」(http://www.nba.com/history/draft/2004-draft); http://crimhouse.tistory.com/297

5 조선닷컴 인포그래픽스팀,「LPGA 역대 한국(계) 우승 선수들」,『조선일보』, 2011년 10월 17일.

6 Aftertalktalk (2022년 1월 17일). LPGA 투어 역대 한국선수 우승자 우승대회 총정리! [.https://aftertalktalk.tistory.com/316]

스포츠에 대한 오해와 진실

1 Gavin Newsham,『Sportonomic$』(Carilton, 2013).

2 신익수,「신지애"美 무대 전념…절대 살 안 빼요"」,『매일경제』, 2008년 10월 27일; 김경무,「전인지, 수학 영재서 세계 골프'샛별'로」,『한겨레』, 2015년 7월 13일.

3 NFL 원더릭 인지능력 테스트(http://nflwonderlictestscores.com).

4 「Famous NFL Wonderlic Test Scores」(http://nflwonderlictestscores.com/famous- nfl-wonderlic-scores).

5 David Moore,「Moore: Wonderlic wondering-does Cowboy's poor score spell trouble?」,『SportsDay』, May 2012.

6 Ben Guarino,「Trump knocks'softer'NFL rules: Concussions-'Uh oh, got a little ding on the head?'」,『The Washington Post』, October 13, 2016.

7 CNN Library,「NFL Concussions Fast Facts」,『CNN』, August 1, 2016.

8 Steve Almasy • Jill Martin,「Judge approves NFL concussion lawsuit settlement」,『CNN』, April 23, 2015.

9 「Penn's Owen Thomas had CTE」,『ESPN』, September 15, 2010.

10 Sam Peters,「Jeff Astle's family accuse football's authorities after ex-England striker died from same disease found in brain-damaged boxers」,『Mail Online』, June 2, 2014.

11 「FIFA's Medical Committee proposes new protocol for the management of concussion」, FIFA 홈페이지(http://www.fifa.com/development/news/y=2014/ m=9/news=fifa-s-medical-committee-proposes-new-protocol-for-the- management-of-c-2443024. html).

12 「U.S. Soccer Concussion Guidelines」, 미국축구협회 홈페이지(http://www.ussoccer. com/about/recognize-to-recover/concussion-guidelines).

13 NFL 공식 헬멧 제조업체 리들 홈페이지(https://www.riddell.com/riddell-iq).

14 김평호,「김갑제 감독, 대한배구협회 이사회 참석 직후 사망」,『데일리안』, 2016년 10월 5일.

15 김동영,「황현주 전 현대건설 감독, 심장마비로 사망…향년 48세」,『스타뉴스』, 2014년 12월 4일.

16 Leeto M Khoza · Samson Omale,「Family: Stephen Keshi died of a heart

attack」, 『Eyewitness News』, June 8, 2016.

17 Joan Niesen,「A look back: Coaches and heart health scares, heart problems, heart attacks」,『The Denver Post』, November 3, 2013.

스포츠베팅 산업은 왜 커지는가?

1 Gray, M. (2019, March 18). MLS strikes four-year deal with MGM. USA Today.

2 Lopez-Gonzalez, H., Estevez, A.,&Griffiths, M.D. (2017). Controlling the illusion of control: A grounded theory of sports betting advertising in the UK. International Gambling Studies, 18(1), 39-55.

3 Bruce, A. (2013). Betting motivation and behavior. In: L.V. Williams, D.S. Siegel (eds.). The Oxford Handbook of the Gambling Economics, 1-24.

4 Bulboaca, S. & Teirean, O.M. (2021). Consumer behavior analysis in the sports betting market. Bulletin of the Transilvania University of Brasov Series V: Economic Sciences, 14(63), 9-18.

5 Woods, B. (2019, July 10). Making a wager? Half of Americans live in states soon to offer sports gambling. CNBC.

6 Delfabbro, P., King, D., Williams, J. & Georgiou, N. (2021). Cryptocurrency trading, gambling and problem gambling. Addictive Behaviors, 122, 1-6.

7 Parke, A., Harris, A., Parke, J., Rigbye, J., & Blaszczynski, A. (2014). The responsible marketing and advertising in gambling: A critical review. The Journal of Gambling Business and Economics, 8(3), 21-35.

8 Kaggle.com. Google Cloud & NCAA March Madness Analytics [https://www.kaggle.com/competitions/march-madness-analytics-2020]

9 AWS 김호민 매니저와 이봉무 매니저의 인터뷰 (2023년 4월 11일). 스포츠 산업 이슈페이퍼 (2023년 5월호)에 실린 내용 중 일부를 발췌/수정하였음.

뉴 스포츠 비즈니스 인사이트

ⓒ 박성배, 2023

초　　판 1쇄 2018년 1월 10일 펴냄
개정판 1쇄 2023년 9월 13일 펴냄

지은이 | 박성배
펴낸이 | 강준우
기획·편집 | 박상문, 김슬기
디자인 | 최진영
마케팅 | 이태준
인쇄·제본 | 지경사문화

펴낸곳 | 인물과사상사
출판등록 | 제17-204호 1998년 3월 11일

주소 | (04037) 서울시 마포구 양화로7길 6-16 서교제일빌딩 3층
전화 | 02-325-6364
팩스 | 02-474-1413

www.inmul.co.kr | insa@inmul.co.kr

ISBN 978-89-5906-718-3 03690

값 18,000원